SIZILIEN

DUMONT REISE-TASCHENBUCH

Vordere Umschlagklappe: Übersichtskarte Sizilien

Hintere Umschlagklappe: Stadtplan Palermo

Caterina Mesina
Nikolaus Groß

SIZILIEN

DUMONT

Titelbild: Hera-Tempel in Selinunt
Umschlagklappe vorne: Fest in Palazzolo Acreide
Umschlagklappe hinten: Blick auf den schneebedeckten Ätna
Umschlagrückseite: Im Hinterland von Palermo (oben); Saline bei Trapani (Mitte); *Gelateria* in Syrakus (unten)
Vignette S. 1: Pizzabäcker in Palermo
S. 2/3: Blick auf Cefalù

Über die Autoren: Caterina Mesina und Nikolaus Groß, beide 1964 geboren, studierten Geschichte und Germanistik bzw. Klassische Archäologie und Geologie und leben heute in Italien. Als Studienreiseleiter durchwandern und bereisen sie seit Jahren Sizilien. Im DuMont Buchverlag ist von ihnen erschienen: »DuMont aktiv, Wandern in Sizilien«

Die Deutsche Bibliothek – CIP-Einheitsaufnahme

Mesina, Caterina
Sizilien / Caterina Mesina ; Nikolaus Groß. – Köln: DuMont, 2001
DuMont-Reise-Taschenbücher ; 2195
ISBN 3-7701-3258-0

1. Auflage 2001

Umschlaggestaltung: Groschwitz, Hamburg
Satz und Druck: Rasch, Bramsche
Buchbinderische Verarbeitung: Bramscher Buchbinder Betriebe

Printed in Germany ISBN 3-7701-3258-0

INHALT

LAND & LEUTE

Natur, Umwelt, Wirtschaft

Kultur und Leben

UNTERWEGS
IN SIZILIEN

Palermo und Umgebung

Messina, Catania und der Nordosten

Syrakus und der Südosten

Im Zentrum Siziliens

Agrigent und sein Umland

Der Westen und der Südwesten

TIPPS & ADRESSEN

Bitte schreiben Sie uns, wenn sich etwas geändert hat.
Alle in diesem Buch enthaltenen Angaben wurden von den Autoren nach bestem Wissen erstellt und von ihnen und dem Verlag mit größtmöglicher Sorgfalt überprüft. Gleichwohl sind – wie wir im Sinne des Produkthaftungsrechts betonen müssen – inhaltliche Fehler nicht vollständig auszuschließen. Daher erfolgen die Angaben ohne jegliche Verpflichtung oder Garantie des Verlages oder der Autoren. Beide übernehmen keinerlei Verantwortung und Haftung für etwaige inhaltliche Unstimmigkeiten. Wir bitten dafür um Verständnis und werden Korrekturhinweise gerne aufgreifen:

DuMont Buchverlag, Postfach 10 10 45, 50450 Köln,
E-Mail: reise@dumontverlag.de, Internet: www.dumontverlag.de

LAND & LEUTE

»Wahr ist, dass es
viele Sizilien gibt.
Nie werden wir alle
aufzählen können.
Es gibt das grüne
Sizilien der Johannis-
brotbäume, das
weiße der Salinen,
das gelbe des
Schwefels, das
blonde des Honigs,
das purpurrote der
Lava …«

Gesualdo Bufalino

Landschaft, Wirtschaft, Geschichte

Trittstein zwischen zwei Kontinenten

Die Wiederentdeckung der Natur

Die Wirtschaft

Daten zur Geschichte

Im Frühjahr versinkt Sizilien in einem Blütenmeer

Verlockung Sizilien

Seit Jahrhunderten lockt Sizilien Kunstfreunde, Vulkanologen und Botaniker, inzwischen auch Badeurlauber, Wanderer und Gourmets. Aus gutem Grund! Sizilien hat viel zu bieten, sehr viel sogar: Die eindrucksvollen Tempel von Agrigent, Selinunt oder Segesta finden selbst im griechischen Mutterland kaum ihresgleichen. So gewaltig sind sie in ihren Dimensionen, so perfekt in der Ausführung, dass sich der Besucher in die Antike zurückversetzt glaubt. Die Römer hinterließen Prunkbauten wie die Villa Casale bei Piazza Armerina, deren luxuriöse Ausstattung noch heute Bewunderung erregt, die Normannen die erzählfreudigen Mosaikteppiche der Cappella Palatina in Palermo oder der Kathedralen von Monreale und Cefalù. Und in den kleinen Barockstädten im Südosten bezaubern die fantasievollen und verspielten Details an Kirchen und Palazzi.

Den Kunstschätzen stehen die der Natur nicht nach. Von respektheischender Schönheit ist der Ätna, dessen Rauchfahne sich über den sizilianischen Himmel schiebt, mit 3350 m Höhe der höchste aktive Vulkan Europas. Zwischen fast noch warmen Lavaströmen gedeiht üppige Vegetation. Artenreiche Wälder überziehen die Bergketten der Madonien und Nébrodi, endlose Getreidefelder weite Teile Innersiziliens, dunkelgrüne Agrumenplantagen die Ebene von Catania, und das erste Frühgemüse auf Europas Märkten stammt aus den Gewächshäusern im Südosten der Insel. Im Frühjahr und Herbst explodieren Farben und Gerüche, verwandelt sich die Insel in ein Blumenmeer.

Und dennoch berichten die Medien über Misswirtschaft und Mafia, beschwören hartnäckig das Bild eines archaischen Sizilien. Natürlich gibt es noch eine hohe Arbeitslosigkeit und die Mafia, patriachalische Familienstrukturen und agrarisch geprägte Landstriche – aber eben nicht nur! Palermo erlebt seit einigen Jahren eine kulturelle Renaissance. Catania hat auf die Karte der *new economy* gesetzt und nach dem Vorbild des amerikanischen Silicon Valley sein florierendes »Etna Valley« aufgebaut. In den letzten Jahren wurden zahlreiche Naturschutzgebiete mit Wanderwegen eingerichtet, und auf dem Land verwandeln immer mehr Bauern ihre Höfe in einladende *agriturismi.*

Wer – auch ohne Kenntnis der italienischen Sprache, aber mit Mut zu ein wenig Gestik und Mimik – durch Sizilien reist und sich Zeit nimmt, wird ein oft widersprüchliches, aber immer faszinierendes Land erleben.

Trittstein zwischen zwei Kontinenten – Die Landschaften

Seit Urzeiten bildet Sizilien den Übergang zwischen Europa und Afrika, einen Trittstein im Meer, der

›Steckbrief‹ Sizilien

Name: In der Antike nannte man die Insel wegen ihrer auffälligen Dreiecksform *Trinakria* (griechisch für: »drei Vorgebirge«). Heute heißt sie *Sicilia.*

Lage: Mit der Lage zwischen dem 37. und 38. Grad nördlicher Breite sowie dem 13. und 15. Grad östlicher Länge bildet Sizilien den geografischen Übergang von Europa nach Afrika.

Distanzen: Palermo–Trapani: 105 km, Palermo–Messina: 250 km, Palermo–Caltanissetta 230 km. Die Entfernung von Messina im Osten der Insel nach Kalabrien auf dem italienischen Festland beträgt lediglich 3,3 km. Von Trapani im Westen sind es 140 km bis Cap Bon in Tunesien auf dem afrikanischen Kontinent.

Maximale Ausdehnungen: Die Ost-West-Ausdehnung beträgt zwischen Messina und Trapani 250 km. Von Norden nach Süden misst die Insel 50 km im Westen und 180 km im Osten.

Fläche: Mit 25 708 km^2 (inkl. der vorgelagerten Inseln) ist Sizilien die größte Insel des Mittelmeers

Profil: Nur 14 % der Fläche sind Ebenen, 61 % Hügelland und 25 % Berge. Die höchste Erhebung ist der momentan 3350 m hohe Ätna, weit dahinter liegt der Pizzo Carbonara (1979 m).

Küstenlinie: 1039 km (ohne Inseln)

Einwohner: Ca. 5 100 000 (Stand: 1998), davon 33 % unter 25 Jahren (Deutschland: 27 %), 51 % zwischen 25 und 65 (57 %) und 16 % über 65 (16 %).

Bevölkerungsdichte: 198 Einwohner je km^2

Städte: Palermo 688 000, Messina 262 000, Catania 341 000, Syracus 127 000, Ragusa 69 000, Enna 28 000, Caltanissetta 63 000, Agrigent 56 000 und Trapani 70 000 Einwohner

Politische Gliederung: Mit 8,5 % der Gesamtfläche Italiens ist Sizilien die größte der 20 italienischen Regionen. Die Region Sizilien ist unterteilt in die neun Provinzen Palermo, Messina, Catania, Siracusa, Ragusa, Enna, Caltanissetta, Agrigento und Trapani. Sizilien genießt gemeinsam mit vier weiteren italienischen Regionen einen Sonderstatus, der ihr weitgehende kulturelle, politische und wirtschaftliche Autonomie einräumt.

Erwerbstätigkeit: Über 60 % der Erwerbstätigen sind im Dienstleistungssektor tätig, 21 % im produzierenden Gewerbe und 15 % in der Landwirtschaft. Die Arbeitslosenquote liegt bei 25 % (Stand: 1998).

In Sizilien heimisch: Aloe und Opuntien

zugleich die Grenze zwischen östlichem und westlichem Mittelmeer markiert.

Vor dem Grabenbruch von Messina vor etwa 20000 Jahren war die heutige Insel noch fest mit der italienischen Halbinsel verbunden. So findet der kalabresische Apennin jenseits der Straße von Messina *(Stretto di Messina)* im sizilianischen Apennin seine geologische Fortsetzung. Vom Capo Peloro nahe Messina bis zum Capo Lilibeo bei Trapani an der Westküste gliedert sich diese Bergkette an der Nordküste Siziliens in drei unabhängige Gebirge.

Die **Monti Péloritani** ganz im Osten bestehen hauptsächlich aus Glimmerschiefern und alten Gneisen. Im Süden werden sie durch das Massiv des Ätna begrenzt und tauchen gegen Westen auf der Höhe von Tindari unter den Flysch-Komplex der Monti Nébrodi ab. In der Montagna Grande im Hinterland von Taormina erreichen sie mit 1374 m ihre höchste Erhebung. Charakteristisch sind ihre zerklüfteten Bergmassive, schroffen Gipfel und weiten Flusstäler, in denen sich bei starken Regenfällen kleine Bäche in reißende Ströme verwandeln. Von den einstigen dichten Wäldern ist nichts mehr zu sehen. Erst vor einigen Jahren hat man mit Wiederaufforstungsmaßnahmen begonnen, um weitere Erosionsschäden zu vermeiden.

Mit Ausnahme einiger Kalk-Komplexe wie den zerklüfteten Rocche del Crasto und der Rocca Calanna bestehen die **Monti Nébrodi** aus weichen Tonen, Mergeln und Sandsteinen. Neben dem Monte Soro (1847 m) erreichen zahlreiche Gipfel Höhen über 1500 m. Runde Bergkuppen und tiefe Täler, dichte Wälder und weite Lichtungen, mächtige Flüsse und kleine Waldseen bestimmen das Landschaftsbild. In den Nébrodi, die ein Viertel der gesamten Waldfläche Siziliens besitzen, findet man noch die letzten Überreste des antiken Waldbestandes, der einst 80 % der Insel bedeckt hatte. Im Süden wird das Gebirge vom Ätna und den Flüssen Simeto und Alcántara begrenzt, im Westen bildet die Fiumara di Pollina den Übergang zu den Monti Madonie.

Die Kalke und Dolomite der **Madonien** werden durch vielfältige Formen der Verwitterung geprägt. In den verkarsteten Hochlagen um Piano Battaglia, Battaglietta oder Pizzo Carbonara verschwindet das Regenwasser durch Dolinen und Schlucklöcher in unterirdische Kanalsysteme. Bäche und Flüsse wie der Imera und die Quellen um Polizzi entspringen erst in niedrigeren Lagen, wo, umgeben von einer dichten Vegetation, auch die meisten Dörfer liegen. 15 000 ha der Madonien sind mit Wäldern bedeckt, die zu den artenreichsten im gesamten Mittelmeerraum gehören: Kork-, Stein- und Flaumeichen sowie Buchen wachsen hier, als Relikt aus dem wärmeren Erdzeitalter Tertiär überlebte die Stechpalme. Mit einer Höhe von 1979 m stellt der Pizzo Carbonara im Hinterland von Cefalù den zweithöchsten Gipfel Siziliens. Die Madonien reichen bis zur Höhe von Imera. Westlich davon zerfällt die durchgängige Gebirgskette in einzelne Kalkberge und Plateaus wie den Monte Pellegrino bei Palermo oder Monte Érice bei Trapani.

Eine ausgedehnte Schwemmlandebene bestimmt zwischen Trapani, Marsala und Castelvetrano das Landschaftsbild Westsiziliens. Zwischen glitzernden Salinenfeldern und wiederaufgeforsteten Wäldern erstrecken sich uralte Olivenhaine, ausgedehnte Weinberge und Weizenfelder. Aus dieser Ebene steigen bei Sciacca die **Monti Sicani** empor, die bis auf die Höhe von Agrigent reichen. Sie bestehen zumeist aus weichen Kalken und Sandsteinen mit Höhen jenseits der 1000 Meter.

Zwischen den Madonien im Norden und dem Libyschen Meer im Süden erstreckt sich das zentralsizilianische Becken. Abgesehen von einigen bizarren Felsformationen aus Gips- und Kalksandstein prägen sanft geschwungene Hügel das Zentrum Siziliens. Vereinzelte grüne Vegetationsinseln sind Reste ausgedehnter Wälder, die schon in der Antike großen landwirtschaftlichen Gütern weichen mussten. Der sehr hohe Ton- und Mergelgehalt begünstigt die Erosion, Spülfurchen und Erdrutsche legen davon Zeugnis ab. Bereits in der Antike begann man, die sedimentären Schwefelvorkommen auszubeuten.

Das Hochplateau der **Monti Iblei** bildet den äußersten Südosten der Insel. Ursprünglich Teil der Afrikanischen Platte, stieß es im Laufe von Jahrmillionen zur Eurasischen Platte. Von der höchsten Erhebung, dem Monte Lauro (968 m), zieht sich eine Reihe von natürlichen Kalkterrassen hinunter zum Meer. Zahlreiche Gutshöfe und ein dichtes Netz von Trockensteinmauern prägen das landwirtschaftlich intensiv genutzte Gebiet. In den tiefen, engen Schluchten wie der Cava Grande oder den Schluchten von Pantálica stößt man auf Tausende von Höhlen, die über Jahrhunderte als Zufluchtsstätten und Grablegen genutzt wurden.

Nach Norden wird das hybläische Kalkplateau überlagert von der Schwemmlandebene von Catania mit ihren charakteristisch dunkelgrünen Orangen-, Zitronen- und Mandarinenhainen. Gemeinsam mit der Küstenebene von Ragusa ist die **Piana di Catania** die am intensivsten bewirtschaftete Region Siziliens. Ihre üppige Fruchtbarkeit verdankt sie den mineralreichen Vulkanablagerungen des Ätna.

Hebungsprozesse und ein beginnender Vulkanismus ließen innerhalb der letzten Quartärzeit aus einer flachen Meeresbucht den ca. 3350 m hohen **Ätna** als jüngsten Teil Siziliens erwachsen. Wie kein anderer Vulkan ist er seit Jahrtausenden durchgehend tätig. Im Durchschnitt bricht er alle fünfeinhalb Jahre aus. Trotz der Verwüstungen, die er immer wieder anrichtet, zählt er zu den harmloseren Vulkanen. Die Lava ist relativ dünnflüssig und ermöglicht eine kontinuierliche Entgasung, wodurch die explosive Energie abnimmt. Charakteristisch für Basaltvulkane wie den Ätna sind die offenen Förderschlote, die bei normalem ›Lavastand‹ durch anhaltende Rauchentwicklung und Verpuffungen den Innendruck konstant halten. Drängt allerdings Magma in großen Mengen nach, reichen die Hauptkrater nicht mehr aus, um den Druck abzubauen, es bilden sich Seiten- oder Lateralkrater. Dort, wo sich die Lavaströme die Abhänge hinunterwälzten, wächst auf Jahrzehnte kein Halm mehr. Hat aber die Verwitterung erst einmal ihr Werk getan, bricht die lange zurückgedrängte Vegetation mit doppelter und dreifacher Intensität wieder hervor.

Die Wiederentdeckung der Natur

Sizilien und Umweltschutz – zwei Begriffe, die sich auszuschließen scheinen. Die Berichterstattung über Sizilien prangert die »vermüllte« Umwelt und das sizilianische Desinteresse an der Natur an. In Sachen Umwelt findet Sizilien meist nur dann Erwähnung, wenn es um medienwirksame Skandale geht: den il-

Eine Frau mit Falkenaugen

Bereits mit zehn Jahren erwachte das ökologische Gewissen der heute 35-jährigen Anna Giordano. Auf dem sonntäglichen Markt von Messina saßen eingesperrt in kleine Käfige Singvögel, die geblendet worden waren, damit sie schöner sangen. Um sie freizukaufen opferte sie ihr Taschengeld. Später lauerte sie im Frühjahr den Wilderern auf, die an der Meerenge von Messina Falken und andere Raubvögel schossen. »Wer nicht jedes Jahr einen Falken schießt, dem werden das ganze Jahr über Hörner aufgesetzt«, heißt es in einem alten Sprichwort. Ihr oft lebensgefährlicher Einsatz, bei dem schon mal ihr Auto in Flammen aufging, sie mit vorgehaltener Pistole bedroht wurde oder wüste Beschimpfungen über sich ergehen lassen musste, hat sich gelohnt. Innerhalb von nur 20 Jahren stieg die Zahl der Raubvögel von 3100 wieder auf 31 000. 1998 wurde sie für ihr Umweltengagement in Amerika mit dem »Goldman Environmental Prize«, einer Art ökologischen Nobelpreis, ausgezeichnet.

Auch wenn Anna Giordano und ihre Helfer im Mai noch immer erfolgreich auf die Jagd nach den Jägern gehen, findet ihr Einsatz immer mehr Anerkennung. Eines ihrer größten Ziele bleibt die Einrichtung eines Naturschutzgebietes in den Péloritani. In den ehemaligen Salinen von Trapani und Paceco entstand unter ihrer Leitung inzwischen ein kleines Biotop und Vogelparadies. Neben nordeuropäischen Zugvögeln lassen sich hier mittlerweile auch viele Watvögel beobachten.

legalen Bau zehntausender Sommerhäuschen bei Selinunte ohne Rücksicht auf den gesetzlich vorgeschriebenen 150 m Mindestabstand zum Meer oder die beängstigenden Emissionswerte der Industriekonglomerate von Gela und Augusta.

Wenig hört man von positiven Ansätzen. Dabei hat Sizilien bereits 1980 sein erstes Naturschutzgebiet eingerichtet. Interessanterweise verdankt es seine Entstehung nicht dem Willen von Politikern, sondern einem breiten Bürgerprotest. Tausende von Menschen besetzten Ende der 1970er Jahre den Küstenstreifen zwischen Scopello und San Vito lo Capo, um eine touristische Erschließung mit Hotelburgen und einer Panoramastraße zu verhindern. Diese entschieden vorgetragenen Proteste führten schließlich zur Gründung des Naturschutzgebietes »Lo Zingaro«.

Ein Jahr später verabschiedete man ein neues Regionalgesetz mit dem Ziel, Flora und Fauna zu erhalten, aber auch Landschaften, die vom naturwissenschaftlichen und anthropologischen Standpunkt her besonders relevant sind. Auf dieser Grundlage wurden ab 1987 der **Parco dell'Etna,** der **Parco delle Madonie** und der **Parco dei Nébrodi,** drei weiträumige Naturschutzgebiete, geschaffen. Die Bewohner dieser Regionen, die über Jahrhunderte durch Kultivierung, Ackerbau und Viehhaltung, durch die Anlage von Siedlungen, Unterständen und Straßen diese Landschaft entscheidend mitgeprägt hatten, konnten auch weiterhin ihren Aktivitäten nachgehen, allerdings mit der Auflage der Umweltverträglichkeit. Dieses sehr theoretische Konzept vom harmonischen Miteinander von Mensch und Natur konnte natürlich nicht spannungsfrei bleiben. Zu einseitig betriebener Landschaftsschutz führte immer wieder zu Unstimmigkeiten zwischen Naturschützern und Landwirten. Trotzdem sind im Laufe der Zeit weitere Naturschutzgebiete hinzugekommen und bedecken inzwischen knapp 9 % des gesamtsizilianischen Territoriums. Zu den wichtigsten zählen die Feuchtbiotope von Vendicari bei Noto, die Salinenlandschaft um die Stagnone-Inseln bei Marsala, der Wald von Ficuzza hinter Palermo und die Schlucht von Cassibile bei Avola.

Die Wirtschaft

Emilio Marrone ist stolz auf seine Feriensiedlung. Als verantwortlicher Architekt zeichnete er die Pläne für die weitläufige Bungalow-Anlage nahe Cefalù. Doch von einem Tag auf den anderen löste sich seine feste Anstellung im Architekturbüro in nichts auf. Die *Guardia di Finanza* (Finanzpolizei) hatte grobe Unregelmäßigkeiten beim Arbeitgeber entdeckt und kurzerhand die Firma geschlossen. In Sizilien mit einer Arbeitslosigkeit von mehr als 25 % mit über 50 Jahren eine neue Stelle finden? Fast unmöglich! Ein Einzelfall? Wohl kaum. Bei einer Jugendarbeitslosigkeit von über 50 % ergeht es aber auch den Jüngeren nicht besser. Und was unternimmt die Regierung in Rom? Schließlich kennt man das Problem der extremen Arbeitslosigkeit in Sizilien schon seit Jahrzehnten.

In den 1950er Jahren wurde die *Cassa per il Mezzogiorno* (Kasse für den Süden) geschaffen. An sich sollte der Bau von Produktionsstätten norditalienischer Wirtschaftsunternehmen in den neu ausgewiesenen Industriegebieten um Termini Imerese, Milazzo, Porto Empedocle, Gela und Augusta subventioniert werden. Die Hoffnungen auf hohen Personalbedarf und die Entstehung einer mittelständischen Zulieferindustrie blieben allerdings unerfüllt. Nachdem die Subventionen regelmäßig ihre Adressaten verfehlten und im mafiosen Filz versickerten, wurde die Förderkasse 1986 geschlossen. Rostende Industrieruinen, sogenannte »Kathedralen der Wüste«, verunstalten seit Jahrzehnten einen unwiederbringlich zerstörten historischen Kulturraum, völlig veraltete Produktionsstätten der Schwer-

Auch auf dem Land sind die Esel nicht mehr die treibende Kraft

industrie und Petrochemie verpesten ganze Küstenstriche. Und mit welchem Gewinn für die Arbeitssuchenden? Nur etwa 20 % der erwerbstätigen Sizilianer sind heute in der produzierenden Industrie tätig. Große Hoffnungen setzt man nun auf das »Etna Valley« bei Catania, wo nach dem Vorbild des amerikanischen Silicon Valley ein Technologiezentrum entsteht. Der italienisch-französische Microchip-Koloss St. Microelectronics beschäftigt bereits 3800 Computerspezialisten. Bis zum Jahr 2004 sollen weitere 1500 Arbeitsplätze hinzukommen.

Von nachlassender Bedeutung ist Siziliens Landwirtschaft. Obwohl nach wie vor drei Viertel der Fläche landwirtschaftlich genutzt werden, beschäftigt sie nur noch 15 % der Arbeitnehmer. In den 1950er Jahren erlassene Bodenreform-Gesetze zerschlugen die alte Latifundienwirtschaft, die die Bauern in Abhängigkeit gehalten hatte. Doch die kargen Böden und die Wasserarmut erlaubten kaum mehr als den Anbau von Hartweizen, der aber erst bei großflächiger Bewirtschaftung rentabel wird. Innerhalb kürzester Zeit wurden aus den zahlreichen kleinen Bauernhöfen um Enna, Caltagirone und Caltanissetta wieder wenige Großbetriebe von mehreren hundert Hektar Größe. Kleinparzelliert und personalintensiv erweisen sich nur

Traditionelle Tunfischjagd in Favignana ▷

die Agrumenpflanzungen und Weinberge in den fruchtbaren Küstenebenen um Palermo und Catania sowie zwischen Trapani und Mazara del Vallo. 90 % der italienischen Zitronen und 60 % der Apfelsinen und Mandarinen stammen aus Sizilien. Weinstöcke bedecken eine Fläche von ca. 200 000 ha. Neben exzellenten Tafeltrauben liefern sie ca. 9 Mio. hl Wein und damit 15 % der nationalen Produktion. Immer mehr Winzer setzen dabei auf Qualität. Die likörähnlichen, hochprozentigen Rotweine oder die farbintensiven Weißweine werden nun abgelöst von körperreichen Rotweinen und geschmeidigen Weißweinen von dichter Struktur. Vorreiter dieser neuen Tendenz, die allerdings nur 2 % der sizilianischen Weinproduktion betreffen, sind Spitzengüter wie Regaleali, Planeta, Salaparuta. Besonders im Gebiet um Trapani erreichte auch die Olivenölproduktion in den letzten Jahren Spitzenergebnisse und internationale Anerkennung. Frühobst und -gemüse sowie Schnittblumen aus Comiso findet man inzwischen auf allen Märkten Europas.

Bedeutender Arbeitgeber, allerdings mit rückläufigem Trend, ist die Fischerei. Der Hafen von Mazara del Vallo beherbergt die größte Fischfangflotte Italiens. Neben dem Tunfischfang bei Trapani und Schwertfischfang bei Messina ziehen sizilianische Fischer vor allem in internationalen Gewässern ca. 20 % des gesamtitalienischen Fangs an Land.

Mit 64 % stellt der Dienstleistungssektor den mit Abstand wichtigsten Arbeitgeber. Neben Handel, Banken und Versicherungen sowie den beschäftigungsintensiven Bereich Behörden und Verwaltung entfällt ein Großteil der Arbeitsplätze auf die Tourismusbranche. In einer Region, die so reich an Kultur- und Naturschätzen ist, hat sich dieser Bereich im letzten Jahrzehnt sehr positiv entwickelt. Im Vergleich zum gleichen Zeitraum des Vorjahres nahmen in den ersten sechs Monaten des Jahres 2000 die Besucherzahlen um ca. 12 % zu. Mit gut 60 % liegt der Anteil der italienischen Touristen noch immer weit vor dem der ausländischen Besucher. Natürlich haben nicht alle Gegenden gleich vom Aufschwung des Fremdenverkehrs profitiert. Während sich in den Hauptreisezeiten Besucherströme durch Taormina, Siracusa und die Tempel von Agrigent schieben, sind in den küstenfernen innersizilianischen Städten und Dörfern die Einheimischen nach wie vor unter sich. Dieses Gefälle hängt weniger mit dem Mangel an Anziehungspunkten als mit der dort fehlenden Infrastruktur zusammen. Bei allen positiven Auswirkungen des Tourismus hat man aber glücklicherweise rechtzeitig auch seine gefährliche Schattenseite erkannt. Um dem Wildwuchs Einhalt zu gebieten, wurden besonders sensible Naturräume unter Naturschutz gestellt, um die Anziehungskraft der Insel auch für die Zukunft zu bewahren.

Daten zur Geschichte

Die ersten Bewohner

Um 20 000 v. Chr. In der Altsteinzeit leben erste Menschen in Höhlen und unter Felsüberhängen bei Termini Imerese, Palermo und Trapani. Auf der Egadischen Insel Lévanzo hinterlassen sie um 10 000 v. Chr. in der Grotte dei Genovesi Ritzzeichnungen von Tieren und Menschen in Profilansicht und entwickelter Perspektive.

Um 5000 Aus der Ansiedlung Stentinello bei Syrakus stammen die ältesten für Sizilien bisher bekannten Keramikfunde.

Ab 1800 v. Chr. Zahlreiche Keramikfunde belegen eine rege Verbindung Siziliens mit dem ägäischen Raum. Dem griechischen Historiker Thukydides zufolge bewohnen zu dieser Zeit drei Völker Sizilien: die Sikuler den Osten, die Sikaner den Westen, und die Elymer den Nordwesten.

Händler und Eroberer

Um 1000 v. Chr. Die Phönizier gründen *Panormos* (Palermo), *Motya* (Mozia) und *Solus* (Solunt). Ihre Niederlassungen sollen die Verbindungswege zu den Metallzentren auf Sardinien und der Iberischen Halbinsel sichern sowie neue Absatzmärkte auf dem italienischen Festland erschließen.

8. Jh. v. Chr. Aus wirtschaftlichen, sozialen oder politischen Gründen, aber wohl auch aus purer Abenteuerlust verlassen Griechen verschiedener Volksstämme ihre Heimat und siedeln in Sizilien. Mit ihnen kommen Kulturpflanzen wie Weinrebe, Feigen- und Olivenbaum auf die Insel. Ihre ersten Siedlungen – *Naxos* (735 v. Chr.), *Katane* (729 v. Chr.), *Syrakus* (728 v. Chr.) und *Megara Hyblaia* (728 v. Chr.) – liegen zunächst alle an der Ostküste, in einer zweiten Einwanderungswelle breiten sich die Griechen zunehmend nach Westen aus. Die untereinander unabhängigen Stadtstaaten werden von Aristokraten, später von Tyrannen regiert.

5. Jh. v. Chr. Nach einer Reihe von bewaffneten Auseinandersetzungen zwischen Griechen und Phöniziern kommt es 480 v. Chr. bei Himera (an der Nordküste) zu einer Schlacht, die mit dem Sieg des griechischen Heeres unter der Führung von Syrakus

	und Agrigent endet. Mit der reichen Kriegsbeute werden Tempel und Theater errichtet. Die griechischen Städte erleben eine Blütezeit, werden jedoch durch Rivalitäten der dorischen und ionischen Kolonien untereinander und Auseinandersetzungen mit dem Mutterland geschwächt, die Phönizier gewinnen wieder die Oberhand: Im Laufe von wenigen Jahren zerstören sie ab 409 v. Chr. mit Ausnahme von Syrakus nahezu alle griechischen Ansiedlungen auf Sizilien.
405–367 v. Chr.	Unter dem Tyrannen Dionysios I. erringt Syrakus die Vormachtstellung in Sizilien. Er schließt 392 ein Friedensabkommen mit den Phöniziern und kann seinen Einflussbereich bis nach Unteritalien ausdehnen.

Kornkammer Roms

264–241 v. Chr.	Der Erste Punische Krieg endet mit dem Seesieg der Römer bei *Lilybaeum* (Marsala).
Ab 227 v. Chr.	Sizilien wird zur ersten römischen Provinz. Dank eines Bündnisses mit Rom bleibt Syrakus unabhängig, wenngleich als römisches Protektorat.
218–201 v. Chr.	Der Feldherr Claudius Marcellus erobert im Zweiten Punischen Krieg nach langer Belagerung auch Syrakus. Sizilien bekommt eine strenge Provinzialverwaltung aufgezwungen. Die meisten griechischen Städte werden tributpflichtig und müssen mindestens ein Zehntel ihrer Ernte, meist in Form von Getreide, an Rom abgeben. Sizilien wird zur Kornkammer Roms, »die Amme, an deren Brust sich das römische Volk nährt«, wie Cato sich ausdrückt. Tatsächlich decken die sizilianischen Getreidelieferungen ein Fünftel des gesamten Bedarfs der Stadt Rom. Auf ihren Gütern bauen sich hochgestellte Römer prunkvolle Landvillen wie die reich mit Mosaiken geschmückte *Villa del Casale* bei Piazza Armerina.

Vandalen, Byzantiner und Araber

ab 4. Jh.	Von der Ausbreitung des Christentums zeugen die zu Kirchen umgestaltete Tempel und die weitläufige Katakombenanlagen (z.B. in Syrakus).
535	General Belisarios, Feldherr des oströmischen Kaisers Justinian, macht Sizilien zur byzantinischen Provinz. Syrakus wird

Mosaik in der Villa del Casale: Auf einer Großwildjagd in Afrika wird ein Nashorn gefangen, das später im Kolosseum in Rom zur Volksbelustigung vorgeführt wird.

für kurze Zeit (663–668) Hauptstadt des Byzantinischen Reiches. Im Osten der Insel lassen sich orthodoxe Basilianermönche nieder, gründen Klöster und errichten Felsenkirchen.

827 Als der byzantinsche Admiral Euphemios, wegen seiner Unabhängigkeitsbestrebungen von der Staatsmacht in Byzanz verfolgt, den Emir von Kairouan zu Hilfe ruft, landet dieser mit einer 10.000 Mann starken Streitmacht aus Arabern, Persern und Berbern in Mazara del Vallo. 831 wird Palermo erobert und zur Hauptstadt eines neuen Emirats ernannt. Knapp 50 Jahre später ist ganz Sizilien unter arabischer Kontrolle.

Mit der arabisch-islamischen Herrschaft bricht eine Epoche wirtschaftlicher und kultureller Blüte an. Die großen Landgüter weichen kleinen, intensiv genutzten Parzellen, die Bewässerungssysteme werden instand gesetzt, Melone, Agrumen, Zuckerrohr, Reis, Dattelpalme und Pistazie in Sizilien heimisch gemacht. Die ersten Salinen produzieren Meersalz, die Tradition des Tunfischfangs wird begründet.

Nordische Ritter und deutsche Kaiser

1059 Papst Nikolaus II. belehnt den Sohn des normannischen Herrschers, Robert Guiscard, mit Apulien, Kalabrien und Sizilien. Innerhalb weniger Jahre erobern Robert Guiscard und sein Bruder Roger den Nordosten Siziliens. Als letztes moslemisches Refugium fällt 1091 Noto. Wie zuvor die Moslems üben auch die Normannen eine Politik der religiösen und sprachlichen Toleranz.

1098 Roger erwirkt von Papst Urban II. das Recht, Bischöfe einzusetzen und Bistümer und Klöster nach eigenem Ermessen einzurichten. Dieses Zugeständnis führt in den folgenden Jahrhunderten immer wieder zu Konflikten zwischen den sizilianischen Herrschern und dem Heiligen Stuhl.

1130 Durch die Krönung zum *Rex Siciliae et Italiae* kann Roger II. seine Macht auch auf Süditalien ausdehnen. Das Vorrecht der normannischen Könige, Grundbesitz als Lehen an treue Gefolgsleute zu vergeben, führt das Prinzip der Feudalwirtschaft ein. Unter Rogers Nachfolgern Wilhelm I. und II. kommt es zu Palastrevolten und Übergriffen gegen die moslemische Bevölkerung.

1189 Mit dem Tod Wilhelms II. stirbt die normannische Herrschaftslinie aus. Durch Konstanze, Tochter Rogers II. und Gattin des deutschen Kaisers Heinrich VI., geht die Herrschaft 1194 an die Staufer über.

1198 Nach dem Tod Heinrichs VI. wird sein erst 4jähriger Sohn Friedrich II. zum König von Sizilien gekrönt (ab 1215 auch deutscher König). Er schafft einen zentralisierten Beamtenstaat, der ihm den Ruf des »ersten modernen Menschen auf dem Thron« einbringt. Das in den »Konstitutionen von Melfi« niedergelegte Verwaltungs-, Beamten-, Straf-, Prozess- und Lehnsrecht wird für Sizilien bis zum Jahre 1819 Gültigkeit behalten. Unter seiner Herrschaft werden neue Bewässerungssysteme für die Landwirtschaft entwickelt, die Seiden- und Zuckerindustrie gefördert, durch die Vereinheitlichung von Maßen und Gewichten Handelshindernisse beseitigt und die ersten Gesetze zum Schutz von Luft und Gewässern erlassen. Der Hof von Palermo wird zu einer Drehscheibe östlicher und westlicher Künste und Wissenschaften, die von Friedrich geförderte Dichterschule zur Keimzelle der italienischen Literatur.

1250 Friedrich stirbt in seiner Wahlheimat Apulien.

Anjou und Aragonesen

1266 Karl von Anjou, der Bruder des französischen Königs Luwig IX., besiegt Friedrichs Sohn und Nachfolger Manfred in Benevent und macht sich mit Unterstützung von Papst Clemens IV. zum Herrscher über Sizilien und Neapel.

1282 Der Unmut über die hohen Steuerabgaben und die Verlegung der Residenz von Palermo nach Neapel sowie die schwelenden Konflikte zwischen französischem und normannischem Adel entladen sich am Ostermontag vor dem Vespergottesdienst in Palermo. Die sogenannten »Sizilianische Vesper« kostet Tausende von Franzosen das Leben. Eine Gruppe von sizilianischen Aristokraten ruft Peter von Aragon zu Hilfe, der sich im Gegenzug zum König von Sizilien ausrufen lässt.

1302 Der Krieg zwischen den staufertreuen (ghibellinischen) Aragonesen und den (welfischen) Anjou endet mit dem Friedensschluss von Caltabellotta: Neapel fällt an die Anjou, das Haus Aragon erhält Sizilien.

Ab 1415 Sizilien wird durch spanische Vizekönige regiert und nach der Vereinigung von Aragon und Kastilien zum Satellitenstaat des riesigen spanischen Weltreiches degradiert. Mit der Vertreibung der Juden (1492) und der Einführung des Inquisitionsgerichts (1487) wird auch die bis dahin geübte religiöse Toleranz abgeschafft.

16. Jh. Von der Herrschaft der Vizekönige profitieren vor allem die adligen Großgrundbesitzer. Während das einfache Volk durch hohe Steuern geschröpft wird, werden ihnen zusätzliche Privilegien wie Forst- und Jagdrecht, Steuer- und Zehntrecht, Tunfisch- und Salinenrecht oder die lokale Gerichtsbarkeit eingeräumt. Viele Barone verlegen ihre Wohnsitze vom Land in die Städte. Mit der Bewirtschaftung der Ländereien werden Großpächter beauftragt, die sich oftmals zu regelrechten Despoten entwickeln und die von ihnen abhängige Bauernschaft rücksichtslos ausbeuten. Damit schaffen sie den Boden, auf dem sich später die Mafia entwickelt.

1669 Ein Ausbruch des Ätna fordert über 100 000 Tote und zerstört einen Großteil von Catania.

1693 Ein verheerendes Erdbeben macht den gesamten Südosten der Insel dem Erdboden gleich.

Sizilien als Spielball der internationalen Mächte

1713 Im Friedensschluss von Utrecht nach den Spanischen Erbfolgekriegen wird Sizilien dem Hause Savoyen-Piemont zuge-

Frauenbilder

Es geistert noch immer durch die Köpfe – das Bild der schwarzgekleideten Mamma, die auf einem wackligen Stuhl vor dem Haus an einer Decke häkelt, das Gemüse putzt, sich mit der ebenfalls schwarzgekleideten Nachbarin unterhält und im Haus ein strenges Regiment führt. Der Mann ist zwar formal das Familienoberhaupt, sobald er aber die Schwelle des Hauses überschritten hat, unterwirft er sich der zepterschwingenden Ehefrau. Der sizilianische Schriftsteller Andrea Camilleri erinnert sich: »In unserer Kindheit hatten wir diese wunderbaren Großmütter, die das Haus führten und eine absolute Macht besaßen. Außerhalb des Hauses war der Mann, alleine schon weil er ein Mann war, respektiert. Seine Ideen, seine Art sich zu benehmen, seine Kleidung und wie er sich anderen Menschen gegenüber zu verhalten habe, wurden ihm aber von Frauen eingegeben«. Der sizilianische Chronist Leonardo Sciascia erklärte das Matriarchat gar zur stärksten Macht in Sizilien. Offenbar vergaß er dabei aber, dass ein wahres Matriarchat auch eine öffentliche Vorrangstellung der Frauen bedeutet hätte. Hingegen bestimmten strenge Moralvorstellungen und soziale Kontrolle die Lebenssituation von Frauen.

Im modernen Sizilien, dem Land der Auswanderer und Rückkehrer, sind inzwischen neue Bilder entstanden. Immer mehr Frauen bekleiden öffentliche Ämter, nehmen führende Positionen in Wirtschaft und Politik ein. Das Verschwinden des klassischen Bermudadreiecks Kinder-Küche-Kirche belegen auch die statistischen Daten: Die kinderreiche sizilianische Großfamilie genießt inzwischen immer mehr Seltenheitswert. Sizilianische Frauen bekommen im Durchschnitt 1,5 Kinder, das erste erst

sprochen, fällt wenige Jahre danach an die Habsburger und ab 1735 an die spanischen Bourbonen, die ihre Residenz nach Neapel verlegen.

1798 Die Französische Revolution greift auf Italien über, in Neapel wird die »Parthenopäische Republik« ausgerufen. König Ferdinand IV. von Bourbon flieht nach Palermo und bittet die Briten um Unterstützung gegen die revolutionären Neapolitaner. Sizilien bleibt unter bourbonischer Herrschaft.

1812 Auf Druck der Briten wird der Feudalismus abgeschafft und eine Verfassung mit Zweikammersystem erlassen.

1816 Nach der Vertreibung Napoleons aus Italien kehrt Ferdinand nach Neapel zurück, löst das Parlament auf und herrscht mit knapp 26 Jahren. Im Bildungswesen haben die Männer inzwischen schon das Nachsehen: über 55 % der Universitätsabschlüsse werden von Frauen gemacht.

Die neuen Verhältnisse sind für manche noch gewöhnungsbedürftig. Anna Rosa Corsello, Leiterin des Arbeitsamtes in Cefalù, erzählt vergnügt von einem Besucher der nach dem Direktor verlangte und, als er sie sah, ausrief: »Ich wollte mit dem Direktor sprechen, nicht mit seiner Sekretärin«. In Cefalù ist sie nicht die einzige Frau in leitender Position: Eine Frau ist Bürgermeisterin, Frauen stehen dem Post- und dem Fremdenverkehrsamt, der Grundschule, den beiden Gymnasien und der Bank vor. Keine Ausnahme, wie es scheint. Einer Untersuchung des *Consiglio nazionale dell'economia e del lavoro* zufolge werden in Sizilien 27 % der leitenden Stellen in öffentlichen Einrichtungen von Frauen eingenommen. Nach der Emilia-Romagna steht Sizilien damit an zweiter Stelle der 20 italienischen Regionen.

Sizilianerinnen haben sich in den letzten Jahren viele Freiräume erkämpft, und am schwierigsten war es dabei manchmal innerhalb der eigenen Familie. Individuelle Lebensentwürfe sind möglich geworden, die früher undenkbar waren. Im vergessenen Enna, der Provinz mit der höchsten Arbeitslosigkeit, haben die beiden Jungunternehmerinnen Cettina Accorso und Marina Taglialavore das inzwischen weltweit exportierende Textilunternehmen »Gregory« und die hypermoderne Computerfirma »Jepssen« aufgebaut. Schon seit 30 Jahren gibt in Palermo die Verlegerin Elvira Sellerio mit sicherem Gespür literarische Perlen heraus, und die Fotografin Letizia Battaglia dokumentiert in ihren Schwarz-Weiß-Bildern das Grauen der Mafia. Natürlich findet man auch heute noch »diese wunderbaren Großmütter«, aber eben nicht nur.

nach den Beschlüssen des Wiener Kongresses künftig als Ferdinand I. über das »Königreich beider Sizilien«.

1848 In Palermo bricht eine Revolte gegen die Bourbonen und für die Unabhängigkeit von der Vorherrschaft von Neapel aus, die aber schon nach kurzer Zeit von den Kanonenbooten Ferdinands II. brutal niedergeschlagen wird. Dabei wird ein großer Teil von Messina zerstört. In den folgenden Jahren verbessert sich die wirtschaftliche Lage Siziliens zunächst. Neben der Marsala-Herstellung und dem Anbau und Export von Orangen, Mandarinen und Zitronen entwickelt sich der Schwefelabbau zu einem blühenden Wirtschaftszweig (s. S. 176).

Garibaldi und der Anschluss an Italien

1860 Der Revolutionär und Abenteurer Giuseppe Garibaldi landet am 11. Mai mit tausend Freiwilligen bei Marsala. In Anzahl und Bewaffnung dem bourbonischen Heer weit unterlegen, tragen Garibaldi und sein Freiwilligenheer in der entscheidenden Schlacht bei Calatafimi dennoch den Sieg davon.

1861 Durch Volksentscheid schließt sich Sizilien an Italien unter König Viktor Emanuel von Piemont an. Die Hoffnungen auf eine begrenzte Autonomie innerhalb eines föderalistischen Staatenbundes erfüllt sich jedoch nicht. Die Einführung der allgemeinen Wehrpflicht und die Erhebung von hohen Grund- und Verbrauchssteuern, insbesondere der Mahlsteuer, treffen das agrarisch geprägte Sizilien besonders hart. Viele junge Männer entziehen sich der Einberufung durch Flucht in die Berge und schließen sich den Briganten an. Die Politik des Ministerpräsidenten Cavour begünstigt die norditalienische Industrie, benachteiligt aber das stark vom Export abhängige Sizilien. Die Kluft zwischen Nord- und Süditalien wird immer tiefer, das Vertrauen in den Staat schwindet, die Mafia erstarkt.

Um 1900 Die desolate wirtschaftliche Lage zwingt viele Süditaliener zum Auswandern. Vor dem Ersten Weltkrieg schiffen sich fast 1,5 Mio. Sizilianer in die Vereinigten Staaten, nach Südamerika oder Australien ein. Ganze Dörfer verlieren ihre männliche Einwohnerschaft. Der dadurch entstehende Mangel an Arbeitskräften lässt zwischen 1905 und 1911 aber auch die Löhne um ein Drittel steigen, außerdem kurbeln die von den Emigranten in die Heimat geschickten Gelder die Wirtschaft an. Diese Entwicklung wird jedoch durch den Ersten Weltkrieg jäh gebremst.

1908 Ein verheerendes Erdbeben bei Messina fordert über 80 000 Tote und zerstört einen Großteil der Stadt.

Das 20. Jahrhundert

1922 Machtergreifung Mussolinis. Seine landwirtschaftlichen Reformen kommen hauptsächlich den Großgrundbesitzern zugute. Gleichzeitig sagt er der Mafia den Kampf an. Um einer Verhaftung oder Verbannung zu entfliehen, flüchten viele Mafiosi in die USA.

1939	Ausbruch des Zweiten Weltkriegs: Der Verlust von Absatzmärkten und Schwierigkeiten beim Lebensmittelimport führen zu großen Hungersnöten.
1943	Bei der Landung der Alliierten werden Palermo und Messina schwer zerstört. Am 3. September unterzeichnet Italien die Kapitulation. Nutznießer des Krieges sind die Mafiosi, die gegen das Versprechen der Straffreiheit die Alliierten bei der Landoffensive unterstützen und in der Folge als angebliche Antifaschisten mit wichtigen Ämtern betraut werden.
1946	Um einen Ausbruch separatistischer Gefühle zu unterbinden, wird Sizilien von der italienischen Regierung eine Teilautonomie eingeräumt. Sizilien bekommt ein eigenes Parlament mit Sitz in Palermo, das u. a. über die Bereiche Landwirtschaft, Bergbau und Industrie, Verkehr und öffentliche Ordnung entscheidet.
Ab 1950	Die *Cassa per il Mezzogiorno,* die Hilfskasse für den Süden, wird eingerichtet, um das Entwicklungsgefälle zwischen Nord- und Süditalien auszugleichen und den Ausbau von Infrastrukturen, Bodenreform und Industrialisierung voranzutreiben. Sizilien wird mit einem dichten Straßennetz überzogen, viele Dörfer bekommen erstmals einen Wasser- und Stromanschluss. Im Zuge einer Bodenreform werden Grundbesitzer mit über 300 ha Land enteignet und das Land in Parzellen von 4 oder 5 ha Kleinbauern zugeteilt. Nach der Entdeckung von Erdöl (1953) werden im Süden der Insel, in Augusta, Gela und Milazzo, Industriegebiete für die Schwerindustrie und Petrochemie ausgewiesen. Die großen, kapitalintensiven Anlagen mit ihrem hohen technischen Standard schaffen aber nur wenige Arbeitsplätze. Arbeitslosigkeit und Armut zwingen bis in die 1970er Jahre 1 Mio. Sizilianer, nach Norditalien und Nordeuropa zu emigrieren.
1968	Ein schweres Erdbeben erschüttert das Belice-Tal und zerstört zahlreiche Städte.
1992/1993	Nach einer Gesetzesänderung kommt es zu einer Verhaftungswelle von Mafiosi. Innerhalb weniger Wochen werden die beiden leitenden Ermittlungsrichter Giovanni Falcone und Paolo Borsellino Opfer von Anschlägen der Mafia.
1993	Im Tempeltal von Agrigent verkündet Papst Johannes Paul II. die Exkommunikation von Mafiamitgliedern.
2001	Nach jahrelangen juristischen Auseinandersetzungen beginnt man im Tal der Tempel von Agrigent mit dem Abriss illegal errichteter Bauten.

Kultur und Leben

Griechische Tempel und barocke Städte

Malerei

Literatur

Keramik

Farbenfrohe Feste

Essen und Trinken

Die Ruinen der antiken Stadt Tindari

Die Tempel

Die ersten Griechen kamen aus den ionischen Siedlungen Chalkis und Naxos sowie den dorischen Städten Korinth und Megara. In ihrer Heimat herrschten Hunger und Bürgerkriege. So steuerten sie ihre Trieren nach Westen und gelangten an die Küsten von Süditalien und Sizilien. Natürliche Buchten boten ideale Ankerplätze, Quellen oder Flussläufe sicherten die Wasserversorgung, fruchtbarer Boden die Ernährung, Anhöhen ergaben ausgezeichnete Verteidigungspositionen. *Naxos, Leontinoi, Katane* und *Zankle* (Messina) sowie *Syrakus* und *Megara Hyblaia* waren die ersten griechischen Kolonien auf Sizilien. Sie wurden alle im späten 8. Jh. v. Chr. an der Ostküste, am nächsten zur Heimat, gegründet.

Im Zentrum ihrer Siedlungen reservierten sie jeweils ein größeres Areal für die Verwaltungs- und Kultbauten. Mit zunehmendem Wohlstand entstanden Tempel, die in Größe und Prunk kaum ihresgleichen haben. Von den Steinbrüchen *Cave di Cusa* bei Selinunt über den im Rohbau belassenen Tempel in Segesta bis zum Concordia-Tempel von Agrigent lassen sich die verschiedenen Baustufen auf relativ kleinem Raum betrachten.

Die sizilianischen Griechen schufen mit ihren Tempeln nicht einfach Kopien der Bauten ihrer Heimat, sondern entwickelten ihren eigenen Stil. Der 575 v. Chr. in **Syrakus** auf der Insel Ortygia erbaute Apollon-Tempel ist wohl der älteste Tempel auf Sizilien (s. S. 142). Beeindruckend die monolithischen Kalksteinsäulen, die so nah beieinander stehen, dass sich die Deckplatten der Kapitelle fast berühren. Vor der doppelten Säulenstellung an der Eingangsseite verewigte sich der Baumeister: »Kleom[en]es hat (den Tempel) dem Apollon gemacht, (der Sohn) des Knidieidas, und Epikles die Säulen, schöne Werke.« Ein Künstlerhochmut, den sich im griechischen Mutterland nicht einmal der Baumeister der Athener Akropolis hätte erlauben dürfen.

Selinus, das heutige Selinunte, war gegen Ende des 7. Jh. v. Chr. gegründet worden (s. S. 194). Auf engstem Raum entstanden im Verlauf des 6. und 5. Jh. v. Chr. vier große Tempel auf der Akropolis, dem Burgberg, und drei weitere jenseits des heute verlandeten Flusses Cotone. Mit seinen Maßen von 110 m auf 50 m – so groß wie ein Fußballfeld – sprengte vor allem der Apollon-Tempel alle bekannten Dimensionen. Säulen von mehr als 3 m Basisdurchmesser trugen Kapitelle groß wie Hochzeitstafeln. Ein Gigant unter den Tempeln, der, obwohl bereits um 520 v. Chr. begonnen, beim Untergang der Stadt 409 v. Chr. noch immer im Rohbau war. Durch diese lange Bauzeit lässt sich an den sich verändernden Kapitellformen und den ausgeglicheneren Säulenproportionen schön die Entwicklung einzelner Architekturstile von der Archaik bis zur Klassik nachvollziehen.

Zu den prächtigsten Städten der *Magna Graecia* (Großgriechen-

Hera-Tempel in Selinunt

lands) gehörte bis zu seiner Zerstörung 406 v. Chr. die Stadt **Akragas** (Agrigent), die zu Beginn des 6. Jh. v. Chr. von Siedlern aus Gela und Rhodos gegründet wurde (s. S. 180). Die auf einer Hügelkette unterhalb der Stadt thronenden Tempel müssen jeden Besucher zutiefst beeindruckt haben. Mit seiner vollständig erhaltenen Säulenstellung, dem intakten dorischen Fries und den größtenteils noch aufragenden Giebeldreiecken zählt der 425 v. Chr. errichtete so genannte Concordia-Tempel zu den drei am besten erhaltenen Tempeln der gesamten griechischen Welt. Seine vollendete Harmonie, der Gleichklang seiner Bauteile versinnbildlicht den Höhepunkt und gleichzeitig den Endpunkt der griechischen Tempelbaukunst auf Sizilien.

Barocke Pracht auf schwankendem Grund

»Im Jahre 1693, am 9. Januar, um 4 Uhr nachts, vernahm man ein heftiges Erdbeben, das viele Gebäude zerstörte und bei dem über 200 Menschen umkamen. Am nächsten Tag suchte ein jeder eine freie Fläche innerhalb und außerhalb der Stadt auf und aus Furcht, dass ein solch großes Unheil sich wiederholen könnte, verbrachte er dort die ganze Nacht zum Samstag (...) Kaum hatte es am Sonntag 21 Uhr geschlagen, womit insgesamt 40 Stunden vergangen waren, ereignete sich ein so furchtbares und schreckenerregendes Erdbeben, dass der Boden wie ein Meer Wellen schlug, die schwankenden Berge rutschten, die Stadt in nur einem Moment elendig einstürzte und über 1000 Menschen begrub. Nachdem dieses grausame Erdbeben endlich verstummt war, verdüsterte sich der Himmel, umwölkte sich die Sonne und es kam ein prasselnder Regen mit Hagel, Wind und Donner herunter.«

Mit diesem apokalyptischen Bild beschreibt der Augenzeuge Fra Filippo Tortora aus Noto das verheerende Erdbeben, das 1693 die Orte des gesamten Südostens Siziliens, von Capo Peloro bis Capo Pachino, in Trümmerhaufen verwandelte. Von den 340 000 Einwohnern kamen über 53 000 ums Leben, 58 Ansiedlungen waren betroffen, 20 davon wurden vollkommen zerstört.

Während heute Jahrzehnte verstreichen, bis nach einer Naturkatastrophe die Wellblechbaracken Wohnhäusern weichen, brach damals gleich nach dem Beben ein regelrechtes Baufieber aus. Anstelle der verwinkelten mittelalterlichen Städte entstanden nun urbane Zentren nach den Prinzipien barocker Stadtplanung. Auf einem regelmäßigen Straßenraster erwuchsen die Städte wie aus einem Lehrbuch der Geometrie, mal als Sechseck wie in Grammichele, mal eingefasst in ein rechtwinkeliges Straßennetz rund um eine quadratische Piazza wie in Ávola. In Noto, der Hauptstadt des sizilianischen Barocks, zeichneten die Architekten drei an einem Hang parallel verlaufende Achsen, die von hangaufwärts verlaufenden Straßen gekreuzt werden.

In dieser perfekt geordneten Welt ergeben sich immer wieder überraschende Perspektiven, öffnen sich Ausblicke auf geschwungene Fassaden oder mächtige Freitreppen. Vom Fuß der Treppenrampe von San Domenico in Noto (s. S. 149) scheint sich die vorgewölbte Fassade bis in den Himmel recken zu wollen. In Modica (s. S. 155) müssen erst 250 Treppenstufen erklommen werden, bis man zur mächtig aufragenden Kirche S. Giorgio gelangt. Auf dem steil ansteigenden Platz wirkt sie mit ihrer Freitreppe und der vorschwingenden turmartigen Fassade wie eine überirdische Erscheinung. Das Licht wirft Schattenbilder, umspielt Voluten und Säulen, produziert malerische Hell-Dunkel-Effekte auf dem honigfarbenen Kalktuff.

Die barocke Dekorationsfreude erfasste natürlich auch die Palazzi. Gesimse, Balkone und Balustraden bevölkern tollende Putti und laszive Sirenen, Engelsgesichter und Grimassen schneidende Monster.

Während die barocken Bauten in Catania und Palermo noch stark römischen Vorbildern verhaftet sind, bilden die verspielten, selten überladenen Barockbauten im Südosten einen durchaus eigenständigen Stil. Unter ihren Baumeistern ragt vor allem der geniale und innovative Rosario Gagliardi heraus. Charakteristisch für seine geschwungenen Kirchenfassaden sind die Streckung des Mittelfelds durch einen Turmaufsatz, der von Voluten flankiert wird.

Für den sizilianischen Schriftsteller Vicenzo Consolo steht die barocke Bauwut im Südosten in unmittelbarem Zusammenhang mit dem Erdbeben: »In ihren unglaublichen Bewegungen, ihren schwerelosen Formen, ihrer scheinbaren Zerbrechlichkeit und Instabilität, wirken sie wie eine äußerste Provaktion, wie eine Herausforderung gegenüber jeder zukünftigen Drohung der Natur, jedem gefürchteten Verrat der Erde und jedem weiteren Beben. Die Fassaden dieser Kirchen, Klöster, öffentlichen und privaten Palazzi erscheinen in ihren Bewegungen, in ihrem Schaukeln und Wanken ›wie ein Meer‹, in ihrem Aufblähen und Schwingen wie der Wind, wie ein Übel abwehrendes Bild des Erdbebens selbst.«

Antonello da Messina, »Bildnis eines jungen Mannes«

Der Maler Antonello da Messina

Schwerlich kann man sich der Faszination der Bilder von Antonello da Messina entziehen. Giorgio Vasari, der Vater der Kunstgeschichtsschreibung, würdigt ihn als einen der wenigen süditalienischen Maler in seinen »Vite«. Er ist der einzige sizilianische Maler von europäischem Rang.

Über sein Leben ist nur wenig bekannt. Er wurde um 1430 als Sohn eines Steinmetz in Messina geboren. Die wirtschaftlich aufstrebende Hafenstadt war damals Durchgangsstation für Waren, die aus dem Orient nach Flandern verschifft wurden. In künstlerischer Hinsicht war die Stadt jedoch stark von der katalanischen Spätgotik geprägt, weit entfernt von der innovativen Kunst der Flamen und der Toskaner, die mit Hilfe der Öltechnik und der Zentral- und Linearperspektive die Renaissance auch in der Malerei einläuteten. Antonello begab sich nach Neapel, wo seit 1443 Alfons V. von Aragon regierte, ein den humanistischen Idealen aufgeschlossener Herrscher und Liebhaber der flämischen Malerei. Der König besaß einige Werke der Niederländer Jan van Eyck und Rogier van der Weyden, die wegen ihrer detailreichen Landschaftsdarstellungen und feiner Lichteffekte hoch gerühmt wurden. Zu den führenden Malern des damaligen Neapel zählte Colantonio, der von den flämischen Originalen dermaßen gute Kopien anfertigen konnte, dass sie kaum vom Original zu unterscheiden waren. In seiner *bottega* verbrachte Antonello zwischen 1445 und 1455 seine Lehrzeit. Von ihm lernte er die moderne Technik der Ölmalerei und die Liebe der Niederländer zum stillebenhaften Detail. Zurück in Sizilien eröffnete er in Messina eine eigene *bottega.* Seine Auftraggeber waren meist Bruderschaften, für die er Kirchenfahnen und Altarbilder malte. Eines dieser Werke ist der Flügelaltar des hl. Gregor, den er 1473 für die Kirche der Nonnen von S. Maria extra moenia schuf (heute Messina, Museo Regionale). Der gemusterte Goldgrund oder der von der zentralen Kompositionsachse versetzte Fluchtpunkt erinnern noch an traditionelle Malweisen. Doch die Gesichter der Figuren, ihre von reichen Gewändern umschlossenen Körper verraten eine Plastizität, die neu ist.

Bereits ein Jahr später malte er für die Chiesa dell'Annunziata in Palazzolo Acreide eine Verkündigung (Syrakus, Galleria Regionale), in der flämische Elemente wie weitverzweigte Innenräume mit unterschiedlichen Lichtverhältnissen mit den perspektivischen Effekten der italienischen Renaissance verschmelzen. Zu der Zeit entstand auch eines seiner ersten Porträtbilder, »Bildnis eines jungen Mannes« (Cefalù, Museo della Fondazione Mandralisca, 1470/72). Kaum ein Zeichen weist darauf hin, wer dieser Mann mit dem unergründlichen Lächeln ist, der mal als Matrose, mal als Aristokrat identifiziert wurde. Im Mittelpunkt steht, ganz im Zeichen der Renaissance, der Mensch als individuelle Persönlichkeit.

Dieses Werk ist das erste einer Reihe streng charakterisierender Porträts in Dreiviertelansicht, für die Antonello besonders in Norditalien sehr geschätzt wurde. Sein Ruhm beschränkte sich inzwischen längst nicht mehr nur auf Sizilien. In Venedig erhielt er 1475 den Auftrag für ein Altarbild für die Kirche San Cassiano. Trotz seines kurzen Aufenthaltes beeinflusste er durch seine Beherrschung der neuartigen Öltechnik und durch seinen plastischen Kompositionsstil die venezianischen Maler und den Typus des venezianischen Altarbildes nachhaltig. Ein Jahr später schuf er mit dem kleinen Gemälde der »Annunziata« (Palermo, Galleria Nazionale, 1476–77) ein letztes Meisterwerk. Umhüllt von einem leuchtend blauen Mantel, der nur in wenigen Falten herabfällt, ruht das Antlitz der Madonna. Zu Recht schrieb ein Kunsthistoriker: »Antonello war imstande, nicht nur den Blick des Dargestellten, sondern einen blickenden Menschen« zu zeigen.

Andrea Camilleri und sein Kommissar Montalbano

Er verhindert mit Macht seine eigene Beförderung und hasst Gequatsche beim Essen. Er ist belesen und redegewandt und kommt auf Pressekonferenzen dennoch ins Stottern. Ein schnoddriger, launischer Bulle, der, wenn es notwendig ist, mit Gaunern

Die Opera dei Pupi

In silbern glänzender Rüstung und mit erhobenem Schwert steht Orlando seinem Widersacher gegenüber, den Pluderhosen und ein Halbmond am Schild als einen dieser gottlosen Sarazenen kennzeichnen. Was ist passiert? Die Ungläubigen haben die tapferen Paladine Kaiser Karls des Großen aus ihrer Festung gelockt und die schöne Angelica in eine finstere Höhle verschleppt. Bewacht von einem furchtbaren Drachen, ruhen all ihre Hoffnungen auf den treuen Rittern Orlando und Rinaldo. Endlich finden diese das Versteck, töten das Ungeheuer und befreien die Schöne. Doch da kehren auch die Bösewichter wieder, es kommt zur entscheidenden Schlacht.

Auch wer kein Italienisch versteht, wird den dramatischen Abenteuern der *Opera dei Pupi*, des traditionellen sizilianischen Puppentheaters, gebannt folgen. Im 19. Jh. zogen die Puppenspieler, die *pupari*, von Dorf zu Dorf, sehnsüchtig erwartet von großen und kleinen Kindern, denen sie eine willkommene Abwechslung vom Alltag boten. In den Theatern der größeren Städte wurden regelrechte Serien aufgeführt, die sich unter begeisterter Anteilnahme des Publikums über Monate fortsetzten. Als Vorlage für die endlosen Stücke dienten populäre Fassungen mittelalterlicher Ritterdichtungen. Im Zentrum steht immer der Kampf der Christen gegen die Heiden. Im Kampf gegen die Sarazenen stets siegreich, drohten die braven Paladine erst der multimedialen Unterhaltung zu unterliegen. In der Nachkriegszeit ließen immer mehr *pupari* den letzten Vorhang fallen und verkauften ihre kostbaren Marionetten. Doch als das Ende dieser Volkskunst bereits unausweichlich schien, wurde das Puppentheater für den Tourismus entdeckt und erlebt nun eine Renaissance.

Einer der letzten Vertreter der alten Kunst ist Mimmo Cuticchio. In seinem Puppentheater in Palermo inszeniert er außer den traditionellen Ritterepen auch die Irrfahrten des Odysseus oder die Oper »Tosca« von Puccini. Seine Puppen schnitzt er noch selbst aus Buchen- oder Ahornholz und steckt sie dann in Rüstungen aus Kupfer oder Messing. Zwei massive Metalldrähte am Kopf und an der rechten Hand dienen als Führung. Vor den Aufführungen informieren bemalte Kartons über das Geschehen des Abends. Dann erklingt die Stimme des *puparo* in einer unnachahmlichen Mischung aus Hochitalienisch und Sizilianisch, und es beginnt ein neues Abenteuer. Und während der tugendhafte Orlando und der Frauenheld Rinaldo gegen eine erdrückende Übermacht antreten, steigert die Musik aus dem Drehklavier die Spannung, bis der letzte Sarazene zu Boden sinkt.

Keramikerin in Caltagirone

paktiert – Commissario Salvo Montalbano.

Sein Schöpfer, der 1925 geborene Sizilianer Andrea Camilleri, avancierte innerhalb weniger Jahre zum Kultautor. Obwohl der Sellerio-Verlag auf jede Buchwerbung verzichtet, belegen Camilleris Krimis sofort nach ihrem Erscheinen jedes Mal monatelang die ersten Plätze der italienischen Bestsellerlisten. Die höchst lebendige Kunstfigur Montalbano hat sich bereits in den literarischen Olymp Siziliens eingereiht. Wie Padron 'Ntoni aus den »Malavoglia« von Giovanni Verga, der »schöne Antonio« von Brancati oder Don Fabrizio aus dem »Leopard« von Giuseppe Tomasi di Lampedusa bringt er uns Sizilien ein Stück näher.

Die Stärke des ehemaligen Drehbuchautors Camilleri ist es, seinen Figuren mit wenigen prägnanten Strichen zum Leben zu erwecken und ihnen eine unverwechselbare sizilianische Identität zu geben. Mit lakonisch-pointiertem Witz – »man kann Sizilianer nur mit Ironie sein« – beschreibt Camilleri aber auch die Abgründe italienischer Bürokratie und die Animositäten zwischen Nord- und Süditalienern und flicht aktuelle Ereignisse ein. Seine Kriminalromane, wie im übrigen auch seine historischen Romane – kleine literarische Perlen und historische Lehrstücke, die während der italienischen Einigungszeit spielen – scheinen ihm nur ein für den Leser allerdings vergnüglicher Vorwand für ein fabulierfreudiges Sittengemälde.

Kunsthandwerk in Hochglanz

Keramik gehört zu den bekanntesten Produkten sizilianischen Kunsthandwerks. Mit Stolz verweist man im reich bestückten Museo della Ceramica in Caltagirone auf einen 2500 Jahre alten, rotfigurigen griechischen *kratér* (Kelch) aus lokaler Produktion mit der Darstellung eines Töpfers, der vor den aufmerksamen Augen eines Assistenten eine große Vase auf der Drehscheibe fertigt. Das auf tonhaltigen Hügeln gelegene Caltagirone ist eines der ältesten Keramikzentren der Insel. Unübersehbar sind die farbigen Keramikkacheln, die Balkone, Treppen oder Kirchtürme schmücken.

Ihren Aufschwung nahm die Keramikherstellung mit der Ankunft der Araber, die die Technik der farbig glänzenden Glasur einführten. Die Vorliebe für kupferoxidgrüne und gelbe Farben hielt bis weit in nachstaufische Zeit an. Pflanzen- oder Tiermotive, umgeben von geometrischen Mustern, weichen mit dem Erstarken der Feudalherrschaft zunehmend heraldischen Motiven. Unter den Spaniern dominieren farbige, metallisch glänzende Glasuren und maurische Motive und die für die *azulejos* so typische himmelblaue Farbe auf weißem Untergrund. Ihre Blütezeit erleben die Werkstätten von Caltagirone in der Renaissance und im Barock: Vielfarbige Majolikaböden mit religiösen und mythologischen Szenen oder ornamentalen Mustern schmückten Klöster, Kirchen und Adelspaläste; Waschschüsseln mit Reliefverzierungen oder Blumenvasen in Form von Mohrenköpfen standen in den Haushalten barocker Adelsvillen; Apothekervasen, die so genannten *albarelli,* wurden aufs Festland exportiert. Noch heute gibt der Balkon eines der berühmtesten Keramikkünstler jener Zeit, Benedetto Ventimiglia, einen Eindruck von den leuchtenden Blau- und Grüntöne, für die Caltagirone weit über Italien hinaus bekannt war.

Doch die Verbreitung des Zements als Fußbodenbelag, die Konkurrenz durch Keramik aus Neapel und die Entwicklung des Steinguts im 18. Jh. in England führte zu einem allmählichen Niedergang der Keramikwerkstätten. Ende des 19. Jh. waren aus den einst 800 Keramikkünstlern ganze 8 »Tonarbeiter« geworden. Die Produktion beschränkte sich nunmehr auf Alltagsgegenstände wie die typische *quartara,* einen handlichen Tonkrug für Wasser, und den *bummulu* für Wein. Einzig ein Seitenzweig der Tonbearbeitung konnte sich behaupten: Aus der Tradition, Heiligenfiguren oder das Personal für die Weihnachtskrippen zu modellieren, hatten die Kunsthandwerker Bongiovanni und Vaccaro ein neues Genre entwickelt. Ihre anfangs farbig gefassten, später naturbelassenen Tonfigürchen stellten, losgelöst aus dem sakralen Kontext, zeitgenössische Szenen aus dem Leben von Bauern und Hirten dar. Die ungemein realistischen Figuren wurden dabei nicht aus einem Stück, sondern in mehreren Teilen gearbeitet, die man zusammensetzte und nachträglich mit einer dünnen Tonschicht umkleidete. Die Produktion, die sehr schnell viele Sammler fand, hielt bis weit ins 20. Jh. an. In den inzwischen wieder 100 Werkstätten findet man klassische »Mohrenköpfe« neben innovativem Design. Besonders hübsch sind die lustigen Tonpfeifchen, die früher als Spielzeug dienten.

La Settimana Santa

Mit einer Mischung aus Andacht und Ausgelassenheit begeht Sizilien die *Settimana Santa* (Osterwoche). Und alle wollen daran teilhaben, wenn es darum geht, den Prozessionswagen zu schmücken, den Schrein der Heiligen zu tragen oder im Passionsspiel mitzuwirken.

Fröhliches Schwatzen und Lachen weicht andächtigem Gebet, wenn in **Caltanissetta** am Gründonnerstag unter getragenen Blasmusikklängen die 16 monumentalen Figurengruppen *(vare)* der Ostergeschichte durch die dichte Menge gleiten. Für jede der äußerst realistischen *vare* ist eine der alteingesessenen Bruderschaften oder Handwerkerinnungen verantwortlich: Die Bäcker betreuen das Abendmahl, die Stadtverwaltung den Verrat des Judas und den Metzgern obliegt der Kalvarienberg.

In **Trapani** leisten die *massari* (Träger) der jeweiligen Korporationen Schwerstarbeit: Vom Nachmittag des Karfreitag bis zum späten Vormittag des Karsamstag tragen sie die teils mehr als eine Tonne schwe-

ren Mysteriengruppen durch die blumengeschmückten Straßen. Mit langsamen, rhythmischen Schritten folgt die feierliche Prozession weißer Kapuzenmänner und kerzentragender Mädchen in Nonnentrachten den Figurengruppen. Eine beklemmende Stille herrscht in **Enna** beim Erscheinen des in einem beleuchteten Glassarg ruhenden Leichnams Christi und der schwarzgekleideten Maria, deren Herz von einem Dolch durchbohrt ist. In **Marsala** spielen die als Juden oder Römer kostümierten Bewohner selbst die Kreuzwegszenen. Lebhaft und manchmal auch handgreiflich ergreifen die Zuschauer Partei für den gepeinigten Christus.

In den Prozessionen mit ihren dramatischen Szenen, melancholischen Trauermärschen und aufwändigen Kostümen findet sich auch noch manch heidnisches Erbe. In **Prizzi** etwa ziehen am Ostersonntag kettenrasselnde rote Teufel mit furchterregenden Masken in Begleitung eines schwefelgelben Todes beim *Abballu de li diavuli* (Tanz der Teufel) durch die Gassen und versuchen, das Wiedersehen von Maria und Jesus zu verhindern. Leichtsinnige, vom Pfeil des mit einer Armbrust bewehrten Todes getroffene Passanten können sich nur gegen eine Gabe freikaufen.

Ganz im Zeichen griechisch-byzantinischer Traditionen steht die Osterwoche in der albanischen Enklave **Piana degli Albanesi.** Besonders bewegend ist der Ostersonntag. Nach der Messe in der Kathedrale ziehen die Frauen in ihren kostbaren alten Trachten durch die Stadt. Am Hauptplatz werden rote Eier geweiht und verteilt, Symbole des ewigen Kreislaufs des Lebens. Diese Feste, wie auch die meisten anderen Feste auf Sizilien haben eines gemeinsam: Sie geben einen Einblick

In Prizzi sind die Teufel los

in sizilianisches Brauchtum und sind nicht für den Tourismus gemacht.

Essen und Trinken

Dem Genießer bietet die sizilianische Küche ein weites Feld für immer neue Entdeckungen. Die Vielfalt der Produkte, der Speisen und Aromen spiegelt die verschiedenen kulturellen Einflüsse, denen Sizilien ausgesetzt war.

Als Grundnahrungsmittel der bäuerlichen Gesellschaft darf **Brot** natürlich bei keinem Essen fehlen. Neben dem einfachen *pane cunzato* (*condito,* also gewürzt) empfiehlt sich besonders das nach orientalischem Brauch mit Sesam oder Fenchel bestreute. Unter den **Antipasti** genießt die *caponata* aus Auberginen, Tomaten, Sellerie, Kapern, Oliven und Sardellen den Status eines Nationalgerichts. In den Bergregionen der Nébrodi und Madonien sind die etwas deftigeren Vorspeisen wie hausgemachte Würste, Kuhmilch- und Schafskäse oder in Öl eingelegte Waldpilze zuhause. *Arancine,* goldgelb ausgebackene Reisbällchen, gefüllt mit Ragout und Erbsen oder Schinken und Käse, sind als Imbiss allgemein beliebt.

Die Grundlage der meisten ersten Gänge bildet die **Pasta** in all ihren Variationen. Die *pasta con le sarde,* Spaghetti mit Sardinen, Rosinen, Pinienkernen, wildem Fenchel und Safran, erfreut sich besonders in Palermo größter Beliebtheit. Auberginen bilden die Grundlage für die *pasta con le melanzane:* Maccheroni mit Auberginen, Tomaten, Basilikum und frisch geriebener *ricotta salata.* In Catania hat man dafür einen klangvolleren Namen: *pasta alla Norma* – eine Huldigung an den berühmtesten Sohn ihrer Stadt, den großen Belcanto-Komponisten Vincenzo Bellini, und seine beliebte Oper.

Beim zweiten Gang genießt der Fisch natürlich Vorrang. Als regionale Besonderheit findet man den *pesce spada a summarigghiu* vor allem auf den Speisekarten von Messina. Der Schwertfisch wird dabei in einer köstlichen Soße aus Olivenöl, Majoran und roten, grob zerkleinerten Paprika zubereitet. Das *couscous* von Trapani, ausschließlich mit Fisch angerichtet, kann seine maghrebinische Herkunft nicht verleugnen. Eine Spezialität von Catania wiederum ist die *sarde a beccafico* – mit Semmelbrösel, Pinienkernen und Sultaninen gefüllte Sardinen. **Fleischgerichte** wie das *castrato,* das Fleisch zehn Monate alter Lämmer, oder *capretto,* Zicklein, sind in den durch Viehhaltung geprägten Madonien, Nébrodi und Péloritani weit verbreitet.

Zu recht gerühmt werden die **Nachspeisen** wie die *cassata,* eine Schichttorte aus Biskuit und Ricotta mit feinsten Schokoladenstückchen, kandierten Früchten und einem Hauch süßen Likörs, die *testa di turcu* (Türkenkopf) aus Milch, Eigelb und Zitronenschale oder die *cannoli,* mit Ricottacreme gefüllte Teigröllchen, einst ein typisches Karnevalsgebäck. Nicht zu vergessen die verschiedenen Mandelnaschereien, ob *pasta martorana* oder einfaches Mandelgebäck. Typisch für das Ätnagebiet um Bronte sind die butterweichen Pistazien-*dolci.* Wie stark die Verlockung der sizilianischen Küche sein können, zeigt Vincenzo Bellini. Als er in Paris lebte, ließ er sich regelmäßig mit der Postkutsche Orangen und catanesische Spezialitäten bringen, um sie im Freundeskreis in ausgelassenen Gelagen zu genießen. Heinrich Heine bemerkte dazu eines Tages lakonisch: »Du hast das Aussehen eines zerbrechlichen Engels und gleichzeitig einen Straußenmagen.«

Den ersten und vielleicht verhängnisvollsten Rausch der Literaturgeschichte hat sich ein Sizilianer angetrunken: Dem Zyklopen Polyphem, durch übermäßigen Weingenuss betäubt, wurde vom Abenteurer Odysseus sein einziges Auge ausgestochen. Einem heutigen Sizilianer könnte dies kaum passieren. **Wein** wird in der Regel nur zum Essen getrunken und das auch in Maßen.

Mit einer Jahresproduktion von 10 bis 12 Mio. hl (etwa so viel wie Deutschland) ist Sizilien eines der vier größten Weinanbaugebiete Italiens. Die meisten der breit gefächerten Palette an Weiß- und Rotweinen werden in genossenschaftlichen *(Cantina sociale)* oder großen Privatwinzereien gekeltert. Der Löwenanteil, etwa 75 %, entfällt auf Weißweine, die hauptsächlich aus dem Westen der Insel stammen. Die Auswahl reicht dabei vom *Terre di Ginestra* mit seinem verführerischen Quittenduft und leichter Sherrynote über den schweren *Rapitalà* mit einem Hauch von Honig und Pfirsich bis zum strohgelben *Regaleali bianco* mit einem feinen Barrique-Ansatz aus dem Hause des Conte Giuseppe di Tasca di Almerita. Von letztgenanntem stammt auch der erstklassige *Nozze d'oro,* den der Conte 1985 anlässlich seiner goldenen Hochzeit kreierte.

Die Trauben des tanninreichen Nero d'Avola, denen die besten und lagerfähigsten Rotweine Siziliens entstammen, wurde wahrscheinlich bereits in der Antike von den Griechen eingeführt. Der zunächst in slowenischen Eichenfässern gezogene *Duca Enrico* aus der Weinkellerei Corvo genießt auch bei internationalen Weinkennern höchste Anerkennung. Zu empfehlen sind auch der kirschrote *Rosso del Conte* oder der *Terra d'Agala* mit seinem zarten Weichsel- und Veilchenduft. Daneben gibt es aber auch interessante Ätna-Weine aus den kleineren Weingütern Murgo in S. Venerina oder Villagrande in Milo. In Vittoria gründeten 1980 drei Studenten das Weingut Azienda Agricola Cos, um den aussterbenden *Cerasuolo di Vittoria,* eine Assemblage aus Nero d'Avola und der lokalen Frappato-Traube, zu retten – mit durchaus interessantem Ergebnis.

Fest in Palazzolo Acreide ▷

UNTERWEGS IN SIZILIEN

Palermo und Umgebung

Stadtspaziergänge in Palermo

Monreale

Piana degli Albanesi und Corleone

Solunt, Bagheria und Cefalù

In den Madonien

Fiumara d'Arte

Morbide Eleganz in Mondello

Palermo

9. bis 12.04.02

Orientalische Pracht am normannischen Hof • Ein Bummel rund um das Hafenviertel La Kalsa und den Vuccirìa-Markt • Vom Glanz der Jahrhundertwende • Perlen am Rande der Stadt • Ausflüge rund um Palermo

Stadtgeschichte

Im 8. Jh. v. Chr. gründeten die Phönizier auf einer Anhöhe, die von den schiffbaren Flüssen Kemonia und Papireto umflossen wurde, eine erste ummauerte Siedlung, die sich in den folgenden Jahrhunderten zu ihrem wichtigsten Stützpunkt auf Sizilien entwickelte. Doch es waren die Griechen, die ihr wegen ihrer weiten Hafenbucht den Namen *Panormus* (All-Hafen) gaben. Ihre erste Blütezeit erlebte die Stadt unter den Arabern, die Sizilien zu einem selbstständigen Emirat machten und die Hauptstadt *Bulirmi* nannten. In seiner Beschreibung von Palermo staunte der fatimidische Weltenbummler Ibn Hauqal über die 300 Moscheen und zahlreichen Basare, die wasserreichen Gärten und schimmernden Lustschlösser der Stadt. Effiziente Bewässerungssysteme und die Einführung von Kulturpflanzen wie Zitronen- und Orangenbäume verwandelten die weite Bucht in einen blühenden Garten, die ihr später den Namen »*Conca d'Oro*« (Goldene Muschel) einbrachte. Über 300 000 Menschen verschiedenster Kulturen bevölkerten das Gebiet rund um den arabischen Herrschaftspalast *Al-Qasr*, dem späteren Normannenpalast. Als Residenz des Emirs entstand zum Meer hin das befestigte Viertel *al-halisah*, La Kalsa.

Die Politik der religiösen Toleranz der Araber setzten die Normannen nach ihrer Eroberung fort. Arabische und byzantinische Baumeister, Handwerker und Künstler blieben in der Stadt und schufen gemeinsam mit den lombardischen und normannischen Meistern den einzigartigen arabisch-normannischen Stil, der in der Capella Palatina und dem Dom von Monreale Triumphe feiert. Nach der Ära der zentralistischen Verwaltung des Staufers Friedrich II. und dem Machtkampf zwischen Anjou und Aragonesen erstarkten die großen feudalen Familien wie die Scláfani und Chiaramonte, die mit ihren festungsartigen Palazzi neue Akzente setzten.

Prägend für das heutige Stadtbild ist aber die Zeit der spanischen Vizekönige. Im 16. Jh. schufen sie mit der Verlängerung des Cassaro (heute Via Vittorio Emanuele) zum Meer eine

La Primavera di Palermo

»*Programma Urban*«, ein von der EU gestütztes Förderprojekt zur Sanierung der vom Verfall bedrohten Altstadt, »*Palermo apre le porte. La scuola adotta un monumento*«, ein Projekt, bei dem Schulkinder ein Monument ›adoptieren‹ und für jeweils zehn Tage im Frühjahr fachkundig Besucher durchführen, »*I cantieri culturali della Zisa*«, moderne und zeitgenössische Kunst und Kultur auf einem ehemaligen Fabrikgelände – das sind nur einige der in den letzten Jahren gestarteten Initiativen. Die vom Bürgermeister Leoluca Orlando eingeleitete *Primavera di Palermo*, der »Frühling von Palermo«, beginnt Früchte zu tragen. Mit dem von der Stadtregierung 1997 vorgelegten Bebauungsplan wurde zum ersten Mal in der Nachkriegszeit der Bauspekulation ein Riegel vorgeschoben. Stattdessen sollten die bestehenden kulturellen, sozialen und wirtschaftlichen Ressourcen aufgewertet werden. In der 300 ha umfassenden Altstadt erstrahlen nun immer mehr Palazzi, Kirchen und Plätze in neuem Glanz. Öffentliche Parks, wie der stimmungsvolle Giardino Garibaldi auf der Piazza Marina oder die stille Villa Giulia neben dem Botanischen Garten bilden wieder grüne Oasen in der Stadt. Auch das Verkehrsnetz wurde einer Verjüngungskur unterzogen, sodass man sich heute auch ohne Auto schnell durch die – allerdings noch immer – verkehrsdurchtoste Metropole bewegen kann.

erste Hauptachse. In einem wahren Baufieber entstanden entlang dieser Hauptstraße barocke Adelspalazzi, Kirchen und Klöster, die im Innern ganz im Zeichen der Gegenreformation ein Feuerwerk vielfarbiger Marmorteppiche und überbordender Stuckdekorationen entzünden.

Nach der Einigung Italiens dehnte sich die Stadt entlang der Verlängerung der Via Maqueda und der dazu parallel verlaufenden Via Roma nach Nordwesten aus. Vermögende Unternehmer bauten sich verspielte Jugendstilvillen, es entstanden moderne Wohnviertel. Die Jahre nach dem Zweiten Weltkrieg wurden für Palermo zur Prüfung: Die 1943 durch Bomben und 1968 durch ein Erdbeben beschädigte Altstadt drohte durch wilde Bauspekulation vollends zerstört zu werden. Immer mehr Altstadtbewohner wanderten ab. Ihre Zahl sank von 120 000 im Jahr 1952 auf heute 27 000. Trauriges Symbol dieser verfehlten Baupolitik sind die so genannten ZEN-Viertel, die am Rande der Stadt, teilweise ohne jede Infrastruktur, hochgezogen wurden.

Dom von Palermo

Darüber hinaus drücken Palermo, mit rund 700 000 Einwohnern fünftgrößte Stadt Italiens, auch allgemeine Großstadtprobleme: die hohe Arbeitslosigkeit besonders unter Jugendlichen, das Übergewicht des terziären Sektors (80 %) oder der fast tägliche Verkehrskollaps. Inzwischen aber weht ein Frühlingswind durch die Stadt. Das historische Zentrum ist zum Sanierungsgebiet erklärt worden, Palazzi und Plätze werden einer gründlichen Restaurierung unterzogen. Die Wiederbelebung traditioneller Handwerksberufe trägt zum allmählichen Abbau der Arbeitslosigkeit bei. Autofreie Sonntage zeigen den Einwohnern die Schönheit ihrer Stadt. Nach 23 Jahren wurde das renommierte Teatro Massimo, auf dessen Bühne einst Caruso und die Callas standen, wieder eröffnet, und seit einigen Jahren macht das Kulturfestival »*Palermo in scena*« die Stadt im Sommer zur Bühne internationaler Musik-, Tanz- und Theateraufführungen. »*Palermo ritrovata*«, das »wiedergefundene Palermo«, ist das von Bürgermeister Leoluca Orlando aus- gegebene Motto. Bleibt zu hoffen, dass nach Ende seines Mandats dieses Konzept nicht wieder verlegt wird.

(Stadtplan in der hinteren Umschlagklappe)

Stadtspaziergänge

Normannenpalast und Dom

Der **Palazzo dei Normanni** (1) ist seit 1947 Sitz des sizilianischen Parlaments. Auf einer kleinen Anhöhe, auf der sich vermutlich bereits in punischer Zeit eine Festung befand, erbauten die Araber ihren Herrschaftssitz, den *Qasr.* Von den Normannen wurde der Bau zu einem prunkvollen Königspalast mit vier mächtigen Ecktürmen erweitert, von denen nur die von spitzbogigen Blendarkaden geschmückte Torre Pisana erhalten blieb. Nach dem Tod Kaiser Friedrichs II. verfiel der Palast, wurde aber unter den spanischen Vizekönigen restauriert und mit der **Porta Nuova** verbunden, einem Triumphtor, an dessen Untergeschoss kraftstrotzende »Mauren« an den Sieg Kaiser Karls V. in Tunesien (1535) erinnern.

Eine ausladende Freitreppe führt ins Innere des Palastes mit der **Capella Palatina** (Mo–Fr 9–12, 15–17, Sa, So u. Fei 9–12 Uhr). Die Hofkapelle gab Roger II. im Jahr seiner Königskrönung (1130) in Auftrag. In einzigartiger Weise verschmelzen in ihr die damals vorherrschenden kulturellen Einflüsse: die dreischiffige lateinische Säulenbasilika mit der Kreuzkuppelkirche griechisch-byzantinischer Tradition, byzantinische Mosaikkunst mit arabischer Ornamentik. Golden schimmernde Mosaikbilder bedecken die oberen Wandzonen: im Mittelschiff Szenen des Alten Testaments (von der Erschaffung der Welt bis zu Jakobs Kampf mit dem Engel), im Presbyterium Begebenheiten aus dem Leben Christi mit der Halbfigur des bärtigen Christus als Weltenherrscher in der Kuppel und in den Seitenschiffen Szenen aus dem Leben der Apostelfürsten Petrus und Paulus.

Zu der kostbaren Ausstattung gehören der marmorne Osterleuchter aus dem 12. Jh., auf dem manche Forscher den vor Christus knienden Roger II. in Bischofskleidung erkennen wollen, und die mit den vier Evangelistensymbolen geschmückte Kanzel. Mit dem Königsthron an der Westwand, dessen obere Hälfte wiederum vom thronenden Christus beherrscht wird, unterstrichen die Normannenkönige ihren weltlichen wie sakralen Herrschaftsanspruch. Ein für Sizilien seltenes Zeugnis islamischer Schnitzkunst ist die mit wabenartigen Nischen und Stalaktiten verzierte Holzdecke.

In der Etage über der Kapelle liegen die einstigen Privaträume der Könige. Über eine Reihe repräsentativer Säle, die heute dem Parlament dienen, gelangt man zur **Sala di Re Ruggero** aus der Zeit von Wilhelm I. (Mo, Fr, Sa 9–12 Uhr). Prächtige Mosaiken zeigen auf goldenem Grund Jagdszenen und Tiere wie den Pfau oder den Löwen, Sinnbilder der Ewigkeit und der Stärke.

Über die Via Vittorio Emanuele gelangt man zum **Dom** (2; 9–17.30 Uhr), den der normannische Erzbischof von Palermo, Walter of the Mill, Ende des 12. Jh. an der Stelle der Großen Moschee errichten ließ.

An der äußersten linken Säule des Portikus kann man noch eine in kufischer Schrift eingeritzte Sure aus dem Koran erkennen. Mit den monumentalen Ausmaßen des Baus unterstrich der Erzbischof seinen Machtanspruch gegenüber König Wilhelm II. Spätere Umbauten haben den normannischen Ursprungsbau fast völlig verdeckt. Nur die Chorpartie mit den gebänderten Blendbögen und der Zinnenkranz geben noch eine Vorstellung des einstigen Aussehens. Unter den Spaniern wurde an der Südfassade die filigrane gotisch-katalanische Vorhalle eingefügt. Die radikalsten Veränderungen erfuhr die Kirche jedoch Ende des 18. Jh., als der Architekt Ferdinando Fuga eine monumentale Kuppel baute und den dreischiffigen Innenraum klassizistisch umgestaltete.

Besuchermagnet sind die Sarkophage der normannischen und staufischen Könige in den Seitenkapellen beim Eingang: In vorderster Reihe ruht in einem Porphyr-Sarkophag mit der normannischen Bügelkrone im Giebelfeld der Stauferkaiser Friedrich II. Rechts von ihm liegt sein Vater Heinrich VI. Eine seiner ersten Amtshandlungen war es, den Normannenschatz mit dem kostbaren Krönungsmantel Rogers auf 160 Mauleseln über die Alpen in seine pfälzische Heimat Trifels bringen zu lassen. In zweiter Reihe befinden sich die Särge der normannischen Prinzessin Konstanze, Friedrichs Mutter, links davon die ihres Vaters Roger II. In einem Figuren-Sarkophag, rechts in die Wand eingelassen, ruht Friedrichs erste Frau Konstanze von Aragon. In ihrem Grab fand man die goldene Krone Friedrichs II., die er seiner Frau mit ins Grab gab und die heute das Prunkstück der **Schatzkammer** der Kathedrale ist (Mo–Sa 9.30–17.30 Uhr).

Bis auf den letzten Platz besetzt ist die Kirche jedes Jahr zum Fest der Stadtpatronin Rosalia. Ihre silberne Urne wird dann der rechten Chorkapelle entnommen und auf dem alten Pilgerweg hinauf zum Heiligtum auf dem Monte Pellegrino getragen. Vorbei an der **Loggia dell'Incoronata,** auf der sich Könige von den Normannen bis Martin von Aragon (1402) nach der Krönung dem Volk zeigten, gelangt man zur Piazza Perani, auf der jeden Werktag bis Sonnenuntergang Antiquitäten und Sammlerstücke angeboten werden.

Quattro Canti

Anfang des 17. Jh. ließ der spanische Vizekönig die nach ihm benannte Via Maqueda als neue Verkehrsader durch das Zentrum schlagen. Zusammen mit der Via Vittorio Emanuele teilt sie die Stadt in die vier Altstadtviertel Albergheria, Capo und, zum Meer hin, La Kalsa und Vuccirìa. Die Kreuzung, wegen ihrer vier auffälligen Eckhäuser von den Palermitanern **Quattro Canti,** »Vier Ecken« genannt, war einst Treffpunkt, Nachrichtenbörse und Stellenmarkt für Neuankömmlinge, die Arbeit in einem der barocken Palazzi suchten.

Direkt bei Quattro Canti erhebt sich die äußerlich unscheinbare Barockkirche **S. Giuseppe dei Teatini** (3; 7–12, 18–20 Uhr) mit ihrer grüngelben Majolikakuppel. Im dreischiffigen, an Stuckdekorationen und Fresken reichen Innenraum begeistern die beiden Weihwasserbecken, die von zwei Engeln im Flug gerade noch aufgefangen werden, sowie die Orgel mit den barocken Konsolen.

Auf der anderen Seite der Via Maqueda öffnet sich die Piazza Pretoria mit der platzbeherrschenden manieristischen **Fontana Pretoria.** Nymphen, Flussgötter, Tierköpfe und Treppen beleben die Brunnenanlage. Einen schönen Blick auf die Piazza genießt man vom ersten Stock des geschäftigen **Palazzo delle Aquile,** Sitz des 50-köpfigen Stadtrats und zahlreicher Ämter.

Orientalischen Zauber entfalten die kuppelbekrönten Kirchen **La Martorana** und **S. Cataldo** (4; beide 9.30–13, 15.30–19 Uhr) auf der benachbarten Piazza Bellini. Im Jahr 1143, kurz nach dem Bau der Capella Palatina, stiftete der zum Christentum konvertierte Großadmiral der Flotte Rogers II., Georgios von Antiochia, eine Kirche, die er stolz *S. Maria dell'Ammiraglio* nannte. Als König Alfons von Aragon sie 1433 dem von Eloisa Martorana gegründeten Benediktinerkloster übergab, wurde sie in *La Martorana* umbenannt. Seit 1937 ist sie gemeinsam mit San Demetrio in Piana degli Albanesi (s. S. 75) die Kathedrale der albanischen Diöze-

Mosaikbilder in La Martorana

se, daher wird die Messe im griechisch-byzantinischen Ritus gefeiert. Trotz zahlreicher Umbauten vor allem während der Barockzeit ist der arabisch-normannische Kernbau erhalten geblieben. Durch den mit farbigen Steinintarsien geschmückten Campanile gelangt man ins Innere der Kirche. Auch hier wurde die Dekoration dem barocken Zeitgeschmack angepasst, doch dazwischen leuchten die goldgrundigen byzantinischen Mosaiken, die in ihrer Anordnung der orthodoxen Liturgie folgen. Der Mosaikzyklus zählt gemeinsam mit dem der Capella Palatina zu den ältesten Siziliens. Im Mittelpunkt steht das Mosaik des Christus Pantokrator (Weltenherrschers) in der Kuppel, umgeben von den vier Erzengeln, darunter Propheten und Evangelisten. Vier Mosaikbilder widmen sich dem Leben Mariens: Verkündigung, Geburt Christi, Darbringung im Tempel, Tod. Den weltlich-geistlichen Machtanspruch der Normannen unterstreicht das rechte Mosaikbild an der einstigen Westfassade, das Roger II. im Priesterornat zeigt, wie er die Königskrone aus der Hand Christi erhält.

Die Martorana nimmt auch einen wichtigen Platz in der sizilianischen Zuckerbäckerei ein. Ihr Name ging auf die kalorienschweren Marzipanfrüchte über, die im Mittelalter von den Nonnen des Klosters zu Allerheiligen gebacken wurden. In allen möglichen Formen und Farben zieren sie heute die Vitrinen der *pasticcerie*.

Die Verbindung normannischer und arabischer Stilelemente zeigt sich deutlich in der Kirche **S. Cataldo.** Sie wurde ab 1154 erbaut und ist heute Sitz des Ritterordens des Heiligen Grabes. Hohe Blendarkaden und ein umlaufender Zinnenkranz gliedern den streng kubischen Bau, der von rosafarbenen Kuppeln bekrönt wird. Reste eines kufischen Schriftenbandes schmücken den Dachfries.

Das Albergheria-Viertel

Jenseits der Via Maqueda liegt das Albergheria-Viertel. Im Mittelalter von Händlern und Handwerkern bewohnt, ist es seit den schweren Bombardements des Zweiten Weltkriegs das Armenviertel der Stadt. Wie in den meisten anderen Altstadtvierteln scheint sich seither wenig getan zu haben. Noch immer sind die meisten Häuser Ruinen, immer wieder stürzen welche ein. Die Bewohner, darunter viele Immigranten, die als Haushaltshilfen, Altenpfleger oder Hilfsarbeiter ihr Glück versuchen, haben sich mit den abenteuerlichsten Materialien eingerichtet. Und mittendrin die Märkte: In der Via Calderai werden Haushaltsgeräte aus Kupfer und Zinn feilgeboten, wenige Straßen weiter sieht man abgehangene Fleischhälften und Stände mit Fisch, Obst und Gemüse – ein Durcheinander von Männern, Frauen und Kindern, Klängen, Farben und Gerüchen. Alles strahlt eine Ästhetik des Verfalls aus, die zweifellos fasziniert. »Vielleicht hat deshalb nie jemand versucht, diese Viertel zu verändern, weil sie Teil der Bilder über Palermo sind: die verfallenen Häuser, die zerlumpten Kinder, der Sonnenuntergang über dem Markt«, meint Francesca, die im Albergheria-Viertel eine Kinderspielstätte aufgebaut hat.

Im Kontrast zu dieser Kulisse des Verfalls steht die **Chiesa del Gesù** (5; 7–11.30, 17–18.30 Uhr), die man über die Via Ponticello erreicht. Die von den Spaniern geförderten Jesuiten gründeten hier 1564 ihre erste Kirche auf Sizilien, die mehrfach erneuert und nach den Zerstörungen des Jahres 1943 teilweise wiederaufgebaut wurde. Wie von einem Wirbel erfasst, springt das Auge im prächtigen dreischiffigen Innern von Pfeiler zu Pfeiler, an die Decke, zu den Seitenkapellen ... Kaum eine Fläche wurde von den überbordenden Stuckdekorationen, den auf Hochglanz polierten Marmorinkrustationen, den barocken Fresken ausgespart. Ganz im Zeichen einer triumphierenden Gegenreformation illustrieren pausbäckige Putti wichtige Glaubensinhalte wie etwa im Presbyterium die Eucharistie: Links ernten sie mit der Sichel Korn für die Hostien, rechts keltern sie aus Trauben Wein.

Weiter auf der Via Casa Professa gelangt man zum unüberhörbaren **Ballarò-Markt.** Eine Seitenstraße, die Via Cagliostro, erinnert an den Abenteurer und Alchimisten Giuseppe Balsamo, der hier 1743 geboren wurde und später als Graf Alessandro Cagliostro bekannt wurde. Als Gründer einer Freimaurerloge und Anhänger des Okkultismus verstand er es, auf seinen Reisen durch Europa teure »Lebenselixiere« zu verkaufen und mit Hilfe der Hypnose auch hohe Herrschaften übers Ohr zu hauen. Zuletzt wurde er wegen Ketzerei verurteilt und für den Rest seines Lebens eingekerkert.

Der Markt erstreckt sich bis zu der ab 1626 erbauten **Chiesa del Carmine** (6; Mo–Fr 9–11 Uhr). Nicht leicht entdeckt man zwischen den Schirmen der Marktstände den Eingang zur Kirche, die bereits aus der Ferne durch die farbige Majolikakuppel auffällt. Von der einstigen Pracht künden die barocken Altäre an den beiden Enden des Querschiffs, die die einfallsreichen Stuckkünstler Giacomo und Giuseppe Serpotta schufen: Um zwei gewundene Säulen ranken sich Stuckspiralen, die mit großer Detailfreude Szenen aus dem Leben Mariens (rechts) und Christi (links) erzählen.

Von hier kann man durch die Gassen oder geradewegs über die Via Antonino Mongitore zur Kirche **S. Giovanni degli Eremiti** (7; Mo–Sa 9–19, So, Fei 9–13 Uhr) schlendern, die mit ihren charakteristischen roten Kuppeln und dem verwunschenen Garten zu einem Wahrzeichen von Palermo wurde. Die orientalisch anmutende Kirche lässt die Begeisterung ahnen, die die Kunstwerke der moslemischen Araber bei den christlichen Normannen hervorrief. Roger II. ließ die Klosterkirche 1136 auf den Fundamenten

einer Benediktinerkirche errichten und dabei Bauteile einer Moschee verwenden. Auch wenn sie einen deutlich christlichen Grundriss aufweist, verrät doch der kubische Baukörper, die handwerklich perfekte glatte Fugung und der dreifach gestufte Gewölbeansatz arabische Einflüsse. Besonders schön ist der von Feigenbäumen, Pomeranzen und Mimosen umgebene Kreuzgang mit seinen arabisch-spitzbogigen Arkaden und den von marmornen Zwillingssäulen getragenen Kapitellen.

Das Hafenviertel La Kalsa

Das Hafenviertel La Kalsa verdankt seinen Namen den Arabern, die *al halisah* (die Erwählte, die Reine) um das Jahr 1000 als befestigte Residenz des Emirs und seiner Minister errichteten. Später wurde das Viertel vor allem von Fischern und von Stickerinnen bewohnt, deren feine Arbeiten die Aussteuer der adligen Damen schmückten. Entlang der Via Alloro, die im späten Mittelalter zur Prachtstraße wurde, übertrafen sich Kaufleute, Hofbeamte und Adlige gegenseitig mit ihren Stadtpalästen. Im 16. und 17. Jh. entstanden am Rande des Viertels große Klosteranlagen wie La Gancia der Franziskaner und Lo Spasimo der Olivetaner. Um die Wende zum 20. Jh. gehörte ein Spaziergang entlang der begrünten Strandpromenade zum Muss eines jeden Palermobesuchs. Die deutsche Frauenrechtlerin und Schriftstellerin Fanny Lewald schwärmte von der Gasbeleuchtung und der Orchestermusik, die bis weit nach Mitternacht zu hören war. Die Bombenangriffe der Alliierten verwandelten das Viertel im Zweiten Weltkrieg in eine Ruinenlandschaft. Nach dem Krieg wurde die Küstenlinie durch die Aufschüttung mit Trümmern 200 m weiter ins Meer hinausverlegt, und die Promenade zu einer mehrspurigen Autostraße ausgebaut.

Wie kein anderes Viertel verkörpert die Kalsa die Widersprüche Palermos. Lange Zeit galt sie als Mafiahochburg, doch zugleich wuchsen hier die mutigen Antimafia-Richter Giovanni Falcone und Paolo Borsellino auf. Und das verfallene Spasimokloster, bis vor wenigen Jahren in keinem Reiseführer verzeichnet, ist heute zum Symbol für die Erneuerung Palermos geworden.

Hinter der mit wild wachsenden Kapernbüschen behangenen **Porta dei Greci** öffnet sich die heruntergekommene Piazza Kalsa, die von der mächtigen Barockfassade der Ende des 17. Jh. erbauten Kirche **S. Teresa della Kalsa** (8–11, 16.30–18 Uhr) beherrscht wird. Berühmtheit erlangte ihr Pfarrer Padre Frittitta als heimlicher Beichtvater des erst 1997 gefassten Mafiabosses Pietro Aglieri.

In der abzweigenden Via Alloro ließ sich Francesco Abbatellis, Prätor von Palermo, ab 1490 nach Plänen des Architekten Matteo Carnelivari einen prächtigen Palazzo im

San Giovanni degli Eremiti

gotisch-katalanischen Stil errichten. Hinter den zierlichen Drillingsfenstern des **Palazzo Abbatelli** befindet sich heute die **Galleria Nazionale della Sicilia** mit einer kleinen, aber hervorragenden Kunstsammlung des 14.–16. Jh. (8; 9–13.30, Di u. Do auch 15–17.30 Uhr). Zu ihren Attraktionen zählt das Fresko »Triumph des Todes«, das Ende des 14. Jh. von einem unbekannten Maler für das Hospital des Palazzo Sclàfani geschaffen wurde. Einen Einblick in die sizilianische Renaissance geben die Arbeiten des Bildhauers Francesco Laurana (ca. 1440–1500) und der Künstlerfamilie Gagini, die vor allem durch ihre Madonnenfiguren Berühmtheit erlangten. Höhepunkt aber sind die Gemälde von Antonello da Messina, vor allem das eindringliche Marienbild der »Annunziata« und die porträthaften Darstellungen der Kirchenväter (s. S. 37).

Der unmittelbaren Nachkriegszeit begegnet man in der Via della Vetreria: Notdürftig zusammengehaltene Häuser mit bröckelndem Putz, vor denen die Bewohner auf ihren Stühlen sitzen. Zugleich ist hier die Aufbruchsstimmung des neuen Palermo spürbar, wenn im lichtdurchfluteten Schiff des Spasimo die kulturbeflissene *alta società* über Kunst debattiert.

Kloster und Kirche von **S. Maria dello Spasimo** (9) stiftete Anfang des 16. Jh. der Rechtsgelehrte Giacomo Basilicò, der 1516 dafür sogar den römischen Maler Raffael mit einem »Kreuztragenden Christus« beauftragte (heute im Prado von Madrid). Noch vor der Fertigstellung wurde der Klosterbau mit Bastionen versehen und in eine Festung gegen einen drohenden Türkeneinfall verwandelt. Während der Pest 1624 diente er als Lazarett, später als Armenhospiz und bis 1986 als Krankenstation. Seit der vorbildlichen Restaurierung finden in der Kirche Ausstellungen und, wegen ihrer guten Akustik, auch Konzerte statt. Kaum jemand bleibt unberührt von der Architektur dieser Kirche, dem einzigen Beispiel nordischer Gotik auf Sizilien. Nur die Wände des Mittelschiffs sind stehen geblieben, durch das offene Dach recken sich mächtige Sumachbäume in den Himmel. Die Kirche betrat man einst durch eine Vorhalle mit zwei seitlichen Kapellen, deren linke noch die charakteristische rote Kuppel krönt. Die ehemaligen Bastionen hinter der Kirche wurden in einen Garten umgestaltet, von dem man am Abend einen schönen Blick über das Dächermeer der Kalsa genießt.

Über die von Bomben leergefegte Piazza Magione, die heute den Kindern des Viertels als willkommener Bolzplatz dient, erreicht man die Kirche **La Magione** (10; 9.30–19.30 Uhr). Matteo d'Ajello, ein Kanzler Rogers II., ließ sie gegen Ende des 12. Jh. für den Zisterzienserorden im arabo-normannischen Stil errichten. Im schlichten dreischiffigen Innenraum sind noch Gräber des deutschen Ritterordens zu sehen, der die Kirche über drei Jahrhunderte in Besitz hatte.

Schnellimbiss auf palermitanisch

In vielen italienischen Städten grassiert seit Jahren die Fast-Food Kultur. Unzählige Lokale mit dem unvermeidlichen Angebot an Hamburger, Pommes und Coca-Cola sind wie Pilze aus dem Boden geschossen. In Palermo zählt man derer gerade zwei. Hier locken in den Altstadtgassen oder auf den Märkten weiterhin improvisierte Stände zu unstandardisiertem Essvergnügen. Wer würde denn auch *cazzilli,* die butterweichen Kartoffelkroketten, gegen normierte Fritten tauschen? Unangefochtene Königinnen sind die in Fett ausgebackenen *panelle,* Kichererbsenfladen, die sich wunderbar mit den *cazzilli* kombinieren lassen. Auch frittierte *quaglie* (Auberginen), *broccoli* (Blumenkohl) oder die goldfarbenen *arancine,* mit Kutteln und Erbsen gefüllte Reisbällchen, sind sehr beliebt.

Eine Spezialität, die den Fremden vielleicht etwas Überwindung kostet, sind die herzhaften *pani ca'meusa,* Milzbrötchen, bei der *meusa* (Kalbsmilz) und *u prumuni* (Lunge) in einem großen Kupfertopf in *a saime* (Schweineschmalz) geschmort und schließlich in einer *vastedda,* einem Sesambrötchen, serviert wird, entweder einfach, mit ein bisschen Zitronensaft, oder *maritata* (verheiratet), mit geriebenem *caciocavallo-* oder *ricotta*-Käse.

Die einfachen Verkaufsbuden haben ihre Wurzeln in einer sättigenden und preiswerten *cucina povera,* der Arme-Leute-Küche, die einst auch dem Tagelöhner ermöglichte, ohne Fisch, Fleisch und Eier gut zu essen. Heute sind sie Treffpunkt des *avvocato* wie des Kleiderhändlers, der Hausfrau mit ihren prallen Einkaufstüten ebenso wie des hungrigen Nachtschwärmers.

Die besten *vastiddari,* »Brötchenmacher«, gibt es in der **Antica Focacceria San Francesco** (Via Paternostro 58) mit ihrem polierten Messingofen, den Marmortheken und den dampfenden Kesseln, an der Cala (Via Cala 48) oder in der kargen **Focacceria Basile** (Piazza Nascè 5, nahe Politeama). Empfehlenswert sind auch die **Focacceria Testagrossa** beim Normannenpalast (Corso Calatafimi 91) oder im Vuccirìa-Markt **Minà** (Via Pannieri 28), der auch Fisch und überbackene Nudeln anbietet.

Auf der Via Garibaldi kommt man zur Piazza della Rivoluzione, benannt nach der – fehlgeschlagenen – Revolution von 1848 gegen die Bourbonenherrschaft. In der südöstlich gelegenen Via Lattarini lohnt ein Besuch des **Kleidermarktes,** auf dem viel Secondhand-Ware angeboten wird. In der Via Paternostro steht die Kirche **S. Francesco d'Assi-**

si (11; 7–15 Uhr). In der dreischiffigen Hallenkirche mit gotischem Portal und filigraner Rosette, die sich nach durchgreifender Restaurierung wieder mit romanischen Rundpfeilern und gotischen Spitzbögen präsentiert, bestechen neben dem geschnitzten Chorgestühl des 16. Jh. vor allem die allegorischen Figuren von Giovanni Serpotta sowie das mit perspektivischen Hochreliefs geschmückte Portal der Mastrantonio-Kapelle (4. Kapelle links) der Renaissance-Künstler Francesco Laurana und Pietro di Bonitate.

Einen Einblick in adlige Wohnkultur des späten 18. Jh. gewährt der **Palazzo Mirto** (12; 9–13.30 Di/Do auch 15–17.30 Uhr). In der ehemaligen Residenz der Prinzen Lanza Filangeri haben sich zahlreiche Räume des *piano nobile* in ihrer ursprünglichen Einrichtung und Ausstattung erhalten, etwa der Chinesische Salon mit Trompe-l'œil-Decke und einer mit chinesischen Alltagsszenen bemalten Seidentapete oder der mit Leder ausgeschlagene Rauchsalon. Der Palazzo blickt auf die Piazza Marina mit den riesigen Gummibäumen der **Villa Garibaldi**, deren Luftwurzeln den Garten in eine vorgeschichtliche Landschaft verwandelt haben. Im Mittelalter strömte hier das Volk zusammen, um Gaukler und Bänkelsänger, aber auch lodernde Scheiterhaufen zu sehen. Das Inquisitionsgericht befand sich an der Ostseite des Platzes im **Palazzo Chiaramonte** (13), einem Stadtpalast mit quadratischem Innenhof. Der festungsartige Bau mit einem hohen, fensterlosen Untergeschoss, den in den oberen Etagen verzierte Zwillings- und Drillingsfenster auflockern, wurde im 14. Jh. im Auftrag der einflussreichen Adelsfamilie Chiaramonte errichtet, die mit ihrem Baustil namensgebend wurden für eine Sonderform der sizilianischen Gotik. Nicht lange konnte sich die Familie des Palastes erfreuen. Bereits 1396 wurde Andrea Chiaramonte auf der Piazza Marina enthauptet, weil er es gewagt hatte, sich gegen König Martin I. von Aragon aufzulehnen. Heute ist der Palazzo Sitz des Rektorats der Universität.

An der Uferstraße erhebt sich die Kirche **S. Maria della Catena** (9–17 Uhr), deren Name an die Ketten *(catena)* erinnert, mit denen früher der Hafen abgesperrt wurde. Der Bau, der Matteo Carnelivari zugeschrieben wird, ist ein Musterbeispiel katalanischer Gotik, die sich im Innenraum mit Renaissance-Elementen mischt.

Freunde des sizilianischen Puppentheaters wird es in die an Puppen, Marionetten, Schatten- und Bühnenbilder überreiche Sammlung des **Museo delle Marionette** ziehen (14; 9–13, 16–19 Uhr). In abgedunkelten Räumen sieht man den Helden Rinaldo im Kampf gegen den dreiköpfigen Drachen, aber auch andere europäische und fernöstliche Puppen werden gezeigt. Im Museum werden auch Vorstellungen gegeben. Kurz vor der **Porta Felice** (1582), dem östlichen Abschluss des

Corso Vittorio Emanuele, genießt man vom **Loggiato di S. Bartolomeo** (nur während der häufigen Ausstellungen geöffnet), dem Rest eines im Zweiten Weltkrieg zerbombten Krankenhauses des 17. Jh., noch einmal einen Blick über das gesamte Hafenviertel der Stadt.

Rund um die Vucciría

»Ich habe Steigen reifer Orangen, Bananen, Zitronen gesehen; und Zitronat, Birnen, Äpfel und Saubohnen. Ich habe rote und grüne Paprikaschoten gesehen, Würste, Schinken und Käse (...) Ich habe Fisch gesehen, viel frischen Fisch: Schwertfischscheiben, Schwertfischköpfe mit dem Schwert nach oben gereckt und der Petersilie im Maul, einen sehr großen und roten Drachenkopf, kleine gestreifte Tunfische, leuchtende Goldbrassen, Seebarsche, Dorsche, Tintenfische und Langusten ...«

So lässt der Schriftsteller Goffredo Parise einen Betrachter das Gemälde »Vucciría« beschreiben, mit dem der sizilianische Maler Renato Guttuso 1974 dem berühmtesten Markt Palermos ein Denkmal gesetzt hat. Vom frühen Morgen bis gegen 14 Uhr entzündet der Markt entlang der Via Cassari bis zur Piazza S. Domenico ein unnachahmliches Feuerwerk an Farben, Gerüchen, Stimmen und der ohrenbetäubenden Musik der CD-Verkäufer.

Hier steht auch **San Domenico** (15; 8–12.30, 16–18 Uhr), eine der wichtigsten Kirchen der Stadt, Grablege berühmter Sizilianer wie des großen Gelehrten der arabischen Kultur auf Sizilien, Michele Amari, oder des zweimaligen italienischen Ministerpräsidenten Francesco Crispi. Wie so viele Kirchen Palermos wurde auch die Dominikanerkirche mit ihrer mächtigen Doppelturmfassade in der Zeit der Gegenreformation, Mitte des 17. Jh, neu errichtet.

Ein Meisterwerk der Stuckatur ist das hinter der Kirche gelegene **Oratorio del Rosario di S. Domenico** (10–12, 16–18 Uhr). Ende des 17. Jh. schmückte Giacomo Serpotta den Innenraum mit Putti, die sich um Gemälde tummeln, flankiert von allegorischen Figuren der Tugenden, die Mysterien des Rosenkranzes darstellen. Dass Stuck keineswegs minderwertiger als Marmor ist, beweist er in den ovalen Szenen der Apokalypse darüber, wo die Figuren fast vollplastisch herausgearbeitet sind – beinahe muss man fürchten, der aus dem Himmel vertriebene Teufel purzelt gleich herunter. Das Altarbild der »Rosenmadonna« stammt vom flämischen Maler Anthonis Van Dyck (1628).

Sein Meisterstück aber hinterließ Serpotta im nahen **Oratorio del Rosario di S. Cita** (9–17 Uhr), wo er ab 1686 an der Eingangswand in einem überaus plastischen Stuckteppich die »Schlacht von Lepanto« formte und damit den Sieg des Christentums über die ›Ungläubigen‹ feiert. Gleichzeitig spiegelt sich in den leeren Gesichtern der beiden ausgemergelten Jungen auf einem Gesims auch das Grauen des Krieges.

Im Oratorio del Rosario di S. Domenico ist der Teufel in einer prekären Lage

Nicht fehlen darf ein Besuch der erst kürzlich restaurierten Kirche **S. Cita,** in deren Innenraum ein marmorner Bogen von Antonello Gagini und die mit reichsten Marmorintarsien und Stuck ausgelegte Rosenkranzkapelle rechts vom Presbyterium den einstigen Glanz noch ahnen lassen.

Jenseits der verkehrsreichen Via Roma gelangt man zum **Museo Archeologico Nazionale** (16; 9–14, Di/Fr auch 15–19 Uhr), das eine der bedeutendsten archäologischen Sammlungen Italiens präsentiert. Von der Frühgeschichte bis zur spätrömischen Zeit datieren die Fundstücke, die in dem ehemaligen Oratorianierkloster untergebracht sind. Höhepunkt der Sammlung sind die Funde aus der Tempelstadt Selinunt. Die im Tempelsaal ausgestellten Fragmente erbrachten, als sie Mitte des 19. Jh. aufgefunden wurden, den Beweis dafür, dass die griechischen Tempel nicht, wie man bis dahin dachte, in ›klassischem Weiß‹ erstrahlten, sondern tatsächlich farbig waren(s. S. 194).

Zum schönsten Ausdruck des archaischen und klassischen Zeitalters gehören die Metopen, rechteckige, häufig mit Reliefs geschmückte Felder, die den Fries dorischer Tempel zieren. An ihnen kann man sehr schön die Entwicklung der griechischen Darstellungskunst betrachten. In den archaischen Metopen aus dem 6. Jh. v. Chr. stehen die Figuren noch starr und frontal in ihren Feldern und scheinen fast den Rahmen zu sprengen (»Die Entführung der Europa durch den Stier« oder »Das Gespann des Sonnengottes«), ein Jahrhundert später sind ihre Bewegungen lebendig, ihre Gesichter ausdrucksstark, werden ganze Szenen erzählt: Hera wird vor Zeus entschleiert, Herakles kämpft gegen die Amazonenkönigin Penthesileia; Artemis verwandelt Aktaoion, der ihr beim Baden zugeschaut hat, in einen Hirsch. Beachtung verdient im 1. Stock der mit extremen Realismus gestaltete Widder aus Syrakus (3. Jh. v. Chr.).

Von der Piazza San Domenico führt die Via Bandiera in das Herz des verwinkelten Capo-Viertels. Die ganze Straße entlang ziehen sich die – qualitativ sehr unterschiedlichen – Stände des großen **Kleider- und Haushaltswarenmarkts** von Palermo, der schließlich in den Gassen rund um die Piazza Beati Paoli in einen großen Lebensmittelmarkt mündet. Ein schönes Detail am Rande: das Jugendstilmosaik der Bäckerei Morello in der Via Capuccinelle 6.

In einer Seitenstraße steht die Kirche **S. Agostino** (7–12, 16–18 Uhr), die von Giacomo Serpotta mit fantasievollen Stuckskulpturen reich ausgeschmückt wurde. Die Tugenden zeigen sich als modisch gekleidete Damen, und auf dem Gesims der zweiten Statue auf der rechten Seite hinterließ er seine Signatur: Eine kleine Eidechse, deren sizilianischer Name *sirpuzza* an den des Künstlers erinnert.

Der Viale della Libertà

Im Zuge der Stadterweiterungen des 19. und 20. Jh. verlagerte sich das Zentrum Palermos zunehmend nach Norden. Neue Pracht- und Flanierstraße wurde als Verlängerung der Via Maqueda und der Via Ruggero Settimo der Viale della Libertà. Das neue Großbürgertum, Unternehmer wie die durch Weinhandel reich gewordenen Familien Whitaker oder Florio, die eine der größten Handelsflotten Europas besaßen, ließen sich von Stararchitekten wie Ernesto Basile Villen im lebensfrohen Jugendstil errichten. Am Übergang vom alten zum neuen Palermo entstanden repräsentative Kulturbauten wie das **Teatro Massimo** (17), eines der schönsten Opernhäuser der Welt (Führungen Di–So 10–15 Uhr). 1875 im klassizistischen Stil von Giovanni Battista Basile begonnen, wurde die Rotunde mit dem Säulenportikus von seinem Sohn Ernesto, der auch die beiden Jugendstil-Kioske vor dem Theater baute, 1897 vollendet.

Vorbei an Geschäften für gehobene Ansprüche erreicht man die Piazza Ruggero Settimo, an der bereits einige Jahrzehnte vor dem Massimo das von einer Quadriga bekrönte klassizistische **Teatro Politeama Garibaldi** errichtet wurde. Es beherbergt heute die sehenswerte **Galleria d'Arte Moderna Empedocle Restivo** (18; Di–Sa 9–20, So 9–13 Uhr). Die Sammlung umfasst Gemälde und Skulpturen sizilianischer und einiger ausländischer Künstler des 19. und 20. Jh., darunter pathetische Historiengemälde wie die »Sizilianische Vesper« von Erulo Eruli, Bilder mit sozialen Themen wie die Arbeit der Kinder in den Schwefelgruben von Onofrio Tomaselli und das expressive Selbstporträt des Erneuerers der figurativen Malerei, Renato Guttuso.

Von hier empfiehlt sich ein Abstecher durch die Via Dante in die großbürgerliche Neustadt zur viktorianischen **Villa Malfitano** mit Jugendstilelementen (Mo–Sa 9–13 Uhr). Das noch vollständig eingerichtete prunkvolle Innere schmücken zum Teil exotische Stücke wie das bronzene Elefantenpaar aus dem Königlichen Palast von Peking.

Die Bucht von Mondello

Beachtung verdient der Sommersalon, der durch seine raffinierte Ausmalung wie eine Gartenlaube wirkt. Ein weiteres Musterbeispiel palermitanischen Jugendstils ist das von Ernesto Basile entworfene Hexenhäuschen **Villa Florio** (Viale Regina Margherita 36, nur außen).

Entlang dem alleeartigen Viale della Libertà mit seinen trendigen Boutiquen erreicht man die weitläufige **Villa Favorita,** die grüne Lunge Palermos. Der 1799 aus Neapel geflohene Bourbonenkönig Ferdinand IV. hatte den Park als Jagdrevier anlegen lassen. Als Residenz ließ er sich vom Architekten Venanzio Marvuglia die pagodenartige Palazzina Cinese entwerfen. In den angeschlossenen Wirtschaftsgebäuden ist heute das **Museo Etnografico Pitrè** untergebracht (8.30–13, 15.30–18.30 Uhr, Fr geschl.). Das Volkskundemuseum präsentiert nicht nur die berühmten figurenreichen Krippen oder die mit volkstümlichen Szenen liebevoll bemalten *carretti* (Karren), sondern beleuchtet auch den Aspekt der Magie und des Aberglaubens, der aus dem sizilianischen Alltagsleben nicht wegzudenken ist. Da wird zum Beispiel der *vecchia dell'aceto* (Essigalten) gedacht, die angeklagt wurde, weil sie Ehefrauen mit giftigen Tränken versorgte. Vor Gericht verteidigte sie sich mit dem Argument: »Ich brachte Frieden in die Familien.«

Mondello

Der Vorort Mondello entwickelte sich um die Jahrhundertwende zur Sommerfrische der Palermitaner. Mit seiner malerischen Lage in der Bucht am karibikblauen Meer und der frisch restaurierten Mole im Jugendstil erscheint der Badeort fast unwirklich. Während sich im Sommer Sonnenhungrige auf dem feinsandigen Strand drängen, Restaurants und Bars bis weit in die Nacht geöffnet haben und ein kostenloser Shuttle-Bus Gäste durch Mondello befördert, verfällt der Ort im Winter in einen Dornröschenschlaf.

Einen fantastischen Blick über Mondello, Palermo, die Conca d'Oro und bei klarem Wetter bis nach Cefalù genießt man von den Hängen des **Monte Pellegrino,** den Goethe in seiner »Italienischen Reise« als das »schönste Vorgebirge der Welt« bezeichnete. Wie die als Initiationsriten oder Opferszenen gedeuteten Ritzzeichnungen der **Addàura-Grotte** zwischen Mondello und Arenella beweisen, war er bereits in der Altsteinzeit bewohnt (z. Zt. geschl.). Hüterin des Berges ist die Heilige Rosalia, deren einstige Eremitengrotte, das **Santuario di S. Rosalia,** alljährlich zum Pilgerziel zahlreicher Sizilianer wird, die auf die Heilwirkung des von der Decke tropfenden Wasses schwören.

Am Rande der Stadt

Im späten 18. Jh. wurde im Süden der Stadt der **Botanische Garten** (9–18 Uhr) angelegt. Den darin angestellten Versuchen verdankt Italien die Verbreitung der Mandarinen- und Mispelbäume. Alleen mit flaschenförmigen Kapokbäumen, das gigantische Exemplar eines *Ficus magnolioides,* Bambuswäldchen und Lotusteichen verleihen dem Garten noch heute ein exotisches Flair.

Von den zahlreichen Lustschlössern der Normannen haben sich die Zisa und die Cuba am besten erhalten. Das **Cuba-**Schlösschen, unter König Wilhelm II. 1180 errichtet, stand inmitten eines leider nicht mehr erhaltenen Fischteiches, in dem sich die Gärten und der Bau mit seinen hohen Blendarkaden spiegelten (Corso Calatafimi 94, 9–13, Do auch 15–18 Uhr). Ein Modell am Eingang illustriert das ursprüngliche Aussehen der Cuba, die durch militärische Nutzung völlig heruntergekommen ist.

Etwas unheimlich ist der Besuch des nahen **Convento dei Cappuccini** (9–12, 15–17 Uhr). In seinen Katakomben liegen, sitzen, stehen oder hängen seit Ende des 16. Jh. an die 8000 mumifizierte Leichen von Mönchen und wohlhabenden Bürgern. Die Kapuziner waren Spezialisten für diese Bestattungform, die für sie in erster Linie ein Memento mori war, eine stete Mahnung, dass jeder Mensch vergänglich ist. Für die Verwandten der weltlichen Verstorbenen, die ihre Angehörigen regelmäßig besuchten und notfalls neu einkleideten, mögen andere Motive eine Rolle gespielt haben, etwa bei der Familie des Generals Lombardo, dessen geliebte Tochter mit zwei Jahren starb und noch heute aussieht, als sei sie nur kurz eingeschlafen. 1881 wurde diese Form der Totenverehrung verboten.

Die prachtvolle **Zisa** (vom arabischen *al aziz*, edel, glanzvoll) wurde von Wilhelm I. begonnen und von seinem Sohn Wilhelm II. vollendet (9–13.30, 16–19 Uhr). Auch diesem dreigeschossigen Bau mit seinen hohen Blendarkaden und schlanken Fassadentürmen war ein künstlicher Teich mit Pavillon vorgelagert, der über einen Steg zu erreichen war. Glanzpunkt der Anlage ist der mit goldgrundigen Mosaiken und Stalaktitengewölben geschmückte Brunnensaal. Aus der Rückwand ergoss sich das Wasser in zwei Becken, um dann in den Teich abzufließen – ein typisches Motiv arabischer Palastarchitektur. Bemerkenswert ist das ausgeklügelte Belüftungssystem, das sich die Hohlräume zwischen den Wänden zunutze machte. Die Räume beherbergen heute eine Sammlung islamischer Kunst.

Die Frage, woher die Normannen das viele Wasser nahmen, lässt sich mit einem Besuch der **qanat** klären. Dieses Netz unterirdischer Wasserleitungen wurde vermutlich bereits von den Arabern, spätestens aber von Roger I. angelegt. Allein durch die geschickte Ausnutzung des Gefälles konnten im Sommer bis zu 10 l, im Winter bis zu 40 l pro Sekunde in die Stadt geführt werden (Besichtigung nur mit Führung, Info: Sottosopra, Via Maqueda, 375 Palermo Tel. 0 91 58 04 33).

Der Name »Zisa« steht in Palermo aber auch für die benachbarten **Cantieri Zisa** (Via Paolo Gili 4), das frühere Fabrikgelände der Firma Ducrot, heute »Kulturbaustelle« der Stadt. Wo einst die Möbel von Ernesto Basile für die Villen und Paläste der Belle Époque hergestellt und während der beiden Weltkriege Wasserflugzeuge und Jagdbomber produziert wurden, finden heute Ballettaufführungen von Pina Bausch und Bob Wilson, Konzerte und zeitgenössische Kunstausstellungen statt.

Azienda Autonoma Provinciale per l'Incremento Turistico (AAPIT), 90141 Palermo, Piazza Castelnuovo 34, Tel. 091 58 38 47, Fax 091 58 63 38, www.aapit.pa.it (italienisch, englisch); Mo–Fr 8.30–14, 14.30–18 Uhr. Am Bahnhof: Tel. 091 616 59 14; am Flughafen Tel. 091 59 16 98. **Azienda Autonoma di Soggiorno e Turismo Palermo e Monreale (AAST),** 90142 Palermo, Salita Belmonte 43 (Villa Igiea), Tel. 091 54 01 22, Fax 091 637 54 00

Centrale Palace Hotel**,** Corso Vittorio Emanuele 327, Tel. 091 33 66 66, Fax 091 33 48 81; nobler Stadtpalast mit herrlicher Frühstücksterrasse; ÜF ca. 190 €. **Massimo Plaza Hotel***,** Via Maqueda 437, Tel. 091 32 56 57, Fax 091 32 57 11; neues Hotel in altem Palazzo, Blick auf das gleichnamige Theater; ÜF ca. 180 €. **Tonic***,** Via Mariano Stabile 126, Tel. 091 58 17 54, Fax 091 58 17 74; komfortables Mittelklassehotel; ÜF ca 90 €. **Hotel Letizia*,** Via dei Bottai 30, Tel./Fax 091 58 91 10; sehr sauberes, familiäres Haus mit geräumigen Zimmern nahe der Piazza Marina; ÜF ca. 50 €.

Pizzeria Bellini, Piazza Bellini, Di geschl.; Holzofenpizza zu Füßen der Martorana, preiswert. **Hosteria dei Vespri,** Piazza Croce dei Vespri 6 (Kalsa), nur abends, So geschl.; kleine Enoteca mit kreativer Küche, moderat. **Santandrea,** Piazza Sant'Andrea 4 (Vucciría), Tel. 091 33 49 99, Di geschl.; gehobene sizilianische Küche und große Weinauswahl, teuer. **Shanghai,** Vicolo dei Mezzani 34, So geschl.; einfache Küche mit Blick auf den Vucciría-Markt, preiswert. **Trattoria del Maestro del Brodo,** Via Pannieri 7 (Vucciría), Tel. 091 32 95 23; berühmt für seine *tortellini in brodo,* moderat. **Osteria Paradiso,** Via Serradifalco 23 (nur Mittagstisch, So geschl.); hinter der Villa Malfitano lockt dieses kleine, sympathische Familienlokal mit traditionellen Fisch- und Fleischgerichten, moderat. **Trattoria Meeting Tuttomare,** Via Mondello 43; gutes Fischlokal in Mondello, moderat.

Gelateria Lucchese, Piazza San Domenico; immer frische Eissorten. **Caflish,** Viale Margherita 2, Di geschl.; eine der besten Adressen für *cassata.*

In der Via Emerico Amari finden Sie eine reiche Auswahl an Keramik. **Francesco Paolo Seminara,** Via Bara dell'Olivella 60; wunderschönes Holzspielzeug.

Viele Bars und Lokale finden sich rund um Piazza Politeama und in der Fußgängerzone Via Principe di Belmonte. **Cuba Sperlinga,** Via Francesco Scaduto 2; trendiges Lokal, ideal für den Aperitif. **Candelai,** Via dei Candelai 65; eine der legendären Discos der Stadt, Techno, Salsa und Tango bis 4 Uhr.

Busfahrpläne für den innerstädtischen Verkehr bekommt man an den Infostellen. Zum Flughafen verkehrt im 30 Min.-Rhythmus ein Bus ab Bahnhof und Politeama-Theater.

Markttag in Palermo

Rund um Palermo

Ein Bilderbuch aus bunten Steinen: der Dom von Monreale • Albanische Enklaven um Piana degli Albanesi • Neuer Anfang für Corleone • Die Griechenstadt Solunt • Elegante Villen in Bagheria • Der Normannendom in Cefalù • Die Bergdörfer der Madonien • Moderne Kunst im Skulpturenpark bei Tusa

11.4.02

Der Dom von Monreale

Ein solches Ergebnis eines Machtkampfes kann man nur gutheißen. Weil der Bischof von Palermo, Walter of the Mill, zu demonstrativ die Interessen des Papstes vertrat, ließ der normannische König Wilhelm II. ab 1172 auf dem 300 m hohen Monte Reale, dem »königlichen Berg« kurzerhand einen neuen Dom (8–18 Uhr) errichten. Ein Benediktinerkloster und der Königspalast kamen dazu. Er erhob den Ort zum Erzbistum, stattete ihn mit ausgedehnten Ländereien und Privilegien aus und bestimmte das Gotteshaus zur Grablege der normannischen Könige.

Noch heute bildet dieses Juwel arabisch-normannischer und romanischer Baukunst das Herzstück des kleinen Städtchens Monreale. Inzwischen dicht umbaut, erschließt sich das mächtige Äußere des Baus mit einer Grundfläche von 102m × 40m erst auf den zweiten Blick. Von normannischer Prägung sind der basilikale Grundriss und die Zweiturmfassade. Deutlich islamischen Einfluss verraten die durch verflochtene Blendbögen gegliederten Apsiden mit ihren zarten Mustern aus Kalktuff- und Lavastein. Einen »Smaragd in goldener Fassung« nannte man die romanische Bronzetür an der Westseite, die 1185 Bonnano da Pisa schuf, der auch die Domportale von Pisa entworfen hatte. Auf 42 Bildfeldern erzählen mit sparsamen Gesten und wenigen Attributen gezeichnete Figuren die wichtigsten Ereignisse aus dem Alten und Neuen Testament. Da das Portal aber nur zu wichtigen Feierlichkeiten geöffnet ist, betritt man die Kirche heute durch die Bronzetür des Nordportals. Vier Jahre später entstanden, ist sie noch ganz der dekorativen Tradition der byzantinischen Kunst verpflichtet.

Im Inneren des Doms wird der Besucher von der flirrenden Pracht der goldgrundigen Mosaiken schier überwältigt. Auf über 6000 m^2 ist eine der vollständigsten Bilderbibeln des Mittelalters ausgebreitet. Sizilianische und venezianische Mosaikkünstler schufen zwischen dem 12. und 13. Jh. eine Welt, in der die Gestalten keine Schatten werfen und keine Tiefe kennen. Wie in der Capella Palatina in Palermo (s. S. 53) sind im Hauptschiff Szenen aus dem Alten Testament von der Schöpfungsgeschichte bis zu Jakobs Kampf mit dem Engel zu sehen. Doch hier sind die Farben gedämpfter, die Figuren bewegter, die Details realistischer. Die Vielfalt der Fische in den Schöpfungsszenen, die Werkzeuge beim Bau der Arche Noah oder die Seile am Gerüst des Turmbaus zu Babel zeugen von großer Erzählfreude. Die zentrale Apsis wird auch hier von der monumentaleb Halbfigur des Christus Pantokrator beherrscht, umgeben von der himmlischen Hierarchie: Maria mit dem Kind, Engel, Apostel und Heili-

Der Kreuzgang des Doms von Monreale beeindruckt mit kunstvollen, immer wieder anders geschmückten Säulen

ge. Das Querschiff erzählt Szenen aus dem Neuen Testament: Im Zentralraum die Kindheit Jesu, an den Seitenwänden sein öffentliches Wirken und, ganz versteckt in einem toten Winkel, die Kreuzigung, als ob sie das Bild des triumphierenden Christus nicht stören wolle.

Die Einheit von weltlicher und kirchlicher Herrschaft symbolisieren die beiden Throne für den Bischof und den König im Querschiff. In den Mosaiken darüber ließ sich der Normannenkönig Wilhelm II. gleich zweimal abbilden; einmal bei der Krönung durch Christus und noch einmal bei der Übergabe des Doms an die Madonna. Sie war Wilhelm im Traum erschienen und hatte ihn angewiesen, an eben dieser Stelle zu ihren Ehren eine Kirche zu erbauen – eine Legende, die, wie bei vielen mittelalterlichen Kirchen, das religiöse Prestige erhöhen und

Rund um Palermo

das eigentliche machtpolitische Motiv überdecken sollte.

Die Dimensionen der einstigen Klosteranlage vermittelt am besten ein Blick von den **Terrassen** der Kirche, die über eine steile Treppe am Ende des rechten Seitenschiffs zu erreichen sind.

228 Zwillingssäulenpaare, gedreht, gewunden und verschlungen, verziert mit Zickzack-Kanneluren oder Marmorintarsien beleben den quadratischen **Kreuzgang** (Mo–Sa 9–19, So, Fei 9–13 Uhr). In ihre Kapitelle meißelten Steinmetze eine detailreiche Bilderwelt. Ereignisse aus dem Alten und Neuen Testament stehen neben Abbildungen heidnischer Kulte, Szenen aus dem Alltagsleben neben Bildern von Gauklern und Akrobaten. Besonders reich dekoriert sind die Säulen in der Südwestecke, in der ein plätschernder Brunnen an die Welt der Mauren erinnert.

Verlässt man den Kreuzgang, gelangt man durch den folgenden Durchgang zum **Belvedere.** Von

diesem kleinen Park im Schatten mächtigen Ficusbäume genießt man noch einmal einen schönen Blick auf Palermo und die *Conca d'oro.*

Taverna del Pavone, Vicolo Pensato 18, Mo geschl; herzhafte traditionelle Küche, moderat.

Bus 389 ab Piazza Indipendenza nach Monreale, Fahrzeit ca. 30 Min.

Im Hinterland von Palermo

Weite Getreidefelder, die sich in höheren Lagen mit Weideflächen abwechseln, bestimmen die wasserreiche Landschaft im Hinterland von Palermo. Das Gebiet vermittelt einen guten Eindruck von den großen Latifundien, die einst das Gesicht weiter Teile Innersiziliens prägten. Die Städte dieser Region sind Gründungen der im 15. Jh. aus ihrer Heimat geflüchteten Albaner oder gehen auf die vom spanischen König ab dem 16. Jh. den großen Feudalherren gewährten *licentiae populandi* zurück. Mit diesen Baulizenzen errichteten die Barone planmäßig nüchterne Agrarzentren und brachten dort Landarbeiter unter, die für eine einfache Unterkunft und ein Stück Boden die weiten Getreideflächen bewirtschafteten. Einige dieser Ansiedlungen waren nur während der arbeitsintensiven Anbau- und Erntezeiten bewohnt. Nur Partinico, Corleone oder Prizzi haben ältere Wurzeln.

Nach der Abschaffung des Feudalismus (1812) gewann die Mafia an Einfluss. Es waren skrupellose Banden, die von den Baronen angeheuert wurden, um ihre ›verlorenen Rechte‹ gegen die bestehende Ordnung durchzusetzen. Waren sie also anfangs nur ein Instrument politisch-wirtschaftlicher Interessen, besetzten sie im Laufe der Zeit selbst die Position ihrer Auftraggeber. Auch als sich das Betätigungsfeld der Mafia allmählich von der Landwirtschaft auf Sektoren wie Bauspekulation oder Drogenhandel verlagerte, blieb das Hinterland von Palermo wichtiges Steuerungszentrum.

Eine Veränderung der Besitzverhältnisse erwartete man sich mit der Bodenreform von 1950, die die Großgrundbesitzer enteignete und das Land in kleineren Parzellen an Kleinbauern verteilte. Doch mangelndes Kapital, fehlende Infrastruktur und die für eine rentable Getreidewirtschaft zu geringen Anbauflächen ließen das Projekt scheitern, förderten die Emigration und führten schließlich wieder zum Großgrundbesitz, wenn die Gemeinden nicht andere wirtschaftliche Aktivitäten erschließen konnten.

San Cipirello etwa verlegte sich in der Nachkriegszeit auf den Weinanbau. Allein die Genossenschaft *Cantina sociale* im ehemaligen Bahnhof keltert jedes Jahr ca. 160 000 hl Wein. Bevor man das mit seinen einfachen Neubauten wenig ansprechende Städtchen verlässt, lohnt ein Abstecher auf den 852 m hohen Monte Jato, wo in

Albanische Enklaven

Die albanischen Gemeinden in Sizilien gehen alle auf das 15. Jh. zurück, als griechische Christen aus Albanien vor den Türken flohen. Nach dem Tod ihres Nationalhelden, des Fürsten Giorgio Kastriota Skanderbeg, im Jahr 1468 setzte ein regelrechter Exodus ein. Zu Tausenden flohen sie in die heutigen italienischen Regionen Apulien, Molise und eben Sizilien, wo ihnen gestattet wurde, sich in den dünnbesiedelten und landwirtschaftlich wenig attraktiven Gebieten südlich von Palermo niederzulassen. Zu ihrem bedeutendsten Zentrum wurde das 1488 gegründete Piana degli Albanesi, der Bischofssitz aller 95 000 in Italien lebender Albaner. Im Gegensatz zu den katholischen Priestern dürfen die *papás* vor der Weihe heiraten.

Noch heute, nach fünf Jahrhunderten, ist das altertümliche Albanisch ihrer Vorfahren die Umgangssprache. Viele Kinder lernen Italienisch erst in der Schule. Ihre Traditionen leben vor allem in den farbenprächtigen, gold- und silberbestickten Trachten der Frauen und in den Festen nach griechisch-orthodoxem Ritus fort. Das höchste Kirchenfest ist Ostern, dessen Lage nicht nach dem gregorianischen, sondern nach dem älteren julianischen Kalender berechnet wird, der derzeit 13 Tage ›nachgeht‹. Am Palmsonntag reitet der Bischof auf einem Esel in die Stadt ein, am Ostersonntag beschenkt man sich mit geweihten roten Eiern.

Weitere albanische Zentren auf Sizilien sind Mezzojuso, in dessen Basilianer-Kloster alte Bücher restauriert werden, das 1968 vom Erdbeben beschädigte Contessa Entellina und Palazzo Adriano mit seiner schönen alten Piazza, auf der sich die römisch-katholische und die griechisch-byzantinische Kirche gegenüberstehen. 1989 wählte der sizilianische Regisseur Giuseppe Tornatore das Städtchen zum Schauplatz seines nostalgischen Films »Nuovo Cinema Paradiso«.

den 1970er Jahren die Überreste der antiken Stadt **Ietas** freigelegt wurden (tgl. 9–13.30 Uhr). Bereits im 9. und 8. Jh. v. Chr. von den Elymern besiedelt, blieb der als uneinnehmbar geltende Berg bis 1246 ununterbrochen bewohnt. Friedrich II. ließ diese letzte arabische Bastion völlig zerstören und die Überlebenden nach Lucera deportieren. Bei den Ausgrabungen stieß man vor allem auf die griechisch-römischen Stadtstrukturen, die teilweise von mittelalterlichen Bauten

Blick auf das Bergdorf Prizzi ▷

verdeckt werden. Deutlich sichtbar noch der von Säulen eingefasste Markt- und Versammlungsplatz *(agora)* mit Resten einer gepflasterten Straße und dem *bouleuterion* (Rathaus) an der Westseite, das bis zu 200 Senatoren Platz bot. Der Podiumstempel auf der rechten Seite war vermutlich Zeus/Jupiter geweiht. Aus dem 4./3. Jh. v. Chr. stammt das Theater, das bis zu 4400 Zuschauer fasste. Teile des Bühnengebäudes und der Sitzreihen – einige mit Rückenlehnen – sind erhalten. Das einst zweigeschossige Atriumhaus an der Nordseite zählt mit seinen 25 Räumen zu den größten Privatwohnungen, die man aus der hellenistischen Welt kennt. Seltener Luxus in dieser Zeit: ein Badezimmer mit eingelassener Wanne. Tonröhren, durch die Feuerungsanlagen im Nebenraum heiße Luft leiteten, sorgten für konstant warmes Wasser. Der kleine Aphrodite-Tempel südlich des Hauses gilt als der älteste Bau der Stadt. Wichtige Fundstücke wie der Bauschmuck des Bühnengebäudes, Mänaden und Satyrn aus dem Gefolge des Theatergottes Dionysos, befinden sich im kleinen Museo Civico di San Cipirello (Via Roma 320, tgl. 9–13, 15–19 Uhr).

Auf dem Weg nach Piana degli Albanesi kommt man über die **Portella della Ginestra.** Die Passhöhe ging in die italienischen Geschichtsbücher ein, als 1947 während der traditionellen Maikundgebung der

Landschaft bei Corleone

Kommunisten der bis dahin von der Bevölkerung als moderner Robin Hood verehrte Bandit Salvatore Giuliano ein Blutbad anrichtete. Er hatte sich von der Mafia anheuern lassen, um vor den anstehenden Wahlen politische Gegner einzuschüchtern. Ein Mahnmal am Pass und Wandmalereien bei **Piana degli Albanesi** erinnern an das Ereignis.

Der Name des Ortes – die »Ebene der Albaner« – und die zweisprachigen Straßenschilder verweisen auf seinen albanischen Ursprung. Das beschauliche Städtchen (6100 Ew.), das vorwiegend von der Weidewirtschaft und der Verarbeitung von rotem Marmor lebt, erblüht besonders während der religiösen Feste. Dann füllt sich die griechisch-byzantinische Kathedrale S. Demetrio mit ihrer Bilderwand bis auf den letzten Platz – zum Leidwesen des *eparca,* des Bischofs, auch mit vielen Besuchern, die die Zeremonie mit Blitzlichtgewittern stören.

Endlose Weizenfelder und sattgrüne Weiden prägen die Landschaft um **Corleone** (12 000 Ew.), das zu Füßen bizarrer Kalktuff-Formationen liegt. Lange Zeit war das Städtchen als Mafiahochburg berüchtigt, doch heute haben sich selbst hier die Zeiten geändert. Die Villa von Totò Riina, der die Morde an den Richtern Falcone und Borsellino in Auftrag gegeben hatte, wurde enteignet und zu einer Landwirtschaftsschule umgebaut, die zentrale Piazza nach den beiden unerschrockenen Kämpfern gegen die Mafia benannt, und im Dezember 2000 weihte man ein internationales Dokumentationszentrum des organisierten Verbrechens ein. Am deutlichsten symbolisiert den Aufbruch der Modekatalog des Benetton-Fotografen Oliviero Toscani von 1997, der die Jugend von Corleone porträtierte und die Stadt damit von dem ihr anhaftendem Klischee zu befreien versuchte. Freilich spielt mancher immer noch gern damit: In der Bar an der Piazza posieren Männer mit Sonnenbrillen und trinken – Hommage an Mario Puzos Roman »Der Pate« – Kräuterbitter »Amaro Don Corleone«.

Wie ein verwunschener Ort aus längst vergangenen Zeiten liegt das Fleckchen **Ficuzza,** umgeben von dichten Wäldern, zu Füßen der steil aufragenden Kalkwände der Rocca Busambra (1613 m). Ferdinand IV., Bourbonenkönig im Exil, hatte sich den Wald im 18. Jh. zum Jagdgebiet erwählt und ließ sich 1803 hier ein prächtiges Jagdschloss erbauen (tgl. 9–13, 15–18 Uhr). Große, prunkvolle Treibjagden wurden veranstaltet und in den Fresken des Jagdschlosses festgehalten. Der Wald wurde nach den Schäden durch den Zweiten Weltkrieg, die extensive Weidewirtschaft und die unkontrollierten Rodungen aufgeforstet und umfasst heute wieder knapp 5000 ha. Zum Teil markierte Wege laden zu Spaziergängen.

Rund 15 km weiter östlich sollte man am Ortsrand von **Cefalà Diana** einen Besuch der »Arabischen Bäder« nicht versäumen. Sie stammen vermutlich noch aus dem 11. Jh.

und sind das einzig erhaltene Denkmal aus arabischer Zeit (Di–So 9–13, Sa/So auch 15–17 Uhr, im Sommer länger). Unter einem Tonnengewölbe lässt sich noch der große Badesaal erkennen. An den Außenmauern haben sich Reste einer kufischen Inschrift erhalten. Die umliegenden Gebäude aus späterer Zeit beherbergten vermutlich die Kranken, die hierher kamen, um in den Schwefelquellen ihren Rheumatismus zu behandeln.

Corleone: Hotel Belvedere*,** Tel./Fax 091 846 40 00; modernes Hotel am Ortsrand, zweckmäßig eingerichtete Zimmer mit Blick auf die Stadt; ÜF ca. 57 €.

A Giarra, Bivio Belvedere, Tel. 091 846 49 64; elegantes Lokal mit typischen Gerichten wie *pastorella* (frische Pasta mit Ricotta, wildem Fenchel und wildem Spargel); moderat. **Rifugio di Alpe Cucco,** 17 km von Corleone bei Ficuzza, Tel. 091 820 82 25; Berghütte mit Hausmannskost, frischer Pasta und verschiedensten Antipasti; preiswert.

Solunt, Bagheria und Cefalù

Wer Palermo nach Osten verlässt, sollte die kurvenreichen Küstenstraße um den **Capo Zafferano** nehmen. Gleich bei Ficarazzi liegt eines der größten Mispelanbaugebiete Italiens. Gemeinsam mit dem bei Trabia liefert es 90 % der nationalen Produktion. Hier spielen die Bienen bereits mitten im Winter verrückt, wenn die Mispelbäume in voller Blüte stehen. Schon ab Mitte März können die saftigen, aber empfindlichen Früchte geerntet werden.

Oberhalb des Fischerstädtchens Porticello mit morgendlichem Fischmarkt liegen in einzigartiger Panoramalage die Ruinen der phönizischen Stadt **Solunt** (tgl. 9–16 Uhr, im Sommer bis 18 Uhr; So/Fei 9–13.30 Uhr). Die Ende des 4. Jh. v. Chr. von den Karthagern gegründete Stadt wurde im Laufe des Ersten Punischen Krieges 254 v. Chr. von den Römern erobert. Die terrassenförmige Anlage folgt einem Plan sich rechtwinklig kreuzender Straßen mit oft zweistöckigen Häusern. Gut erhalten blieben neben der teilweise mit Ziegelsteinen gepflasterten Hauptstraße, dem *Decumanus maximus,* das sogenannte Gymnasium, ein hellenistisch-römisches Wohnhaus mit Atrium und Säulenhof, sowie das Haus der Leda mit einem Fresko im Inneren, das Leda mit Zeus in Gestalt eines Schwans zeigt. Die *agora* mit einer angrenzenden riesigen öffentlichen Zisterne sowie das dahinterliegende Odeon, ein kleines Theater für Musikaufführungen, sind weitere interessante Besichtigungspunkte. Am Ende der Hauptstraße öffnet sich der Blick auf den Capo Zafferano und das Dorf S. Elia sowie das mittelalterliche Schloss von Sólanto.

Nur wenige Kilometer weiter liegt **Bagheria,** das vor knapp 300 Jahren als vornehmer Villenort mit Gärten entstand. Hier errichtete sich der

12.4.02

Adel fern der sommerlichen Schwüle der Hauptstadt seine spätbarocken Landvillen mit mächtig geschwungenen Fassaden und voluminösen Treppenaufgängen. Vor allem die **Villa Palagonia** (Piazza Garibaldi, tgl. 9–13, 16–18.30 Uhr; im Winter 9–13, 15.30–17.30 Uhr) lässt erahnen, wie diese prächtigen Sommersitze einst ausgesehen haben. J. W. v. Goethe berichtet in seiner »Italienischen Reise« mit Schaudern von den grotesken Figuren, die der exzentrische Prinz von Gravina auf der Umfassungsmauer der 1715 erbauten Villa hatte anbringen lassen: Fratzen schneidende Zwerge, Hunde mit Schwanenköpfen und Musikanten mit surrealistischen Instrumenten, geben sich hier ein Stelldichein. Die auf einem ellipsenförmigen Grundriss errichtete Villa erstaunt auch im Innern mit illusionistischen Spielereien. Im Spiegelsaal ist die Decke vollständig mit (heute blinden) Spiegeln in verschiedenen Neigungswinkeln ausgekleidet, so dass sich der Betrachter ins Unendliche vervielfältigt sah. Der illusionistische Effekt setzt sich in den Wänden fort, wo sich kaum unterscheidbar Marmor mit bemaltem Glas abwechselt. Die erst kürzlich restaurierte **Villa Cattolica** (außer Mo tgl. 10–20 Uhr) beherbergt die **Galleria d'Arte moderna** mit Werken des in Bagheria geborenen Malers Renato Guttuso (1912–1987).

Vorbei an den Überresten eines römischen Aquädukts aus dem 1. Jh. v. Chr. gelangt man landeinwärts auf schöner Strecke ins mittelalterliche **Cáccamo.** Das im 12. Jh. erbaute, mit Wällen, zinnenbewehrten Türmen und Waffensälen besterhaltene Kastell Siziliens thront malerisch auf einem Felsen. Einen weiten Rundblick auf Termini Imerese, Capo Zafferano und die 1600 m hohe Rocca Busambra genießt man von der Torre Mastra. Sehenswert ist auch die kulissenhafte Piazza Duomo und die Kirche S. Benedetto alla Badia mit einem vielfarbigen Majolikaboden aus zehntausend Kacheln (18. Jh.).

Cefalù

19.4.02

Ein Gigantenkopf aus Muschelkalk kündigt das Badestädtchen Cefalù mit seinem gepflegten Sandstrand an. *Kephaloidion* (von *Kephale*, Kopf) nannten es die Griechen. Bereits in vorgeschichtlicher Zeit besiedelt, erlebte es seine Blütezeit unter den Normannen. Lebensader von Cefalù ist der für den Autoverkehr gesperrte **Corso Ruggero,** der die Stadt in zwei Hälften teilt: Auf der einen Seite zieht sich das von Treppchen und Gassen geprägte mittelalterliche Viertel den Hang hinauf, auf der anderen führen geradlinige, von Palazzi und Kirchen gesäumte Sträßchen zum Meer. Am Corso bieten Zeitungsstände internationale Presse an, laden Geschäfte zum Einkaufsbummel, und während der allabendlichen *passeggiata* herrscht ein geradezu beängstigendes Gedränge. Vorbei am **Osterio Magno** mit filigranen Zwillings- und Drillingsfenstern (Nr. 75), dem ver-

Christus als Weltenherrscher im Dom von Cefalù

muteten Palast Rogers II., heute Ausstellungsraum, gelangt man zur palmenbestandenen und von Straßencafés gesäumten Piazza Duomo, dem Mittelpunkt der Stadt. Oberhalb des leicht ansteigenden Platzes ließ der Normannenherrscher Roger II. ab 1131, kurz nach seiner Krönung, eine imposante **Kathedrale** für die neugegründete Diözese errichten (7.30–12, 15.30–19 Uhr; im Winter 15.30–17 Uhr). Eigentlich war der Bau als Grablege der Normannendynastie geplant, doch zogen sich die Arbeiten bis weit nach seinem Tod hin, so dass die Sarkophage Rogers und seines Vaters schließlich in der Kathedrale von Palermo aufgestellt wurden. Die mächtige Wehrkirche mit den wuchtigen Zwillingstürmen, den Rundbogenfriesen und dem Wolfzahnmuster am Hauptportal ist ein imposantes Beispiel normannischer Baukunst. Im Innern präsentiert sich die dreischiffige Säulenbasilika mit reich verzierten Kapitellen und – typisch für normannische Kirchen – mächtig überhöhtem Querhaus und Chor mit Kreuzrippengewölbe. Glanzpunkt sind die Mosaiken im Altarraum, die zu den ältesten Siziliens zählen. Im Zentrum auf goldenem Grund wieder Christus als Weltenherrscher, umgeben von Engeln, der Jungfrau Maria, Aposteln und Heiligen. Die modernen, farbintensiven Glasfenster schuf Michele Canzonieri in den 80er und 90er Jahren des 20. Jh.

In die Vergangenheit führt das **Museum Mandralisca** (Via Mandralisca; Juni–Nov. 9–19 Uhr, Dez.–Mai 9–12.20, 15.30–18 Uhr) mit archäologischen Fundstücken, antiken Münzen, einer umfangreichen Muschelsammlung sowie einer kleinen Pinakothek mit italienischer und flämischer Malerei. Zu den Höhepunkten der Sammlung zählt das »Bildnis eines Unbekannten« von Antonello da Messina (s. S. 37) sowie eine griechische Vase aus Lipari (um 380 v. Chr.), die einen Tunfischverkäufer beim Feilschen zeigt. Nicht versäumen sollte man den ca. 30-minütigen Spaziergang auf die **Rocca** von Cefalù, von der an klaren Tagen der Blick bis zu den

Äolischen Inseln reicht. Unter den zahlreichen Überresten früherer Besiedlung ist besonders der aus gewaltigen Steinblöcken errichtete Tempel der Diana aus dem 5. Jh. v. Chr. interessant.

Einen schönen Ausblick genießt man auch vom 800 m hoch gelegenen **Santuario di Gibilmanna** (8–13, 15–19 Uhr), knapp 15 km von Cefalù entfernt. Scharen von Gläubigen pilgern am 8. September zu dem von Eichen- und Kastanienwäldern umgebenen Marienheiligtum hinauf und beten zu der barocken Madonnenfigur.

IAAST, 90015 Cefalù, Corso Ruggero 77, Tel. 0921 42 10 50, Fax 0921 42 23 86, Mo–Fr 8–14, 15.30–19, Sa 9–13 Uhr.

Trabia: Torre Artale*,** Contrada Sant'Onofrio 1, Tel. 0918 10 01 11; einstige Sommervilla der Adelsfamilie Artale, Zimmer mit schmiedeeisernen Betten, Lesesaal mit Bibliothek, zahlreiche Sportmöglichkeiten (Reiten, Tennis, Mountainbike-Touren, riesiges Schwimmbecken; ÜF ca. 100 €. **Tonnara Trabia***,** Tel. 0918 14 79 76, Fax 0918 12 48 10; frisch restaurierte ehemalige Tunfischfangstelle am Meer mit Schwimmbad; ÜF ca. 85 €. **Cefalù: Riva del Sole***,** Lungomare Colombo 25, Tel. 0921 42 12 30, Fax 0921 42 19 84; Badehotel im Zentrum. Weitere Badehotels liegen wenige Kilometer östlich der Stadt in der Località Caldura; ÜF ca. 85 €.

Porticello (Santa Flavia): La Muciara, Via Roma 104, Mo geschl.; elegantes Fischlokal, teuer. **Francu u' Piscaturi,** Largo Pescheria 16, Mo geschl.; ausgezeichnete Fischküche am Meer, teuer. **Solunt: La Grotta,** Sa, So abends und Do geschl.; gutes Essen mit fantastischer Aussicht, teuer. **Bagheria: Don Ciccio,** Via del Cavaliere 87, Mi, So u. im Aug. geschl.; nur beste Zutaten kommen in die Küche der Söhne und Enkel von Don Ciccio, moderat. **Cefalù: La Brace,** Via XXV. Novembre 10, Mo geschl.; große Auswahl an *bruschette,* Rinderfilet aus den Madonien und unwiderstehliche *cannoli* sind nur einige Spezialitäten des Hauses, moderat.

Die Dörfer der Madonien

Die »sizilianischen Alpen« nennt man die Kalk- und Dolomitmassive der Madonien im Hinterland von Cefalù. 1979 m hoch erhebt sich der Pizzo Carbonara in den Himmel, der zweithöchste Berg Siziliens. Die Wälder zu Füßen der verkarsteten Berggipfel gehören zu den artenreichsten im gesamten Mittelmeerraum. Buchen, Ulmen, Stein- und Korkeichen, aber auch bis zu 14 m hohe Stechpalmen wachsen bis auf Höhen von über 1500 m. Ein erstaunlich hoher Anteil an einheimischen Pflanzen hat hier eine ökologische Nische gefunden. Um dieses Eldorado für Botaniker und Wanderfreunde zu bewahren, wurde 1989 ein rund 40 000 ha umfassendes Areal zum Naturschutzgebiet erklärt.

Einem Stück ländlichen Sizilien begegnet man in den Bergdörfern, von denen viele bereits unter den

Arabern und Normannen zur Sicherung des Hinterlandes gegründet wurden. Die Weidewirtschaft bildet den wichtigsten Pfeiler der Landwirtschaft. In den kleinen Lebensmittelgeschäften locken im Frühling frischer Kuhmilchkäse *(caciocavallo),* Schafskäse (*tuma* und *primosale*) und die teils noch warme *ricotta,* ein cremiger Frischkäse. In den tieferen Lagen der Madonien wachsen auch Oliven, Getreide und Trauben. Eine Besonderheit sind die Haselnusswälder bei Polizzi Generosa und die Manna-Eschen von Castelbuono und Póllina.

Die Fahrt auf den kurven- und panoramareichen Straßen der Madonien bietet viel Abwechslung, erfordert allerdings auch Zeit. Es empfiehlt sich daher, in einem der zahlreichen *agriturismi* oder kleinen Familienpensionen zu übernachten, in denen man nicht nur gastfreundlich empfangen wird, sondern auch Gelegenheit bekommt, die vorzügliche madonitische Küche kennen zu lernen. Wanderfreunde erwartet auf zum Teil markierten Wegen eine imposante Landschaft.

Im Hinterland von Cefalù liegt, eingeschlossen zwischen steil aufragenden Kalkwänden, das Bergdorf **Isnello.** Meer und Küste scheinen hier bereits einer fernen Welt anzugehören. Durch einen der ausgedehntesten Eichenwälder der Madonien erreicht man, vorbei am Wintersportgebiet Piano Zucchi und dem verkarsteten Pizzo Carbonara, die Passhöhe **Portella Colla.** Bei klarem Wetter reicht der Rundblick vom Gipfel der Rocca Busambra über das bewaldete Massiv der Monte dei Cervi bis hinunter zur Küste. Ein Stück weiter öffnet sich zur Linken das natürliche Amphitheater des Monte Quacella mit vielen nur hier vorkommenden Pflanzenarten. Bei Kilometerstein 8,2 beginnt auf der linken Seite ein schöner Spazierweg durch den Vallone degli Angeli zu den letzten Exemplaren der Nébrodi-Tanne (ca. 30 Min.).

In wunderschöner Panoramalage auf einen Felskamm liegt **Polizzi Generosa.** Bei Inversionswetterlage scheint der Ort auf einem Wolkenbett zu schweben. Von den Normannen zur Sicherung des Imeratals mit einer Festung versehen, bewahrte es über die Jahrhunderte gegen zahlreiche Feudalherren seine Unabhängigkeit. Zu den Sehenswürdigkeiten des Ortes zählt besonders das Madonienmuseum M.A.M. auf der zentralen Piazza Castello (nur So 9.30–12.30, 16–18 Uhr, sonst auf Anfrage Tel. 09 21 64 90 93, Fax 55 10 09). In Vitrinen rekonstruierte man das natürliche Ambiente der Flora und Fauna der Madonien, wie es noch bis vor 30 Jahren anzutreffen war. So kann man in wenigen Augenblicken von den Feuchtgebieten über die Wälder bis in die Gipfelregionen hinaufsteigen, wo (ausgestopfte) Raubvögel und Kaiseradler kreisen.

Neben dem Museum locken die Auslagen der Pasticceria al Castello mit dem typischen *sfoglio,* einem Gebäck aus Frischkäse und Vanille. Einen grandiosen Ausblick auf die

Madonien, den sikanischen Monte Cammarata und das Imeratal genießt man von der Piazza XXVII. Maggio am Ende der Via Garibaldi.

Petralia Soprana – das »Obere« Petralia und auf 1147 m die höchstgelegene Gemeinde der Madonien – war bereits zur Römerzeit ein wichtiger Straßenkontrollpunkt, der unter den Arabern und Normannen ausgebaut wurde. Durch die Abwanderungen im 18. Jh. blieb sein mittelalterliches Stadtbild weitgehend erhalten. Jenseits der Kirche S. Maria di Loreto mit der von zwei Glockentürmen flankierten Fassade reicht der Blick von der Rocca Busambra über das innersizilianische Enna bis zum Ätna. Als Erweiterung und zur Stärkung ihrer strategischen Position errichteten die Normannen auf einem tieferliegenden Felsplateau den lebendigen Bergort **Petralia Sottana.** Zeugen seiner reichen Vergangenheit sind die noblen Palazzi entlang des Corso Agliata und die 21 Kirchen, die manches Schmuckstück bergen. Für die Chiesa della Trinità (oder Badia) schuf der Renaissance-Bildhauer Giandomenico Gagini ein prächtiges, aus 23 Relieftafeln zusammengefügte marmorne Altarwand, auf dem mit großer Erzählfreude Szenen aus dem Leben Christi dargestellt sind.

Das rund 20 km weiter östlich gelegene **Gangi,** gehört schon nicht mehr zu den Madonien, dennoch empfiehlt sich der Abstecher, und sei es nur der guten Küche wegen. Auf dem zuckerhutförmigen Monte Marone erhebt sich der Ort aus der sanftgewellten Hügellandschaft vor dem Hintergrund des Ätna. Das beschauliche Landwirtschaftszentrum (7400 Ew.) an der alten Verbindungsstraße zwischen Catania und Palermo entwickelte sich um das 14. Jh. zu Füßen der quadratischen Festung der Ventimiglia. Aus dieser Zeit stammt auch die im gotisch-normannischen Stil erbaute Torre Ventimiglia auf der zentralen Piazza del Popolo. In der Chiesa Madre (17. Jh.) malte Giuseppe Salerno, einer der beiden so genannten »Zoppi di Gangi«, als sein Meisterwerk das »Jüngste Gericht« (1626). Bildaufbau und einzelne Figuren, etwa der hl. Bartholomäus, der die Haut, die man ihm während seines Martyriums abzog, in der Hand hält, sind deutlich vom Jüngsten Gericht in der Sixtinischen Kapelle in Rom inspiriert. Was für ein florierendes Zentrum Gangi zwischen dem 16. und 17. Jh. gewesen sein muss, bezeugen die zahlreichen ehemaligen Läden auf dem Corso Fedele Vitale mit den gemauerten Verkaufstresen neben der Tür. Zu den reichsten Familien der Gegend gehörten die Bongiorno, die Mitte des 18. Jh. ihren mächtigen Palazzo Bongiorno vom römischen Maler Gaspare Fumagalli mit überschwänglichen Trompe-l'œil-Malereien ausschmücken ließen (tgl. 9–13, 15–19 Uhr, Mo geschl.). Berühmt ist Gangi für die *Sagra della Spiga* (Ährenfest), mit der im August, am Sonntag vor Maria Himmelfahrt, die Einbringung der Ernte gefeiert wird. Dann sichert man sich das Wohlwollen der römischen Korngöttin Ceres, die man unter Huldigungen auf einem Triumphwagen durch die Stadt zieht.

Grandiose Ausblicke auf Enna und den Ätna bietet die Straße ins verwinkelte **Geraci Siculo,** das bis 1454 Sitz der Grafen von Ventimiglia war. Das Schloss ist heute eine Ruine, doch Alduino Ventimiglia, ein Nachfahre dieses alten Adelsgeschlechts, lebt noch immer hier und hat an der Via Maggiore eine der renommiertesten Falkenschulen Europas gegründet. Den ganzen August über lässt er die abgerichteten Falken täglich über dem Kastell kreisen. Wer will, kann den Falknern auch bei ihrer Arbeit zusehen (Info unter Tel. 09 21/64 36 07). Zurück zu den Ursprüngen der Falknerei auf Sizilien führt die Städtische Bibliothek von Geraci, die eines der sechs existierenden Exemplare des Falkenbuches von Friedrich II. hütet.

Castelbuono

Die Straße windet sich nun durch dichte Eichenwälder um den Monte Miccio (1049 m) hinunter in das von Manna-Eschen, Oliven- und Mandelbäumen umgebene Castelbuono. Jahrhundertelang war die Stadt der größte Manna-Produzent Italiens. Inzwischen wird dieser wertvolle Rohstoff nur noch hier und im nahen Póllina gewonnen. Zwischen Juli und August wird mit mehreren übereinander gesetzten Schnitten die Rinde der Manna-Eschen angeritzt. Bei der Berührung mit der Luft verfestigt sich der herausquellende süße Saft und bildet eine Stange, die nach acht Tagen abgenommen und an der Sonne getrocknet wird. Noch heute wird Manna für Süßspeisen verwendet oder als natürliches Abführmittel für Kleinkinder benutzt.

Das hübsche Madonienstädtchen (10 000 Ew.) entwickelte sich um das 1316 erbaute **Kastell** der Ventimiglia, die 1454 ihren Regierungssitz von Geraci hierher verlegten und Castelbuono zum wirtschaftlichen Mittelpunkt der Madonien erhoben. Dabei überführten sie auch die Reliquien der hl. Anna. Für die Stadtpatronin schufen sie im zweiten Stock des Kastells die prunkvolle **Capella Palatina,** die im 17. Jh. von Vincenzo Messina und Giuseppe Serpotta, dem Bruder des berühmten Giacomo, mit Putti und Girlanden auf goldenem Hintergrund geschmückt wurde (tgl. 9.30–13, 16–21 Uhr, im Winter 15–19 Uhr, Mo nachm. geschl.). Durch einen gotischen Torbogen gelangt man auf der Via S. Anna zur zentralen Piazza Margherita mit der vierschiffigen Kirche **Madrice Vecchia** (14. Jh.). Sie birgt ein sehenswertes Polyptychon mit der Darstellung der Marienkrönung (1520), die Pietro Ruzzolone oder Antonello da Saliba, einem Neffen von Antonello da Messina, zugeschrieben wird. Das Bild am Sockel zeigt eine damals ganz neue Erfindung: Einer der Heiligen auf der rechten Seite trägt eine Brille. Die erst kürzlich gründlich restaurierte Krypta schmücken Fresken aus dem 17. Jh., die in einer Mischung aus volkstümlicher Expressivität und künstlerischem Stilwillen Szenen aus der Leidensgeschichte darstellen.

Nicht versäumen sollte man einen Besuch der schräg gegenüberliegenden Pasticceria Fiasconaro (Mi geschl.), die das ganze Jahr über die typischen *mannetti* aus Manna und *torrone* (weißen Nougat) aus den Haselnüssen aus Polizzi Generosa herstellt. Spezialität zur Osterzeit ist die *colomba,* ein Kuchen in Form einer Taube mit Pistazien, Ananas und getrockneten Aprikosen.

An der Via Garibaldi, bei der Kirche San Francesco, steht die achteckige **Grabkapelle** der Ventimiglia mit einem schönen Renaissanceportal. Wenige Schritte weiter erhebt sich die mächtige Madrice Nuova, die Anfang des 17. Jh. errichtet wurde, als der Bevölkerungszuwachs eine zweite Kirche erforderte. Das Innere prunkt mit Barockaltären und einer »Beweinung Christi« des klassizistischen Malers Giuseppe Velasco.

Castelbuono ist auch ein idealer Ausgangspunkt für Wanderungen in die Umgebung. Vom ca. 16 km entfernten Piano Sempria, wo sich auch ein Berggasthof befindet, führt ein markierter Weg durch einen Eichenwald zum Piano Pomo, wo sich baumhohe Exemplare von Stechpalmen erhalten haben (ca. 1,5 km).

Ein anderer Abstecher führt zu den Schluchten des Póllina-Flusses. Um sie zu erreichen, fährt man auf der SP 286 von Castelbuono Richtung Cefalù und zweigt nach ca. 4 km (bei einer Autowerkstatt) rechts in eine Asphaltstraße ab, die zu den Case Marcatogliastro führt. Dort lässt man das Auto stehen und folgt rechts einer breiten Landstraße hinunter, die durch einen Oliven- und Orangenhain zu den Schluchten des Póllina führt.

Parco Regionale delle Madonie, Corso Paolo Agliata 16, 90027 Petralia Sottana, Tel. 0921 68 40 11, Fax 0921 68 04 78, www. parks.it/parco.madonie/index.html; Mo–Fr 8–14, Di auch 15.30–19 Uhr.

9 km von Polizzi Generosa: **Il Vecchio Frantoio,** Contrada Firrione, Tel. 0921 66 30 47; *Agriturismo* in einer alten Ölmühle mit Spezialitäten aus den Madonien, ca. 90 €, nur mit HP. **Petralia Sottana: Albergo Madonie**,** Corso Paolo Agliata 83, Tel./Fax 0921 64 11 06; antiker Palazzo im Zentrum; ÜF ca. 65 €. **Gangi: Tenuta Gangivecchio,** Tel. 0921 68 91 91, Fax 0921 64 48 04; ehemaliges Benediktinerkloster am Dorfrand mit ausgezeichneter Küche, Reitmöglichkeit, Fahrradverleih und Schwimmbad, ca. 100 €, nur mit HP. **Villa Rainò,** Contrada Rainò, Tel./Fax 0921 64 46 80; liebevoll restauriertes Landhaus, allein die Küche lohnt einen Besuch, ÜF ca. 55 €.

Pomieri, auf der SP 54, 5 km nach Piano Battaglia; Hotelrestaurant mit herzhafter Bergküche, gute Fleisch- und Pilzgerichte; moderat. **Castelbuono: Vecchio Palmento,** Via Failla 2, Mo geschl.; Fleisch und Gemüse vom eigenen Gut, moderat. **Romitaggio S. Guglielmo,** auf halbem Weg zum Piano Sempria, Mi geschl.; Pilzfreunde werden bleiben wollen, moderat.

Moderne Kunst in der Fiumara d'Arte

Die Ausgrabungsstätte der antiken Siedlung **Halaesa** beim Bergdorf Tusa mit einigen aufgerichteten Tempelsäulen wäre vielleicht nicht Grund genug für einen Aufenthalt in **Castel di Tusa.** Doch Liebhaber moderner Kunst werden an der **Fiumara d'Arte** nicht achtlos vorbeifahren.

Als der damals 25-jährige Jungunternehmer Antonio Presti 1983 von einem Skulpturenpark im ausgetrockneten Flussbett des Tusa träumte, erntete er nur Lächeln. Drei Jahre später enthüllte er das erste Kunstwerk: eine luftige, 18 m hohe Zementskulptur von Pietro Consagra. Nach Wettbewerben für junge Künstler ist die Fiumara d'Arte inzwischen auf acht Arbeiten angewachsen. Nicht immer stieß das Projekt auf Verständnis: 1989 schuf der japanische Künstler Hidetoshi Nagasawa in einer Felshöhle am Ufer des Romei bei Mistretta ein vergoldetes Schiff mit einem Mast aus rotem Marmor. Nach der Vollendung sollte die Höhle verschlossen werden, »um der Erde mittels der Kunst das wiederzugeben, was ihr die Menschen mit ihrem barbarischen Tun genommen haben«. Da erschienen die Carabinieri, legten eine Anzeige wegen illegalen Bauens vor, stoppten die Verschließung des Corpus delicti und drohten mit dem Abriss der Skulpturen. Inzwischen sind die Streitigkeiten beigelegt, der Kunstpark bleibt erhalten und »Das Zimmer des goldenen Schiffs« wurde im Juni 2000 verschlossen.

Eine – auch landschaftlich – interessante Rundfahrt (ca. 60 km) zu den verstreut liegenden Kunstwerken beginnt an der Mündung des Tusa mit der schwarz-weiß gefassten Betonskulptur von Pietro Consagra **»Die Materie konnte hier nicht sein«.** Gleich nach der Brücke geht rechts eine Straße ab und windet sich mit Ausblicken über Pettineo durch Oliven- und Zitronenhaine. Mitten in der Landschaft steht die **»Kurve, die hinter den Rücken des Windes geworfen wurde«** von Paolo Schiavocampo. Mit farbigen Keramikkacheln verkleideten die Künstler Pietro Dorazio und Graziano Marini die graue Kaserne der Carabinieri von Castel di Lucio (**»Arethusa«**). Kurz darauf trifft man jenseits einer Kurve auf **»Ariadne«.** Italo Lanfredini schuf in wunderschöner Panoramalage ein konzentrisch angelegtes Labyrinth, das zur Reflexion einlädt. 40 verschiedene Künstler gestalteten am Rande von Mistretta eine Stützmauer aus Beton mit ihren Keramikarbeiten. Bei Motta d'Affermo stößt man auf die blaue Welle **»Mediterrane Energie«** von Antonio Di Palma. Wieder an der Küste öffnet sich rechts das blaue Fenster des Pop-Art Künstlers Tano Festa auf das Meer und den unendlichen Horizont (**»Monument für einen toten Dichter«**).

Allein vom Kunsthandwerk lebt das an hochwertigen Tonvorkommen reiche Städtchen **Santo Stefano**

Auf Kunst gebettet

Antonio Presti hasst Museen. Kunst darf nicht eingeschlossen sein, sie muss physisch erlebbar sein, sagt er. Neben seinem Skulpturenpark verfolgt Presti daher das Projekt eines »gelebten Museums«. Dazu kaufte er im kleinen Ort Castel di Tusa direkt am Meer ein Hotel im mediterranen Stil und lässt die 44 Zimmer nun nach und nach von Bildhauern, Malern und Medienkünstlern gestalten. Die Kunstwerke sind hier nicht schmückendes Beiwerk: Betten, Bäder, Stoffe und alle Gegenstände im Zimmer sind Teil eines Gesamtkunstwerks, das zum Benutzen und Bewohnen, zur Interaktion und Reflexion einlädt. Diese Kunst bleibt nicht statisch, sondern lebt durch den ständigen Wechsel der Gäste.

Von den bisher vollendeten 14 »Kunst-Zimmern« greifen einige die Bewegung des Meeres auf. Im Zimmer »Schattenlinie« hat Michele Canzonieri, Schöpfer der Kirchenfenster von Cefalù, das Bett wie ein Floß auf blaue Fußboden-Wellen gelegt. Im »Zimmer des geleugneten Meeres« des Videokünstlers Fabrizio Plessi übertragen sechs Fernseher unaufhörlich das Brandungsrauschen. Andere Zimmer sind dem Regisseur Federico Fellini, dem »Korsar« Pier Paolo Pasolini oder dem Dalai Lama gewidmet. Wer will kann sich durch die Zimmer durchschlafen, »besichtigen« wie ein Museum darf man sie aber nicht.

di Camastra, ein bedeutendes Töpferzentrum. Erst im 17. Jh. gegründet, löste es bereits Mitte des 18. Jh. Caltagirone (s. S. 170) allmählich in der Fliesenproduktion ab. Berühmt war der Ort für die leuchtenden Farben seiner Keramik: Kupferoxidgrün, warmes Gelb, Kobaltblau, Manganbraun. Unzählige Stände mit bunten Tellern, Vasen und Krügen zeigen einen Ausschnitt aus der vielfältigen Produktion, von einfachen Bauernmustern bis zu innovativen Neuschöpfungen, freilich auch billigen Nachahmungen. Einen Einblick in die Keramikproduktion gibt der alte Friedhof am Rande der Stadt mit zahlreichen majolikaverzierten Gräbern. Im Museo della Ceramica im Palazzo Sergio mit teilweise noch originalen Majolikaböden kann man u. a. die riesigen Tonkrüge betrachten, die zur Aufbewahrung von Öl und Getreide dienten (tgl. 9–13, 15.30–19.30 Uhr).

Santo Stefano di Camastra: Trattoria U' Cucinu, Via Nazionale, Mi geschl.; schlichtes Straßenlokal mit guten Fischgerichten, preiswert.

Museo Albergo Atelier sul Mare, Via Cesare Battisti 4, Tel. 0921 33 42 95, Fax 0921 33 43 83; ab 105 €, Künstlerzimmer ab 140 €.

Messina, Catania und der Nordosten

Messina

An der Ostküste nach Taormina

Über das »Matterhorn Siziliens« zur thyrrhenischen Küste

Catania

Rund um den Ätna

La Isola Bella bei Taormina

Die Ostküste Siziliens

Messinas spröder Charme • Die Mumien von Sávoca • Taormina und das schönste Theater der griechischen Welt • Die alte Griechenstadt Tindari • Schwarze Barockstadt Catania • Rund um den Ätna

Messina

Jede Stunde düst ein Tragflügelboot von Reggio di Calabria auf dem *continente* über die Meerenge von Messina Richtung Sizilien. Nach knapp 30 Minuten gleitet das *aliscafo* auch schon an der Madonnina vorbei in das bewehrte Hafenbecken von Messina, dessen Sichelform der griechischen Gründung (8. Jh. v. Chr.) ihren antiken Namen gab: *Zankle* (Sichel). Den Sockel der Marienfigur ziert die Inschrift *Vos et ipsam civitatem benedicimus* (»Wir segnen Euch und Eure Stadt«) – ein Zitat aus einem Brief, den einer Legende nach die Gottesmutter selbst Gesandten aus Messina mitgab.

In der Antike war die Überfahrt ein gefährliches Unternehmen. Denn in der Straße von Messina lauerte auf kalabresischer Seite das sechsköpfige Ungeheuer Skylla, das aus den vorüberfahrenden Schiffen die Männer verschleppte, und gegenüber, in Gestalt eines Wasserstrudels, die Göttin Charybdis, die jeden hinabzog, der ihr zu nahe kam. So erklärte man sich jedenfalls die reißenden Strömungen, die durch die Gezeitenwechsel entstehen, und die häufigen Erd- und Seebeben dieser vulkanisch sehr aktiven Region. Diese Beben hat Messina bis in die jüngste Vergangenheit zu spüren bekommen, zuletzt im Jahr 1908, als an einem Dezembermorgen binnen weniger Sekunden 90 % der Gebäude einstürzten und über 85 000 Menschen von Trümmern erschlagen wurden oder in haushohen Wellen ertranken. Kaum war die Stadt wiederaufgebaut, wurde sie 1943 durch die Luftangriffe der Alliierten erneut schwer beschädigt. Heute präsentiert sich Messina (262 000 Ew.) als geschäftige Handels-, Hafen- und Universitätsstadt.

Die breiten schnurgeraden Boulevards, weiträumigen Plätzen und modernen Häusern verströmen einen etwas spröden Charme, doch hütet die Stadt auch einige sehenswerte Bauten. Sinnbild der Geschichte von Messina ist der **Dom** aus dem 12. Jh. Nach den Zerstörungen durch Erdbeben und Bombardierung wurde er detailgetreu wiederaufgebaut, nur die hübschen Reliefbänder der Fassade mit ländli-

Der Dom von Messina

chen Szenen und das von säulentragenden Löwen flankierte Mittelportal stammen noch aus spätgotischer Zeit. Weiträumig öffnet sich das dreischiffige Innere mit seiner bemalten Freibalkendecke und dem Mosaikschmuck. Unbestrittene Hauptattraktion des Doms ist sein **Campanile,** der Glockenturm, mit der größten mechanischen Uhr der Welt. Straßburger Uhrmacher schufen 1933 dieses Meisterwerk der Präzision, dessen Figuren sich Punkt 12 Uhr auf fünf übereinanderliegenden Ebenen in Bewegung setzen. Unten zeigt ein von heidnischen Göttern gezogenes Zweigespann den Wochentag an, darüber ziehen die verschiedenen Lebensalter am Tod vorbei, das Heiligtum von Montalto erscheint und verschwindet wieder, Figuren gruppieren sich entsprechend der Jahreszeit zu Bildern aus dem Neuen Testament, dann sieht man die Übergabe des Briefs an die Gesandten aus Messina, und schließlich zwei Heldinnen der »Sizilianischen Vesper«, die unter dem Krähen von Hähnen und Löwengebrüll die Glocken schlagen. An den Seiten der Uhr sind Mondphasen und Tierkreiszeichen zu sehen. Den **Orionsbrunnen** auf dem Domplatz schuf 1547 der Michelangelo-Schüler Giovanni Angelo Montorsoli. Zu Füßen des legendären Stadtgründers Orion lagern die vier muskulösen Personifikationen der Flüsse Nil, Ebro, Tiber und des Wildbachs Camaro.

Ein kleines Juwel ist die nahe gelegene Kirche **SS. Annunziata dei**

Eine unendliche Geschichte

Die Brücke über die Meerenge von Messina

Sie gibt nicht auf, die staatliche Planungsgesellschaft »Stretto di Messina«, die sich für den Bau einer Brücke über die nur 3,3 km breite Meerenge von Messina einsetzt. Unzählige Untersuchungen hat sie seit 1981 in Auftrag gegeben. Das Resultat dieser Mühen lässt sich nachlesen in einem auf 13 Bände mit 17 575 Seiten angewachsenen Bericht, der dem Verkehrsministerium seit 1997 vorliegt. Doch die Höhe der kalkulierten Baukosten, wechselnde Regierungen und Einwände von Umweltschutzorganisationen haben bisher eine Entscheidung verhindert.

Seit dem 19. Jh. gibt es Entwürfe, die den uralten Traum einer Verbindung zwischen dem Kontinent und Sizilien verwirklichen wollen. Die meisten wurden als zu fantastisch, zu riskant wieder fallen gelassen. In den 1970er Jahren allerdings nahm das Projekt einer festen Straßen- und Eisenbahnverbindung über die gefährliche Meerenge Konturen an. Lange Zeit erwog man drei verschiedene Varianten: Einen schlauchartigen, in 30 m Tiefe schwimmenden Tunnel, eine feste Röhre unter dem Meeresboden oder eine Hängebrücke. Der erste Vorschlag schied aus, weil die Gefahr bestand, dass im Falle eines Schiffsunglücks der Tunnel beschädigt werden könnte. Eine feste Tunnelverbindung verwarf man wegen der hohen Erdbebengefahr. Einzig das Projekt einer Hängebrücke scheint noch eine Chance zu haben. Der Entwurf sieht eine 3300 m lange Brücke vor, die durch zwei 370 m hohe Eisenpfeiler an beiden Ufern verankert ist. Sie würde mit acht Fahrbahnen und zwei Eisenbahngleisen 70 m über dem Meeresspiegel verlaufen. Damit wäre sie eine der längsten und angeblich erdbebensichersten Brückenkonstruktionen der Welt. Viele sehen in dem Bau der Brücke ein Vehikel für einen wirtschaftlichen Aufschwung Siziliens, eine Möglichkeit, es aus seiner »Insularität« zu befreien. Doch die Politiker sind skeptisch, und Naturschutzverbände haben bereits ihr Veto eingelegt. Sie befürchten durch den Brückenbau eine Störung des Vogelzugs und prangern die Zerstörung eines einzigartigen Panoramas an. Auch die Natur hat dem menschlichen Streben eine Grenze gesetzt. Eine Untersuchung ergab, dass die Brücke höchstens 200 Jahre Bestand haben würde, weil sich Sizilien durch die Kontinentalverschiebung immer weiter vom Festland entfernt. Die Diskussionen um diesen zweiten »Koloss von Rhodos« werden also möglicherweise auch die nächsten Generationen beschäftigen.

Catalani. Sie wurde um 1100 erbaut und Mitte des 13. Jh. verändert, ihre Apsis gilt als Musterbeispiel der Stilverschmelzung von normannischer und arabischer Baukunst. Romanische Elemente wie die auf zierlichen Säulen ruhenden Blendarkaden wechseln mit arabisch beeinflussten schwarz-weißen Intarsienbändern.

Das Bronzestandbild des **Don Juan d'Austria** vor der Kirche erinnert an einen glanzvollen Tag in der Geschichte der Stadt. Im Hafen von Messina nämlich hatte der junge Feldherr, ein unehelicher Bruder des spanischen Königs Philipp II., seine Flotte gesammelt und brach von hier aus auf, um dem bis dahin unaufhaltsamen Vordringen der Türken ein Ende zu setzen. In der Seeschlacht von Lepanto am 15. 9. 1571 errang er nicht nur den Sieg über die zahlenmäßig weit überlegene türkische Flotte, sondern stoppte damit auch die Expansionsbestrebungen des osmanischen Sultans. Europa blieb christlich.

Wer genügend Zeit hat, sollte einen Besuch des **Museo Regionale** einplanen (Via della Libertà 465; von der Uferstraße Via Garibaldi mit dem Schnellbus Nr. 28 oder vom Dom mit den Bussen Nr. 74, 77, 78 oder 79; tgl. 9–13.30 Uhr Di, Do, Sa auch 15–17.30 Uhr). Zu den Beständen des Museums gehören vorwiegend Werke aus dem 12.–18. Jh. Besondere Aufmerksamkeit verdienen der Flügelaltar des heiligen Gregorius (1473) von Antonello da Messina (s. S. 37) sowie zwei Werke von Caravaggio. Während seines einjährigen Aufenthaltes in Messina 1608 schuf der norditalienische Maler die »Anbetung der Hirten« sowie die »Auferweckung des Lazarus«. Seine starken Hell-Dunkel-Kontraste und seine realistische Darstellung der Figuren beeinflussten die lokale Malerschule nachhaltig.

Zu einem Messina-Besuch gehört unbedingt eine Fahrt über die Meerenge, um so mehr, als auf kalabresischer Seite zwei prächtige Mannsbilder locken. Die beiden überlebensgroßen »Krieger von Riace« (5. Jh. v. Chr.) im **Nationalmuseum von Reggio di Calabria** gehören zu den schönsten und bedeutendsten Bronzeskulpturen griechischer Kunst (Piazza De Nava 26, tgl. 9–19.30 Uhr außer 1. u. 3. Mo). Sie wurden 1972 von einem Taucher vor der Küste Kalabriens entdeckt. Wegen ihrer hervorragenden künstlerischen Qualität werden sie von manchen Forschern dem Bildhauer Phidias zugeschrieben.

Eine schöne Panoramastraße führt auf den 1130 m hohen **Dinnammare** mit dem Wallfahrtsheiligtum Santuario di Maria SS. di Dinnammare. An klaren Tagen genießt man einen grandiosen Rundumblick auf das Dörfchen Rometta, die Hafenstadt Messina, auf Kalabrien und die ganze ionische Küste.

AAPIT, 98122 Messina, Via Calabria 301 bis, Tel. 090 67 42 36, Fax 090 67 42 71, Mo–Sa 8–18 Uhr; **AAST,** 98123 Messina, Piazza Cairoli 45, Tel. 090 293 52 92, Fax 090 69 47 80, Mo–Sa 8.30–14, 15.30–18 Uhr.

Jolly**,** Corso Garibaldi 126, Tel. 090 36 38 60, Fax 090 590 25 26; modernes Kettenhotel an der Uferstraße; ÜF ca. 110 €.

Al Padrino, Via Santa Cecilia 54–56, Tel. 090 292 10 00, Sa abend, So geschl.; sympathischer Gourmettreff mit guter Fischküche, moderat. **Le Due Sorelle,** Piazza Municipio, Tel. 090 447 20, Mo geschl.; die experimentierfreudige Küche weckt verschüttete Geschmackssinne, moderat.

Messina besitzt zwei **Fähranlegestellen: Stazione Marittima,** Ferrovie dello Stato, Tragflügelboote Messina–Reggio di Calabria, jede Stunde, 25 Min. Fahrzeit, Fähre Messina–Villa S. Giovanni, alle 20 Min., 35 Min. Fahrtzeit; SNAV, Tragflügelboote nach Reggio (2x tgl. morgens) und Lipari; NGI, Fähre jede Stunde nach Reggio di Calabria. **Via della Libertà:** Caronte, alle 20 Min. Fähre Messina–Villa S. Giovanni

Sávoca und Casalvecchio

Der Zersiedlung am Stadtrand von Messina entflieht man am schnellsten über die Autobahn. Wegen der herrlichen Ausblicken auf die Küste und auf Kalabrien jenseits der Meerenge zählt sie zu den schönsten Strecken Siziliens. An den Ausläufern der Monti Péloritani kleben mittelalterliche, oft turmbewehrte Bergdörfer. Die zahlreichen quirligen Badeorte an der feinsandigen Küste verdanken ihre Entstehung dem aufstrebenden Badetourismus im späten 19. Jh.

Ein schöner Abstecher führt auf kurvenreicher Strecke ins malerische, oft windgepeitschte Felsennest **Sávoca** (Ausfahrt Roccalumera). In den 1970er Jahren war es noch ein gespenstisch leeres, fast verlassenes Dorf und diente Francis Ford Coppola als Kulisse seines Mafiaklassikers »Der Pate«. Inzwischen wurde der alte Ortskern zu Füßen der normannischen Festungsruine restauriert, die steingepflasterten Sträßchen bekamen schmiedeeiserne Laternen. Am Hauptplatz steht die alte Chiesa Madre mit ihrem schönen Renaissanceportal, in der Bar Vitelli erzählen Szenenfotos vom Filmruhm Sávocas. Der Ort besitzt aber auch eine andere, etwas makabre Attraktion. Das Kapuzinerkloster am Rande des Dorfkerns birgt in seiner Krypta, ähnlich wie in Palermo (s. S. 67), sorgfältig mumifizierte Leichen von Adligen und Mönchen aus dem 18. Jh. (tgl. außer Mo 8–12, 15.30–17.30 Uhr). Eingehüllt in ihre alten Kutten oder eleganten Kleider hängen sie in weißgetünchten Nischen oder liegen in offenen Sarkophagen. Mitte der 1980er Jahre besprühten unbekannte Täter einige der verzerrten Gesichter mit grünem Lack, was den gruseligen Charakter noch verstärkt.

Nach 2 km erreicht man in schöner Panoramalage **Casalvecchio Siculo.** 500 m nach dem Ortsausgang schlängelt sich eine Straße durchs

L pari
Isola L pari
Porto di Levante
Gelso
Isola Vulcano
Isole E lie o L pari
Tyrrhenisches Meer
Palermo
Golfo di Patti
Milazzo
Golfo di Milazzo
Castanea delle F rie
Villafranca Tirrena
Salice
Sparta
San Gi rgio
Mortelle
Ganzirri
Grotta
Paradiso
Serro
Duomo
Messina
Fondaconuovo
Santa Marina
Glammoro
Torregrotta
Saponara
Cumia
Antennamare
1124m
Barcellona-Pozzo di Grotto
Olivarella
Castroreale Terme
Sicamin
Larderia
Pistunina
Stretto di Messina
Capo d'Orlando
Tyndaris
Acquaficara
Santa Lucia del Mela
Pellegrino
Reggio di Calabria
Patti
Oliveri
Terme Vigliatore
Migliardo
Monti Peloritani
P zzolo
Briga Marina
Sant ngelo
Moreri
Mazzarr
Castroreale
Altolia
Scaletta Zanclea
Librizzi
Sant Andrea
M rmari
M lici
Monte Poverello
1279m
Nasidi
P llaro
Bocale
Racc ja
Santa B rbara
Tripi
Fiumedin si
Al
Montalba no Elicona
Novara di Sic lia
Monte Fossazza
1245m
Mandanici
Al Terme
Portella Zilla
1104m
Sciglio
Roccalumera
Miss rio
Antillo
Casalvecchio Siculo
Floresta
P.lla Mandrazzi
1125m
Portella dello Zoppo 1264m
Borgo Piano
Limina
S voca
Santa Teresa di Riva
Sant Al ssio Siculo
Capo San Alessio
Malvagna
Francavilla di Sic lia
Gallodoro
Forza d gro
San Teodoro
Motta Camastra
Castiglione di Sic lia
Alcantara
Castelmola
Randazzo
Taormina
Teatro Greco
Giardini-Naxos
Murazzo Rotto
Linguaglossa
Calatabiano
Naxos
Grotta delle Palombe
Rifugio Citelli
Maletto
Fiumefreddo di Sicilia
Vena
Malta
Bronte
tna (Monte Etna)
3323m
Citelli
Fondachello
Puntalazzo
M scali
Giarre
Riposto
Grotta di Intraleo
Milo
Zafferana tnea
D gala
Villa Calanna
Timpone
Rifugio Sapienza
Ionisches Meer
Ponte dei Saraceni
Pisano
Pozzillo
Adrano
Pennisi
Stazzo
Biancavilla
Ragalna
Trecastagni
Acireale
Nicolosi
Aci
Santa Maria di Licodia
Belpasso
S. Lucia
Riviera dei Ciclopi
Mascalucia
Aci Trezza
Patern
San Giovanni di Galermo
Aci Castello
Misterbianco
Duomo Sant Agata
Catania
Motta Sant Anast sia
La Rotondella
Golfo di Catania
Aeroporto Catania-Fontana Rossa
Syrakus (Siracusa)
N
0
10 km
A 20
E 90
A 18
E 45
A 3
A 19
E 932
113
114
116
120
121
185
18
106
192
284

Flusstal des Agrò zur Kirche **Ss. Pietro e Paolo,** einer der besterhaltenen Normannenkirchen Ostsiziliens (tgl. 8.30–17.30 Uhr). Anfang des 12. Jh. wurde die ursprünglich griechisch-orthodoxe Basilianerkirche im arabisch-normannischen Mischstil neu errichtet. Dem gerade erst gekrönten Roger II. diente sie zur weltlichen und geistlichen Sicherung dieses so mühsam eroberten Gebietes. Der Bau besticht mit seiner harmonischen Kombination von roten Ziegeln, schwarzem Lavagestein, weßem Kalk- und grauem Sandgestein.

Taormina

18.4.02

»Kommt im Februar nach Sizilien, und wenn die Realität nicht meinen Bildern entspricht, werde ich euch die Fahrtkosten rückerstatten, und ihr werdet meine Gäste sein«. So forderte der Berliner Landschaftsmaler Otto von Geleng 1863 die Pariser Kunstkritiker heraus, die nicht glauben konnten, dass es einen Ort gibt, wo im Februar vor den Ruinen eines antiken Theaters und unter dem verschneiten Gipfel eines aktiven Vulkans die Mandelbäume blühen. Der Künstler, den die Stadt so gefangen nahm, dass er sein Leben dort verbrachte, gewann seine Wette, und die skeptischen Kritiker nannten den Ort fortan einen »Zipfel des Paradieses«. Damit begann die Blütezeit Taorminas, des ursprünglich beschaulichen Dorfes, das nur auf einem Maultierpfad zu erreichen war. Auf Gelengs Spuren kam der deutsche Fotograf Wilhelm von Gloeden, der im milden Winterklima Taorminas sein Lungenleiden kurieren wollte. Hier entdeckte er eine Landschaft und Menschen, die ganz seinen romantischen Vorstellungen von Arkadien entsprachen. Schon bald fing er an, vor den antiken Kulissen Taorminas junge Männer abzulichten, mal mit Lorbeerkränzen im Haar, mal in antiken Gewändern. Mit diesen Fotos, die wie die Fleischwerdung antiker Skulpturen und Vasenbilder wirken, wurden er und Taormina endgültig international bekannt. Bereits 1874 wurde das erste Hotel, das »Hotel Timeo«, am griechischen Theater eröffnet, und die mondäne Welt erkor sich die Stadt zum winterlichen Treffpunkt. Im Jugendstil-Bahnhof von Giardini Naxos fuhr der Direktzug London-Paris-Taormina ein, und es entstiegen ihm die Könige Edward VII. und George V., die Industriellen Krupp, Rothschild und Vanderbilt, Literaten wie D. H. Lawrence, Musiker und Regisseure, Filmsternchen und Dandys, und das Café Wunderbar summte vor Klatschgeschichten.

Das mondäne Flair ist inzwischen verflogen. Mit über 1 Mio. Übernachtungen im Jahr ist Taormina die Tourismushochburg Siziliens. Den Gästen bietet sich eine breite Auswahl an Hotels von der Spitzenklasse bis zur einfachen Pension. Dennoch hat der Ort mit seinem autofreien Altstadtkern, den schön restaurierten Gebäuden und der malerischen Aussicht seinen unwiderstehlichen Charme bewahrt.

Lebensader und Flaniermeile der Stadt ist der gepflasterte **Corso Umberto** zwischen den beiden Stadttoren Porta Messina und Porta Catania. Bereits in der Antike verlief an dieser Stelle die römische *Via Valeria.* Denn Taorminas Geschichte reicht weit zurück: Die ursprünglich sikulische Gründung war wegen ihrer strategisch günstigen Lage in griechischer und römischer Zeit heiß umkämpft. Ab dem Jahr 21 v. Chr. machte Kaiser Augustus sie zur Veteranenkolonie und ließ die Stadt mit zahlreichen Monumenten schmücken. In byzantinischer, arabischer und normannischer Zeit ausgebaut, fiel sie erst unter den Spaniern in einen Dämmerschlaf.

Wenige Schritte jenseits der Porta Messina öffnet sich die Piazza Vittorio Emanuele mit dem zinnenbewehrten **Palazzo Corvaja,** in dem sich auch das Fremdenverkehrsamt befindet. Er entstand im 14./15. Jh. um einen viereckigen arabischen Turm. Aus spätgotischer Zeit stammen die zierlichen Zwillings- und Drillingsfenster und die Treppe, an der Reliefs mit Szenen aus der Schöpfungsgeschichte zeigen. Der rechte Anbau war 1409 der erste Sitz des sizilianischen Parlaments, mit dem sich Klerus, Barone und freie Städte ein Stück Unabhängigkeit gegenüber den spanischen Vizekönigen zu bewahren versuchten. Heute beherbergt es die volkskundlich interessante Sammlung Panarello mit zahlreichen Votivbildern und teilen bemalter *carretti,* der traditionellen sizilianischen Karren (Di–So 9–13, 16–20 Uhr). Hinter der Chiesa di Santa Caterina (17. Jh.) mit ihrem schönen Barockportal liegen die Reste eines römischen **Odeons** aus dem 1. Jh. v. Chr. Bis zu 200 Menschen konnten in dem Ziegelbau Vorträgen und Musikaufführungen beiwohnen.

Höhepunkt eines Sizilienaufenthaltes ist das **Teatro Greco** (tgl. 9 Uhr bis eine Std. vor Sonnenuntergang). Nehmen Sie erst einmal auf den »schlechtesten« Sitzen Platz, nämlich ganz oben, wo auch die *plebs* saß, und genießen Sie den einmaligen Ausblick! Umrahmt von den romantisch restaurierten Ruinen des Bühnengebäudes, aus dessen Mauerwerk hier und da rote Wildblumen sprießen, öffnet sich der Blick auf den schneebedeckten Gipfel des rauchenden Ätna und auf das glitzernde Meer. Das nach Syrakus zweitgrößte antike Theater Siziliens und schönste Theater der griechischen Welt wurde in hellenistischer Zeit, im 3. Jh. v. Chr. erbaut. Wie bei allen griechischen Theatern wurde die Hanglage für die Zuschauertribünen genutzt, das Panorama diente als natürliche Kulisse für die bewegenden Tragödien und hintersinnigen Komödien. Sein heutiges Gepräge erhielt das Theater im 2. Jh. v. Chr. unter den Römern, als die griechische *orchestra* in eine Arena für blutige Gladiatorenspiele und Tierhatzen umgewandelt wurde. Ein zweistöckiges, durch Nischen und korinthische Säulen gegliedertes

Das griechische Theater in Taormina

Bühnengebäude verstellte das einmalige Panorama, und die erweiterten Zuschauerränge wurden nach oben von einem doppelten Säulengang abgeschlossen. Die hervorragende Akustik macht man sich heute in den Sommermonaten wieder zunutze, wenn das Theater zur Bühne für das renommierte Festival *Taormina Arte* mit internationalen Film-, Theater-, Ballett- und Musikdarbietungen wird.

Zurück auf den Corso. Bäckereien mit duftendem Mandelgebäck, exquisite Mode-Boutiquen, ausgesuchte Antiquitätenläden, aber auch über und über mit bunten Fähnchen behangene Andenkenläden belegen die unteren Stockwerke alter Palazzi. In einer Seitenstraße versteckt sich die **Naumachie,** die nicht, wie man anfänglich glaubte, den Römern zum Nachspielen von Seeschlachten diente, sondern vermutlich gemauerte Außenwand einer Zisterne war.

Die von Straßencafés gesäumte Aussichtsterrasse **Piazza 9. Aprile** ist Auslaufplatz für Kinder, Pflichthalt für Fotografen und romantischer Treffpunkt der allabendlichen *passeggiata.* Der Uhrturm an der Piazza markiert den Beginn eins im 14./15. Jh. errichteten Viertels, dessen Zentrum die Piazza Duomo bildet. Der mittelalterliche, zinnenbewehrte **Dom** mit barockem Hauptportal und Renaissance-Rosette birgt im Innern einen Flügelaltar mit einem Ölbild von Antonello da Saliba (1504), einem Neffen von Antonello da Messina. Neben den hl. Hieronymus und dem hl. Sebastian sind hier auch zwei der Hauptheiligen Siziliens mit ihren Marterinstrumenten dargestellt: rechts die hl. Lucia aus Syrakus, links die hl. Agatha aus Catania.

Bevor man die Altstadt durch die Porta Catania wieder verlässt, lohnt ein Abstecher nach links zur **Palazzo dei Duchi di S. Stefano,** einem festungsartigen spätgotischen Stadtpalast mit schönen Zwillingsfenstern und schwarz-weißen Steininkrustationen. Die Räume beherbergen eine ständige Ausstellung des sizilianischen Bildhauers Giuseppe Mazzullo (1913–1988).

Etwas Ruhe findet man in der grünen Oase der **Villa Comunale** an der Via Roma (im Sommer bis Mitternacht geöffnet). Diesen Paradiesgarten verdankt Taormina der Leidenschaft einer Engländerin, die für ihre exotischen Tiere diesen artenreichen Park anlegen ließ. Noch einmal genießt man einen Blick auf den Ätna und die Küste, die sich am Abend in ein blinkendes Lichtermeer verwandelt. Man wird dem französischen Schriftsteller Roger Peyrefitte nicht widersprechen können, der schrieb: »Auf dieser Felsterrasse zwischen den beiden Golfen, am Fuß der Berge, ist alles versammelt, was die göttliche Erde an Vollkommenem zu bieten hat: Taormina ist in Sizilien das, was Sizilien in der Welt ist«.

Ein Ausflug führt in das auf einem Kalkgipfel hoch über Taormina gelegene Felsennest **Castelmola** (529 m). Steingepflasterte Gassen und Treppchen durchziehen das verwinkelte Dorf, das für seinen bernsteinfarbenen, bittersüßen *Vino da Mandorla,* den Mandelwein, berühmt ist. Wer einen Aufstieg nicht scheut, wird mit einem Blick bis zur kalabresischen Küste belohnt.

Millionenfach wurde sie schon fotografiert, aber ihr Zauber wirkt noch immer: Die kleine **Isola Bella,** die zwischen Mazzaro und dem Capo Taormina im Meer liegt, würde sich manch einer als exklusives Feriendomizil wünschen.

Das Capo Schisò, eine begrünte Basaltzunge, bildet den südlichen Arm der Bucht unterhalb Taorminas. Auf diesem vorgeschichtlichen Lavastrom gründeten 735 v. Chr. Chalkidier aus Euböa *Naxos,* die erste griechische Kolonie auf sizilianischem Boden. Von der einstigen Siedlung sind heute nur noch die Grundmauern zu sehen. An dem schönen Sandstrand entwickelte sich im 19. Jh. der lebhafte, zersiedelte Touristenort **Giardini Naxos.**

ⓘ **AAST,** 98039 Taormina, Palazzo Corvaja, Tel. 0942 232 43, Fax: 0942 249 41; www.taormina-ol.it oder www.taormina.it (beide engl.).

In und rund um Taormina gibt es eine große Anzahl guter Hotels

---

Taormina, Piazza 9 Aprile ▷

von der Spitzenklasse bis zur einfachen Pension; hier eine kleine Auswahl: **Taormina: Grand Hotel Timeo*****,** Via Teatro Greco 59, Tel. 0942 238 01, Fax 0942 62 85 01; legendäres Hotel der Belle époque am Teatro Greco, erst kürzlich umfassend restauriert; ÜF ca. 320 €. **Villa Ducale****,** Via Leonardo da Vinci 60, Tel. 0942/28153, Fax 28710; restauriertes Hotel mit Jahrhundertwende-Flair; ÜF ca. 215 €. **Vello d'Oro***,** Via Fazzello 2, Tel. 0942 237 88, Fax 0942 62 61 17; gut geführtes Haus nur wenige Schritte vom Corso; ÜF ca. 110 €. **Giardini Naxos: Nike Hotel***,** Via Calcide Eubea 27, Tel. 0942 512 07, Fax 0942 56315; zweckmäßig eingerichtete Zimmer fast alle mit Terrasse und Meeresblick am Rande des Ortes; ÜF ca. 90 € (in der Hochsaison nur mit VP).

Beste lokale Küche findet man im **Al Duomo,** Vico Ebrei 11, teuer, und im **Maffei's,** Via S. Domenico Guzman 1, teuer. Im Fischerdorf **Letojanni: Da Nino,** Via Luigi Rizzo 29, Di geschl., mit besten Fischgerichten direkt am Meer; moderat.

In der **Pasticceria Rugantino,** Corso Umberto 102, gibt es herrliche Naschereien mit Orangengeschmack, *torroncini,* Honig oder die für diese Gegend typische *pignolata.*

Das Zentrum ist für Besucher gesperrt, Busse fahren von der rund um die Uhr geöffneten **Garage Lumbi.** Parkmöglichkeiten auch in **Mazzarò,** wo eine Seilbahn zum Zentrum fährt.

Viele Strandabschnitte, vorwiegend Kiesstrände, sind von gebührenpflichtigen *stabilimenti* (Strandbädern) mit Sonnenschirmen und Liegestühlen belegt. Freie Strände mit Sandabschnitten findet man zwischen Letojanni und Mazzarò und ab San Marco bei Giardini Naxos.

Einen schönen Blick auf das Theater und die Stadt genießt man von der Grottenkirche Madonna della Rocca und der darübergelegenen Burgruine von Taormina auf dem Monte Tauro (398 m). Von Odeon geht man ein Stück die Umfahrungsstraße entlang und biegt dann rechts auf einen schönen Treppenweg ein (ca. 30 Min.).

Vom Busbahnhof von Taormina unterhalb der Seilbahn fahren regelmäßig **Busse** nach Catania, Messina, Castelmola und zur Alcántara-Schlucht. Vom nostalgischen **Bahnhof** erreicht man alle großen Zielpunkte der Insel.

Von Taormina nach Tindari

Von Giardini Naxos gelangt man auf der SS 185 zu den eindrucksvollen **Schluchten des Alcántara.** Ein vorgeschichtlicher Lavastrom verschüttete die gesamte Senke zwischen den Monti Péloritani und der Nordflanke des Ätna und formte beim heutigen Giardini Naxos das Capo Schisò. Der schnelle Erstarrungsprozess bildete eine bizarre Säulenlava mit prismenartiger Struktur. Durch die erkaltete Lava bahnte sich der aus den nebrodischen Bergen kommende Alcántara im Laufe der Jahrtausende ein neues Flussbett und schuf die pittoreske *Gole d'Alcántara.* Der Name des Flusses geht auf das arabische Wort *al quantarah,* Brücke, zurück und bezog sich auf eine Römerbrücke, die bei Calatabiano den Fluss überspannte. Von einem ausgeschilderten Parkplatz führen steile Treppen oder ein (kostenpflichtiger) Lift zur Mündung der fast 500 m langen und bis zu 50 m tiefen Schlucht. Wer sie durchwaten will – nur bei Niedrigwasser zwischen Mai und September möglich – sollte von den angebotenen Fischerhosen und Gummistiefeln Gebrauch machen. Selbst im Sommer beträgt die Wassertemperatur nur um die 12 °C.

Die Straße führt durch das fruchtbare Alcántara-Tal mit seinen Walnusswäldern bei Motta Camastra, Olivenhainen bei Francavilla und den für seine fleischigen Pfirsiche berühmten Plantagen bei Moio. In Serpentinen geht es hinauf zur 1125 m hohen **Portella Mandrazzi** an der Grenze zwischen den Montí Nébrodi und Montí Péloritani, wo man einen fantastischen Blick auf das Alcántara-Tal und den Ätna genießt. Gipfelstürmer können vor dem Kilometerstein 27 rechts einen Forstweg einschlagen und die 1340 m hohe **Rocca di Novara** erklimmen (ca. 5 km). Vom schroffen Berggipfel dieses »Matterhorns Siziliens« schweift der Blick vom Ätna über die bewaldeten Nébrodi zur thyrrhenischen Küste mit der Landzunge von Milazzo und zu den Liparischen Inseln und über die Monti Péloritani zur kalabresischen Küste mit dem Aspromonte-Gebirge.

Diese strategisch günstige Lage entging auch den normannischen Königen nicht. In **Novara di Sicilia** siedelten sie lombardische Zinsbauern an, die im Gefolge König Rogers im 12. Jh. auf die Insel gekommen waren. Bis heute sprechen die Bewohner einen gallo-italienischen Dialekt, der sehr viele ligurische und lombardische Wörter aufweist. Der hübsche Ort, dessen 2300 Einwohner vorwiegend von der Land-, Weide- und Waldwirtschaft leben, besticht durch seine intakte mittelalterliche Altstadt und schöne Steinmetzarbeiten an Kirchenportalen, Balkonkonsolen, Fensterrahmungen und Adelspalästen – nicht umsonst trug Novara im 19. Jh. den Beinamen »Stadt des Steins«. Ein kleines Museum des verschwundenen Handwerks im Palazzo Stancanelli zeigt alte Handwerksgeräte von Schustern, Webern oder Käsern (tgl. außer Sa/So 9–13 Uhr). Berühmt ist Novara auch für seinen Schafskäse, den *maiorchino.* Während der Karnevalswoche werden die Käselaibe bei einem Wettrennen durch die Stadt gerollt. Im *Agriturismo Girasole* kann man diesen exquisiten Hartkäse kosten und (nach Vorbestellung) auch ausgezeichnet essen.

Kurz nach San Biagio erreicht man das römische Landhaus von **Terme Vigliatore** (tgl. 9 Uhr bis eine Std. vor Sonnenuntergang, im Winter 9–14 Uhr). Die luxuriöse Villa aus dem 1. Jh. n. Chr. gliedert sich um einen Säulenhof mit großem *tablinum* (Empfangsraum) in *opus sectile,* einem Mosaik aus unterschiedlich großen Marmor-, Stein- und Glasplättchen. Besonders gut erhalten haben sich die privaten Ther-

menanlagen. Deutlich erkennt man noch die Hypokaustanlagen, die warme Luft durch rechteckige Tonröhren schickten, die in den Wänden und den Hohlräumen im Fußboden verliefen. Das *frigidarium* (Kaltwasserbad) schmückt ein schönes schwarz-weißes Mosaik: In einem Boot, umgeben von Delphinen und einem Schwertfisch, sitzen zwei Ruderer und ein Angler.

Auf dem Weg nach Tindari kann man beobachten, wie die hügelige Landschaft schroff zum Meer hin abfällt. Weithin sichtbar thront auf dem **Capo Tindari** das moderne Wallfahrtsheiligtum der Schwarzen Muttergottes von Tindari, besonders im Marienmonat Mai und am 8. September Ziel zahlreicher Pilger. Die Aussichtsterrasse bietet einen grandiosen Blick über den Golf von

Lagunenlandschaft Marinello

Patti bis zum Capo Milazzo, an klaren Tagen sogar bis zu den Liparischen Inseln. Zu Füßen des Felsens erstreckt sich die traumhaft schöne **Lagunenlandschaft von Marinello** mit ihren kleinen türkisfarbenen Wasserflächen, die je nach Gezeiten verschiedene Muster in die weiß- und rosa schimmernden Sandbänke zeichnen. Der Legende nach entstanden sie, als einer Pilgerin, die über das schwarze Anlitz der byzantinischen Madonna schimpfte, das Kind über die Klippen fiel. Doch aus dem Wasser erhob sich dank der *Vergine nera* ein weiches Bett von feinem Sand und rettete das Kind. Die schönen Sandstrände erreicht man in einer halben Stunde zu Fuß von Oliveri aus. x 19.4.02

Tindari wartet nicht nur mit einer unvergleichlichen Aussicht auf. Hinter der Piazza Belvedere erheben sich die Ruinen einer der letzten griechischen Kolonien auf Sizilien. Gemeinsam mit *Tauromenion* (Taormina), *Zankle* (Messina) und *Mylai* (Milazzo) sicherte das 396 v. Chr. vom Tyrannen von Syrakus gegründete *Tyndaris* die Küste Ostsiziliens. Mächtige Mauern, die zu den besterhaltenen auf Sizilien gehören, umgaben die schachbrettartig angelegte Stadt. Unter den Römern ausgebaut, fiel sie im 1. Jh. n. Chr. einem Erdrutsch zum Opfer und wurde schließlich im 9. Jh. von den Arabern endgültig zerstört. Eine dreistöckige, tonnengewölbte Basilika, die auch als Versammlungsraum diente, markiert den Eingang zur *agora,* dem zentralen Platz, dessen größter Teil heute von der Wallfahrtskirche eingenommen wird. Daneben haben die Archäologen bisher eine *insula,* ein Mietshaus mit Läden und Lagerräumen, sowie Atriumhäuser und mosaikgeschmückte Thermen freigelegt. Hauptanzie-

+ Trinacria mit Fußbodenmosaik

hungspunkt ist aber das kleine griechisch-römische Theater, dessen natürliche Kulisse die Liparischen Inseln bilden (tgl. 9–19 Uhr, im Winter bis 16 Uhr).

Ein bei Italienern sehr beliebtes Ferienziel ist der Küstenabschnitt zwischen Capo Calavà und Capo d'Orlando. Schöne Sandstrände wechseln mit schroffer Steilküste. Die teilweise schnell gewachsenen Badeorte bieten eine gute Infrastruktur. Bereits die Römer schätzten die Küste, wie die Reste der weitläufigen spätrömischen Villa bei **Patti** mit reichem Mosaikschmuck bezeugen (unter der Autobahnbrücke, 9 Uhr bis 1 Std. vor Sonnenuntergang), oder die **Terme di Bagnoli** bei Capo d'Orlando aus der römischen Kaiserzeit (9–13 Uhr; ab April 9 Uhr bis eine Std. vor Sonnenuntergang). Aus dem späten 19. Jh. stammt die noch weitgehend original eingerichtete **Villa Piccolo** des exzentrischen Geschwistertrios Piccolo di Calanovella, Cousins des Schriftstellers Tomasi di Lampedusa, der hier große Teile seines Romans »Der Leopard« schrieb. Der kleine Friedhof im Garten war den Hunden des Hauses vorbehalten (3 km westlich von Capo d'Orlando, 9–12, 16–19 Uhr, Mo, Do 10.30–12.30, Di, Mi, Fr, Sa, So 9–12 Uhr, nachmittags im Frühling 16–18.30, im Sommer 17–20, sonst 16–19 Uhr).

AAST Giardini Naxos, Via Tysandros 54, Tel. 0942 510 10, Fax 0942 528 48; Mo–Fr 8.30–14, 16–19 Uhr, Sa 8.30–14 Uhr; **AAST Patti,** Piazza Marconi 11, Tel./Fax 0941 24 11 36; Mo–Fr 9–13, 15–19 Uhr, Sa 9–13 Uhr; **AAST Capo d'Orlando,** Via Piave 71, Tel. 0941 91 27 84, Fax 0941 91 25 17; Mo–Fr 8.30–13.30, 16–19 Uhr, Sa 8.30–12.30 Uhr.

Capo d'Orlando: La Tartaruga*,** Lido S. Gregorio 70, Tel. 0941 95 50 12, Fax 0941 95 50 56; direkt am Strand mit gutem Restaurant; im Sommer Freiluftdisco am Strand; ÜF ca. 80 €. **La Meridiana***,** Loc. Piana, Tel. 0941 95 77 13, Fax 0941 95 77 13; modernes Haus mit Schwimmbad; ÜF ca. 65 €.

Gole dell'Alcántara: Paradise, Contrada Muscianò, Mo geschl.; beste sizilianische Küche; moderat. **Novara di Sicilia: Agriturismo Girasole,** Contrada Grego 49 (kurz vor Ortsbeginn an der Abzweigung nach S. Basilio), Tel. 0941 65 08 12; nur auf Vorbestellung; preiswert. **Capo d'Orlando: La Tettoia,** Contrada Certari 80, Mo u. Ende Sept. geschl.; lassen Sie sich die traditionellen *Pasta con le sarde* und *involtini di melanzane* nicht entgehen; moderat.

Die Umweltschutzgruppe Legambiente Nebrodi organisiert mit den Fischern von San Gregorio bei **Capo d'Orlando** gemeinsame Ausfahrten aufs Meer. Darüber hinaus bietet sie auch Ausflüge in den **Parco dei Nébrodi** und auf die **Äolischen Inseln** an; Info bei Carlos Vinci, Borgo S. Gregorio 11, Tel./Fax 0941 95 51 57; www.agatirno.it/sea2love/ pr_sogg.htm

Camping Marinello Oliveri, Tel. 0941 31 30 00; Surfen (Verleih und Kurse). **Windclub Capo d'Orlando,** Via Minghetti 14, Tel. 0941 91 28 86; Verleih und Schule für Segler, Windsurfer und Kanufahrer.

Catania, der Ätna und die Zyklopenküste

Die schwarze Barockstadt Catania • Bizarre Zyklopenküste • Fruchtbare Hänge, unwirtlicher Gipfel: der Ätna • Bronte, das Zentrum des Pistazienanbaus

Catania

Buchstäblich wie Phönix aus der Asche erhob sich die »rauchgeborene Tochter des Ätna« immer wieder aus den Lavaströmen. Der letzte zerstörerische Vulkanausbruch fand 1669 statt, wenige Jahre später, 1693, wurde der Rest der Stadt durch ein Erdbeben vollends in Trümmer gelegt. Im 18. Jh. begann unter Federführung des Baumeisters Giovanni Battista Vaccarini der Wiederaufbau Catanias nach den Vorbildern des römischen Barock. Noch heute prägen weite Plätze und ein rechtwinkliges Straßennetz das Stadtbild. Tiefschwarz sind die barocken Bauten, doch die Stadt strahlt keine Tristesse aus. Im Gegenteil, bei einem Bummel über den lautstarken Fischmarkt, auf der geschäftigen Via Etnea oder abends rund um die Piazza Bellini erweist sich Catania mit seinen 340 000 Einwohnern als eine der lebendigsten Städte der Insel. Lange Zeit als chaotisch, ineffizient und unsicher verrufen, erlebte es unter der Regierung des Bürgermeisters Enzo Bianco (1993–99) einen Umschwung. Der Verwaltungsapparat wurde entschlackt, städtische Dienstleistungen gefördert. Die Kriminalitätsrate sank drastisch. Mit einem gezielten Investment-Programm präsentierte sich die Stadt als Wirtschaftsstandort – mit Erfolg. Allein zwischen 1997 und 2000 wurden 2000 neue Arbeitsplätze geschaffen und Jungunternehmer finanziell unterstützt. Die Ätna-Metropole avancierte zum Technologiezentrum Siziliens, man spricht bereits stolz vom »Etna Valley«. Pubs und Musiklokale schossen wie Pilze aus dem Boden und beleben seither die Altstadt. Tradition sind inzwischen die *Caffè concerto,* klassische und moderne Freiluftkonzerte in den lauen Sommernächten und die Musik- und Theaterveranstaltungen des Sommerfestivals *Estate Catanese* auf vielen Plätzen der Altstadt.

Stadtspaziergang

Dreh- und Angelpunkt der Stadt ist die **Piazza Duomo,** in deren Zentrum das Wahrzeichen von Catania steht: der kleine Elefant aus Lavagestein mit einem antiken Obelisken auf dem Rücken. Barocke Palazzi wie der Palazzo Municipale (Rathaus) und der Palazzo del Seminario gegenüber säumen den Platz, der von der wuchtigen Fassade des **Doms** beherrscht wird (1; 8–12, 16–18 Uhr, Fei 9-10, 16.30–18 Uhr). Von der ursprünglichen, der Stadtpatronin Agata geweihten normannischen Wehrkirche haben sich nur die halbrunden Apsiden und das Querschiff erhalten, was man am besten von außen erkennen kann. Aus der Normannenzeit stammen auch die zwei Kapellen im Querschiff. In der rechten Apsis öffnet sich die prunkvolle Capella di S. Agata mit den Reliquien der Heiligen, die an ihren Festtagen vom 3.–5. Februar unter großer Anteilnahme der Bevölkerung durch die Stadt getragen werden. Und natürlich befindet sich hier auch das Grab des berühmtesten Sohns der Stadt, des Belcanto-Komponisten Vincenzo Bellini (1801–1835. Eine Bild von Catania vor dem Ätna-Ausbruch von 1669 vermittelt das große Fresko in der Sakristei. Deutlich erkennt man das Castello Ursino, das damals noch direkt am Meer lag.

Von Vaccarini stammt die schwungvolle Fassade der **Badia di S. Agata** (2) an der Nordseite des Doms, die sich harmonisch in das Barockensemble einfügt (Mo–Sa 8–12, So 15.30–18.30 Uhr).

Schönster privater Stadtpalast ist der **Palazzo Biscari** (3), dessen mit Voluten und Rankenwerk, Figuren und Putti prangende Fassade leider nur von der verkehrsreichen Via

Der Elefant ist das Wahrzeichen Catanias

Vincenzo Bellini

Schon früh feierte der 1801 in Catania geborene Vincenzo Bellini, von seinen Verehrern »Il Cigno«, der Schwan, genannt, mit seinen Opern »Il pirata« (1827), »Sonnambula« und »Norma« (1831) Triumphe an der Mailänder Scala. Seine Musik folgt nicht dem rein auf Wohlklang und Virtuosität zielenden Belcanto-Ideal Rossinis, sondern sucht eine innigere und ausdrucksstarke Tonsprache, die später Verdi und Wagner anregte. Schon 1835, nach einem letzten großen Erfolg mit der Oper »I puritani«, starb er in seinem Pariser Domizil. 1876 überführten ihn die Catanesen in einem Trauerzug mit sechs Pferden durch ganz Italien in die Heimat. Auf seinem Grab im Dom von Catania erinnert der Anfang der Schlafwandel-Arie aus der »Sonnambula« an seinen frühen Tod: *Ah, non credea mirarti, si presto estinto, o fiore* (»Ach, ich glaubte nicht dich so bald erloschen zu sehen, oh Blüte«). Mit seiner Oper »Norma« wurde das 1890 errichtete Teatro Bellini in Catania eingeweiht. Unter einer Decke mit szenischen Darstellungen aus seinen Opern öffnen sich vier tiefe Logenreihen im dämmrigen Licht roter Lampen. In dem für seine vorzügliche Akustik berühmten Haus kommen Bellinis eindringliche Arien besonders gut zum Tragen.

Dusmet zu sehen ist. Vom Domplatz führt eine Treppe zum quirligen **Fischmarkt** hinunter (Mo–Sa Vormittag). Hier kann man eine Reise in eine unbekannte Welt der Aromen unternehmen und überall Neues, nie Gesehenes entdecken: den langen, silbrig glänzenden Degenfisch etwa oder den für das Ätnagebiet typischen violettfarbenen Blumenkohl. Der Markt zieht sich fast bis zum **Castello Ursino** (4; Di–Sa 9–13, 15–18; So/Fei 9–13 Uhr). Die staufische Zwingburg war die Antwort Friedrichs II. auf die Aufstände, die im Osten Siziliens losbrachen, als er mit den Konstitutionen von Melfi versuchte, eine zentralistische Verwaltung durchzusetzen (s. S. 26). Der quadratische Bau mit den vier Ecktürmen und kleineren, halbrunden Türmen in der Mitte der Längsseiten wurde 1669 von Lava umflossen. Der staufische Adler mit dem Lamm in den Krallen an der Eingangsseite ist für viele ein Symbol der Beziehung zwischen dem Kaiser und Catania. Heute birgt das Kastell eine Antikensammlung und eine Pinakothek mit lokalen Werken vom 16. bis zum 18. Jh. (bis Ende 2002 geschl.).

Über die unvollendet gebliebene **Piazza Mazzini** mit ihrem ringsum laufenden Bogengang gelangt man zur Piazza San Francesco, wo das

Geburtshaus des »Schwan von Catania« steht. Mit rührendem Eifer hat man im **Museo Belliniano** (5), dem Geburtshaus des Komponisten zahlreiche Erinnerungen an den großen Sohn der Stadt zusammengetragen (tgl. 9–13.30, So/Fei 9–12.30 Uhr).

Als Filmkulisse dient nicht selten die **Via Crociferi.** Zwischen dem Arco di S. Benedetto und der Villa Cerami feiert hier der catanesische Barock mit luftigen Architekturen, fantasievollen Dekorationen, kunstvollen schmiedeeisernen Balkonen und Gittern Triumphe. Jesuiten, Benediktiner und andere Orden übertrafen einander im 18. Jh. mit immer prächtiger ausgestatteten Kirchen

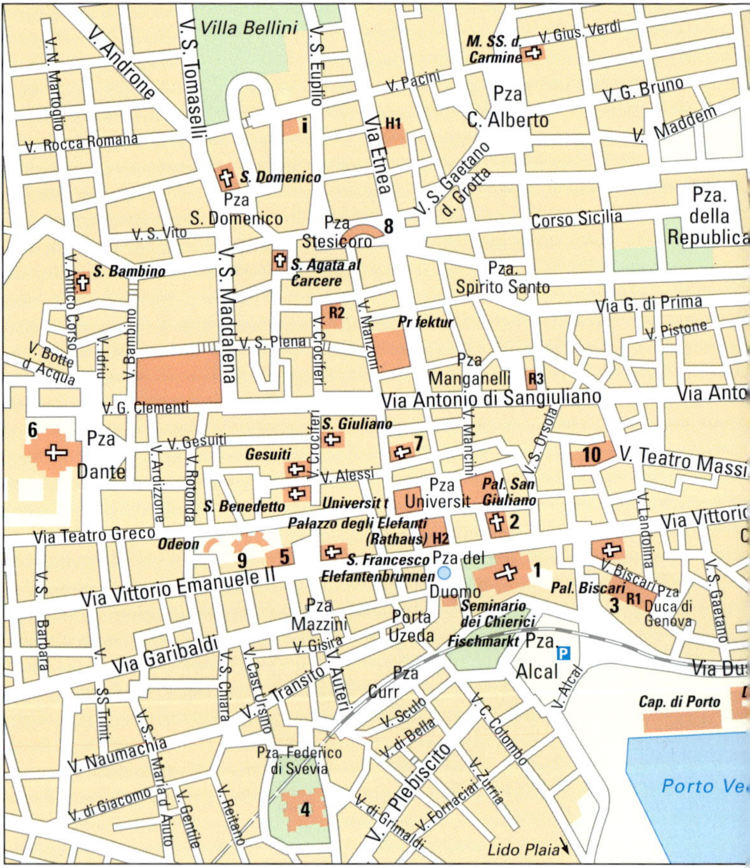

und Klöstern. Zu den eindrucksvollsten Komplexen gehören die Kirchen S. Benedetto, S. Francesco Borgia und S. Giuliano. Die größte Klosteranlage Europas sollte nach dem Erdbeben von 1693 das Benediktinerkloster **S. Nicolò l'Arena** (6) auf der hohen Piazza Dante werden (tgl. 9–13, Di/Do auch 15–18 Uhr).

Doch die monumentale Klosterkirche S. Nicolò wurde nie vollendet, die wuchtigen Säulenstümpfe vor der Fassade ragen ins Leere. Von der geplanten Pracht zeugen der Meridian im Querschiff, auf den früher Punkt 12 Uhr die Sonne fiel (heute erst um 12.13 Uhr, weil Sizilien allmählich nach Süden driftet), und die große Orgel aus dem 18. Jh. Einen grandiosen Rundblick bis zum Ätna und zum kalabresischen Gebirge Aspromonte genießt man vom Dach der Kirche. Die ehemalige Klosteranlage mit reicher Barockdekoration und zwei hübschen Kreuzgängen beherbergt heute die geisteswissenschaftliche Fakultät. Schmuckstück ist der Majolikafußboden (18. Jh.) der Sala Vaccarini in der Bibliothek.

Am Domplatz beginnt die schnurgerade **Via Etnea.** In der Ein-

Catania

1 Dom
2 Santa Agata
3 Palazzo Biscari
4 Castello Ursino
5 Museo Belliniano
6 San Nicolò L'Arena
7 Collegiata
8 Amphitheater
9 Römisches Theater
10 Teatro Bellini

Hotels:

H1 Central Palace
H2 Savona

Restaurants:

R1 Cantine del Cugno Mezzano
R2 Metrò
R3 Trattoria Casalinga

kaufs- und Flaniermeile der Stadt locken zahlreiche Cafés und Konditoreien, wie das Caprice (Nr. 34), das Savia (Nr. 302) oder das historische Spinella (Nr. 300) mit Mandelgebäck, Eisspezialitäten und den *minne di Sant'Agata,* Miniaturausgaben der berühmten *cassata siciliana.* Mit Blick auf den Ätna öffnet sich gleich hinter dem Rathaus die großzügige, von Adelspalästen gesäumte **Piazza dell'Università,** die wie der Innenhof der Universität – der ältesten und lange Zeit einzigen Siziliens – von Vaccarini gestaltet wurde. Zu den spektakulärsten Kirchenfassaden gehört die spätbarocke Fassade der **Collegiata** von 1768 (7; 8–12, 16.30–19.30 Uhr). Die zweigeschossige Front, in der dunkle Säulen mit weißen Lisenen wechseln, wird von einem zentralen Campanile abgeschlossen.

An der Piazza Stesicoro wird man in die antike Vergangenheit der Stadt eingeführt. Das nur zum Teil ausgegrabene lavaschwarze **Amphitheater** (8), das bis zu 15 000 Zuschauer aufnehmen konnte, zeugt von der Blüte der Stadt während der römischen Kaiserzeit (tgl. 9–13, 15 Uhr bis eine Std. vor Sonnenuntergang). Weitere Zeugnisse dieser Epoche findet man übrigens westlich der Via Crociferi, wo Archäologen ein **römisches Theater** (9) für 7000 Menschen und ein **Odeon** mit 1500 Sitzplätzen ausgruben (wegen Restaurierung z. Zt. geschl.).

Weiter entlang der Via Etnea erreicht man den gepflegten Park der **Villa Bellini** mit schöner Aussicht auf den Ätna und die Stadt sowie einer kleinen Eisenbahn für Kinder. Im **Botanischen Garten** laden uralte Johannisbrotbäume, Manna-Eschen, Zwergpalmen und Nébrodi-Tannen zu einem Spaziergang durch die sizilianische Pflanzenwelt ein (Mo–Sa 9–13 Uhr).

Unmittelbar südlich von Catania beginnt die fruchtbare Schwemmlandebene der **Piana di Catania,** eines der wirtschaftlich florierendsten Gebiete Siziliens. Nach seiner Trockenlegung Anfang der 1950er Jahre verwandelte sich das einst malariaverseuchte Gebiet in einen riesigen Agrumengarten. In einem Meer dunkelgrüner Blätter reifen Orangen, Zitronen und Mandarinen. Der Wolkensammler Ätna sorgt für gerade genug Regen, die gelben, dieselbetriebenen Windräder verwirbeln die oberen und unteren Luftschichten, sobald die Temperatur sich dem Gefrierpunkt nähert, was selbst auf Sizilien dann und wann passieren kann.

AAPIT, Via Domenico Cimarosa 10/12, Tel. 095 73 06 222/233, Fax 095 31 64 07, tgl. 9–19 Uhr, www.apt-catania.com (ital., engl.). Hier gibt es auch das wöchentliche Infoheftchen *Lapis* mit aktuellem Veranstaltungskalender.

Central Palace, Via Etnea 218, Tel. 095 32 53 44, Fax 095 715 89 39; angenehmer 70er Jahre-Bau mit Wintergarten und guter Küche, ruhige Zimmer zum Innnenhof; ÜF ca. 125 €.
Savona, Via Vittorio Emanuele 210, Tel. 095 32 69 82, Fax 095 71 581 69; kleines, frisch renoviertes Hotel nur wenige

Auf dem Fischmarkt von Catania

Meter vom Domplatz, ruhige Zimmer nach hinten verlangen; ÜF ca. 75 €.

Cantine del Cugno Mezzano, Via Museo Biscari, 8, Tel 095 725 87 10, So und Sa mittags geschl.; innovative und unprätenziöse Regionalküche in historischem Palazzo, gut sortierter Weinkeller; moderat. **Metrò,** Via dei Crociferi 76, Sa und So mittag geschl.; Osteria-Küche mit angeschlossener *Enoteca*. **Trattoria Casalinga,** Via Biondi 19, (im Sommer nur mittags, So und im Aug. geschl.); der Name ist Programm: beste Hausmannskost. Probieren Sie die *pasta alla Norma* oder die gefüllten Schwertfischröllchen; moderat.

Im 10 km entfernten **Acicastello** (Via Vampolieri 66) öffnet zwischen Juni und Sept. eine der schönsten Open-Air Discos Süditaliens ihre Pforten: das **Banacher** mit Pool und endloser Bartheke.

An der Zyklopenküste

Mythen und Legenden ranken sich um die **Riviera dei Ciclopi.** Das kann man schon an den Ortsnamen erkennen: Fast alle beginnen mit der Vorsilbe *Aci-,* eine Erinnerung an die Geschichte von Akis und Galathea. Galathea war eine schöne Nymphe, die der am Ätna hausende Polyphem vergeblich umwarb. Als sie sich in den Hirtenjungen Akis verliebte, raste der einäugige Zyklop vor Eifersucht und erschlug ihn mit

Acireale ▷

einem Lavabrocken. Doch die Götter hatten Mitleid und verwandelten den Sterbenden in einen Fluss, so dass sich die Liebenden im Meer wieder vereinen konnten. So jedenfalls erzählt es Ovid in seinen »Metamorphosen«. Vermutlich spielt der Mythos auf einen gewaltigen vorgeschichtlichen Vulkanausbruch an, bei dem der Ätna (Polyphem) selbst Flüsse unter sich begrub.

Tatsächlich ist die fruchtbare Küste vorwiegend vulkanischen Ursprungs. Noch vor der Entstehung des Ätna hob sich der klotzige Basaltfelsen von **Aci Castello** aus dem Meer. An seiner Südseite erkennt man noch die konzentrisch angeordnete, kissenartige Pillow-Lava, die sonst nur in Island oder Neuseeland zu beobachten ist, deutlicher Hinweis für einen unterseeischen Vulkanausbruch in nicht allzu großer Tiefe. Erst durch den Lavastrom von 1169 wurde der freistehende Felsen mit dem Festland verbunden und verlor damit seine strategische Bedeutung. Das einstige Normannenkastell beherbergt heute das Museo Civico mit einer interessanten Mineraliensammlung und archäologischen Abteilung (tgl. 9–13, 15–17 Uhr, im Sommer nachmittags 17–19.30 Uhr).

Aus dieser frühen Vulkantätigkeit stammen auch die malerischen Zyklopen-Inseln vor **Aci Trezza.** Dem Mythos zufolge soll sie Polyphem Odysseus hinterhergeschleudert haben, nachdem dieser ihn geblendet hatte und durch eine List seiner Höhle entkommen war. Bis zu 70 m ragen die Inseln säulenartig aus dem Meer empor. Mit gecharterten Fischerbooten kann man sich den Inseln und ihren interessanten Lavaformationen nähern, betreten darf man sie allerdings nicht. Berühmtheit erlangte der Ort durch den Schriftsteller Giovanni Verga, der mit der schicksalhaften Geschichte einer sizilianischen Fischerfamilie in seinem Roman »Die Malavoglia« hier ein Stück Weltliteratur ansiedelte. Im Parco Letterario Verga werden Besucher zu Fuß oder mit dem Boot an die Schauplätze des Romans gebracht und von Laiendarstellern in die Welt der Malavoglia eingeführt (Führungen nur für Gruppen, Individualreisende können sich anschließen; auch auf Englisch und Französisch, Voranmeldung erforderlich: Tel. 0 95 7 11 69 50, Fax 0 95 7 11 71 47). Ein verschlafenes Fischerdorf ist Aci Trezza allerdings schon lange nicht mehr. Inzwischen hat auch hier der Badetourismus Einzug gehalten. Die Nähe zu Catania zieht zudem auch immer mehr Pendler an, was zu einer starken Zersiedlung der Landschaft führt. Dennoch laufen in der kleinen Werft des Fischereihafens von Aci Trezza noch immer die traditionellen Fischkutter vom Stapel, und zwischen 3 und 6 Uhr morgens wird auf dem täglichen Fischmarkt gestenreich um den besten Fang gefeilscht, wenn er nicht gleich in einem der vielen guten Fischlokale landet. Zu Ehren des Stadtpatrons S. Giovanni findet am 24. Juni das Fest *U pisci a mari* statt, bei der die Fischer im Hafenbecken eine Schwertfischjagd nachstellen, bei der der Fisch wird von einem Menschen dargestellt wird.

Nur 5 km weiter liegt auf einer Lavaterrasse hoch über dem Meer das lebendige Kurstädtchen **Acireale.** Bereits von den Römern wurde es wegen seiner schwefelhaltigen Quellen als Thermalbadeort genutzt. Die gut erhaltene Altstadt verdankt ihr barockes Gepräge der wirtschaftlichen Blütezeit im 17. Jh. Ein wahres Juwel ist die überreich dekorierte Kirche des Stadtpatrons S. Sebastiano mit ihrer Einturmfassade. Die zentrale Piazza Duomo säumen der Dom mit der neugotischen Fassade, die barocke Säulenfassade der Basilica dei S. S. Pietro e Paolo und der Palazzo Comunale mit seinen schönen schmiedeeisernen Balkonen, deren Konsolen Fabelwesen stützen. Über die nahe Via Cavour erreicht man die Biblioteca Zelantea, Zeugnis des reichen kulturellen Lebens der Stadt (Mo–Fr 9–12.30, 15–18.30 Uhr). Neben einer Pinakothek von lokaler Bedeutung birgt sie den berühmten »Caesar von Acireale«, eines der schönsten Bildnisse des römischen Kaisers.

Einen Bummel lohnt der **Corso Umberto** mit seinen zahlreichen Geschäften und guten Eisdielen, die daran erinnern, dass aus dieser Gegend der *gelato* seinen Siegeszug um die Welt antrat. Der Eiskonditor Francesco Procopio de' Coltelli, der 1686 im Quartier Latin in Paris das Eiscafé Procope eröffnete, stammte aus Aci Trezza. Am Ende der Straße genießt man von der Villa Belvedere einen schönen Blick auf den Ätna und das Meer. Ein wogendes Blättermeer bilden die ausgedehnten Südfruchtplantagen rund um den Ort. Ein Großteil der hier angebauten Zitronen wird nach Deutschland exportiert. Berühmt ist Acireale auch für den Karneval, der mit seinen farbenprächtigen Umzügen alljährlich Tausende von Menschen anzieht.

AAST Catania e Acicastello, Catania, Corso Italia 302, Tel. 095 37 30 84, Fax 095 37 30 72; Mo–Fr 9–13, Di/Do auch 15–18 Uhr; **APT Acireale,** Via Oreste Scionti 15, Tel. 095 89 21 29, Fax 095 89 31 34, Mo–Fr 8–14, Di/Do auch 16–19 Uhr.

Aci Trezza: Cambusa del Capitano, Via Marina 65, Mi geschl.; charakteristisches Fischerlokal; moderat. **S. Maria La Scala (Acireale): Trattoria Don Giovanni,** Via Scalo Grande 68, Mo geschl.; von Einheimischen geschätzte Trattoria mit guten Fischgerichten; moderat. **Acireale: La Brocca d'u Cinc'oru,** Corso Savoia 49a, So abend und Mo geschl. im Sommer im Camping La Timpa in Santa Maria della Scala; elegantes Lokal mit ausgezeichneter, bodenständiger Küche in der Nähe des Doms; probieren Sie die Auberginentorte!; moderat

Auf den Ätna

17.4.02

Ignorieren kann man ihn nicht. Rauchend, grollend und Steine werfend macht der Ätna seit Jahrtausenden auf sich aufmerksam, zuletzt im Jahre 2000 durch heftige Lavafontänen

Blick in die Unterwelt: Ätnakrater

am Südostkrater. Wie nur an wenigen anderen Orten in Europa bietet der ca. 3350 m hohe *Mongibello,* wie ihn die Einheimischen nennen, das Schauspiel eines aktiven Vulkans. Seine mystische Ausstrahlung verdankt er seiner Lage. Einsam erhebt er sich aus den Ufern des Ionischen Meeres, umflossen vom Simeto im Westen und Süden und dem Alcántara im Norden. Weithin sichtbar ragt seine ebenmäßige Silhouette in den Himmel. Seine fruchtbaren Flanken sind mit hunderten von Dörfchen und bäuerlichen Ansiedlungen besetzt. Das Dreieck Nicolosi–Acireale–Ätna gehört mit 1200 Einwohnern pro km^2 zu den dichtestbesiedelten Gebieten Siziliens. Wo sich einst todbringende Lavaströme ergossen, hat sich nach Jahrhunderten dank des mineralhaltigen Bodens die Vegetation mit doppelter und dreifacher Intensität wieder zurückgemeldet. Um den Ätna reifen Mandarinen und Pfirsiche, Mandeln, Feigen und Pistazien, Oliven und Trauben, in höheren Lagen Haselnüsse und Edelkastanien. Getreidefelder und Weinberge reichen bis zu einer Höhe von ca. 1500 m. Bis auf ca. 2000 m erstreckt sich die Waldregion mit immergrünen Kiefern- und sommergrünen Kastanien-, Buchen-, Eichen- und Birkenwäldern sowie dem typischen Ätnaginster. Wacholder- und Sauerdornsträucher, Trockengräser, verschiedene Veilchenarten, Flechten und Moose prägen das Landschaftsbild bis auf ca. 2500 m. Jenseits dieser Grenze liegt eine vegetationslose Lavawüste. Als Reliktpflanze aus dem wärmeren Erdzeitalter des Tertiär hat sich die zu Kolonisation des Lavabodens genutzte Panzerföhre erhalten.

Doch jeden Tag kann der Häuser und Felder fressende Feuerstrom wieder ausbrechen. Zwar besteht dank eines ausgeklügelten Früh-

warnsystems keine Lebensgefahr, doch ein Ausbruch aus einem der vier Gipfelkrater oder der über 200 Flankenkrater kann außer manchem illegal errichteten Wochenendhäuschen auch die Existenzgrundlage der hier lebenden Menschen innerhalb kürzester Zeit auslöschen. Mit bis zu 10 m pro Sekunde und einer Austrittstemperatur um 1000° C quillt die flüssige Glut aus dem Krater. Unberechenbar ist ihr Weg. Immer wieder haben die Menschen versucht, den Strom zu kanalisieren. Als beim großen Ausbruch 1991/92 das Dorf **Zafferana Etnea** bedroht war, griffen die Vulkanologen zu Dynamit, gruben Ingenieure Kanäle und schütteten Erdwälle auf, um dem Strom eine andere Bahn aufzuzwingen. Schließlich versuchte man, ihn mit Zementblöcken zu zerteilen. Und die Menschen von Zafferana vertrauten dem Beistand

Ätna – Berg der Mythen

Unzählig wie seine Lavaströme sind auch die Mythen, die sich um den Ätna ranken. Wie hätte man sich in der Antike auch Rauchsäulen und Lavafontänen erklären sollen, wenn nicht durch etwas Übernatürliches, Göttliches. Es entstanden Mythen, die auch mit unserer Kenntnis von Hot-Spots und Plattentektonik nichts an Faszination verloren haben.

So erzählten sich die Griechen, Göttervater Zeus habe unter dem Ätna den 100-köpfigen Riesen Typhon festgesetzt, der vor Wut bis zum heutigen Tage Rauch und Glut schnaube. Auch Schmiedegott Hephaistos, der die Blitze für Zeus schmiedete, unterhielt hier seine Werkstatt. Jedesmal, wenn er die Glut anblies, wurde der Ätna aktiv. Am Lago di Pergusa bei Enna soll Hades, der Gott der Unterwelt, auf der Suche nach einer Gattin Persephone, die Tochter der Fruchtbarkeitsgöttin Demeter, entführt haben. Verzweifelt über ihr Verschwinden entzündete Demeter am Feuer des Ätna eine Fackel, um sie auch bei Nacht zu suchen.

Mosaiken in der Villa del Casale bei Piazza Armerina (s. o.) zeigen den Abenteurer Odysseus, der während seiner zehnjährigen Irrfahrt am Ätna auf den einäugigen Zyklopen Polyphem traf. Mit seinen tapfersten Gefährten drang er in die Höhle des Riesen und forderte Gastfreundschaft. Doch dieser verschloss mit einem gewaltigen Felsen die Höhle und begann, jeden Tag einige der Eindringlinge zu verzehren. Der listenreiche Odysseus betäubte ihn schließlich mit starkem Wein und brannte ihm mit einen glühenden Holzspeer das einzige Auge aus. Als am nächsten Tag der blinde Polyphem den Felsen vom Eingang rollte, um seine Schafe zu weiden, konnten Odysseus und seine Gefährten versteckt unter den Schafen aus der Höhle entkommen.

der Madonna und organisierten Marienprozessionen. Als der Lavafluss Anfang Juni 1992 nur 700 m vor dem Ort zum Stehen kam, verbuchte es jeder als seinen Erfolg. Doch letztlich hatte der Ätna selbst dem ganzen Spuk ein Ende bereitet. Heute markiert eine Marienstatue am Rande von Zafferana Etnea (braune Hinweisschilder *Colata lavica 1992*) die Grenze des Lavastroms. In das erkaltete Gestein wurde bereits eine neue Straße geschlagen.

Um eine wilde Bautätigkeit und die damit einhergehende Zersiedlung der Landschaft zu verhindern (s. S. 16), wurde 1987 der knapp 60 000 ha große **Parco dell'Etna** eingerichtet. Fünf Zonen mit unterschiedlich strengen Auflagen regeln das Miteinander von Landwirtschaft und Naturschutz. Seither nisten am Ätna wieder Königsadler, und über den Lavawüsten kreisen Sperber und Falken. Naturliebhabern und Wanderern stehen zahlreiche markierte Wege unterschiedlicher Schwierigkeitsgrade zur Auswahl.

Ein unvergleichliches Erlebnis bietet der **Aufstieg zum Krater.** Bei gutem Wetter kann man ihn von zwei Seiten erreichen. **Wichtig:** Bis weit in den Mai liegt in den Höhenlagen noch Schnee. Denken Sie an warme Kleidung (Windschutz!), feste Schuhe und Sonnenbrille, und unterschätzen sie den zu bewältigenden Höhenunterschied von über 3000 m nicht.

Die **Südflanke** erreicht man von Catania aus am besten über **Nicolosi,** das »Tor zum Ätna«. Aus den nahen Eruptionskegeln der Monti Rossi begann 1669 ein verheerender Ausbruch, der 122 Tage dauerte und 13 Dörfer zerstörte, bis der Lavastrom sich schließlich den Weg durch Catania hindurch bahnte und ins Meer ergoss. 1983 durchschnitt glühende Lava die Straßenverbindung zur Talstation beim Rifugio Sapienza. Heute führt eine neue, gut ausgebaute Straße in breiten Windungen durch die schwarzen Lavamassen wieder hinauf. An das, was darunter begraben liegt, erinnert nur noch das ziegelrote Dach eines Hauses, das aus dem erstarrten Meer aus Stein ragt.

Vom touristisch perfekt organisierten **Rifugio Sapienza** (1927 m) mit den begehbaren Crateri Silvestri von 1892 in unmittelbarer Nähe gelangt man mit einer Kabinenseilbahn und geländegängigen Bussen zu den Lavaströmen der Jahre 1999/2000 auf ca. 2700 m Höhe. Ein kurzer Spaziergang führt zu Fumarolen am Fuße des Kraters. Der Aufstieg zum eigentlichen Kraterrand wird wegen möglicher Dampfaustritte sowie Aschen- und Schlackenwürfe immer wieder untersagt. Doch allein die mit kleinen runden Steinen, den so genannten »Lapilli«, übersäte Mondlandschaft lohnt einen Aufstieg. Eine echte Überraschung: Tausende von Marienkäfern, die sich wärmesuchend unter den Steinen verstecken. In der Ferne grollt und raucht es aus dem Kraterschlund. Kein Wunder, dass die Menschen um diese Urgewalt Mythen und Legenden spannen.

Ein anderer Zugang zur Gipfelregion besteht an der weniger überlaufenen Nordflanke. Von Linguaglossa gelangt man durch einen uralten Föhrenwald zum **Piano Provenzana.** Mit grandiosen Ausblicken erreicht man in Jeeps oder zu Fuß eine Höhe von ca. 3100 m.

Im Winter tummeln sich an beiden Seiten Skiläufer und Loipengänger. Sie finden hier vielleicht nicht die perfekte Infrastruktur eines Schweizer Wintersportorts, aber wo kann man schon vor einer rauchenden Vulkankulisse, mit Blick aufs Meer, die Pisten hinunterschwingen?

Naturlehrpfad »Monte Nero degli Zappini« (4 km): Zwischen Nicolosi und dem Rifugio Sapienza folgt man der Ausschilderung Grande Albergo dell'Etna und kann dann unterhalb des Rifugio verschiedene Lavaformationen und -phänomene betrachten. **Naturlehrpfad »Monte Zoccolaro«** (266 m Höhenunterschied, 2 km): zwischen dem Rifugio Sapienza und Zafferana Etnea führt links eine Straße zum Monte Pomiciaro; Ausgangspunkt Piazzale Belvedere; der Weg führt durch Edelkastanienwälder, Apfelhaine und alte Buchenwälder, am Ende spektakulärer Blick auf die Valle del Bove mit den Lavaströmen des Ausbruchs von 1991/92. Eine **leichte Rundwanderung** (4 km) führt an der Nordostflanke zu den Lateralkratern der Monti Sartorius. Der Weg verläuft durch Stauden von Ätnaginster und endemischen Birkenwäldern zum 8 km langen Lavastrom von 1865. Ausgangspunkt kurz vor dem Rifugio Citelli auf der Panoramastraße Mareneve.

Rund um den Ätna

Die landschaftliche Vielfalt des Ätna und die interessanten Dörfer an seinen Flanken entdeckt man am besten bei einer Fahrt rund um den Vulkan. Warum nicht mit der **Circumetnea,** einer Schmalspurbahn aus den 50er Jahren? Die Fahrt beginnt im Dorf Giarre und dauert dreieinhalb Stunden. Den höchsten Punkt erreicht man beim Pistaziendorf Bronte (760 m). Die Fahrt kann man beliebig unterbrechen. In Giarre hat man Anschluss Richtung Catania oder Messina.

Reizvoll ist auch eine Umfahrung mit dem Auto (150 km). Von Catania, dessen Arme bereits auf die umliegenden Ortschaften ausgreifen, nimmt man zunächst die SS 121. In **Motta S. Anastasia** stößt man auf das erste zinnengekrönte Normannenkastell, das Roger I. zur Sicherung des gerade eroberten Catania Ende des 11. Jh. erbauen ließ (Mo–Fr 9–12.30 Uhr). Geologisch interessant ist der Lavafluss, auf dem das Kastell errichtet wurde. Vor allem an der Südseite kann man deutlich die charakteristische Säulenlava erkennen. Vermutlich handelt es sich um den mit Lava gefüllten Schlot eines Mini-Vulkans.

Erst seit kurzem ist das kubische Normannenkastell des Städtchens **Paternò** wieder zugänglich (Di–Fr 9.15–12.45, 15.15–18.45 Uhr, Sa/So nur vormittags). Vom gut erhaltenen Inneren mit Waffensaal und Kapelle gelangt man auf die Terrasse, von der man einen schönen

Das grüne Gold von Bronte

Ein traditioneller Wirtschaftszweig in der Gegend um Bronte und Adrano ist der Pistazienanbau. Von den Arabern im 10. Jh. eingeführt, hat sich die Echte Pistazie vor allem an der westlichen Flanke des Ätnas ausgebreitet, und zwar in Gebieten, die wegen ihrer schlechten Bodenbeschaffenheit meist brachlagen. Der sommergrüne Baum, der keine großen Ansprüche stellt, fand hier seinen idealen Boden und zeigte sich auch widerstandsfähig gegen sommerliche Trockenheit und winterliche Kälte.

Die Pistazienhaine von Bronte und Adrano erzeugen heute über 90 % der sizilianischen Gesamtproduktion. Ein Hektar Anbaufläche bringt 4 bis 5 Doppelzentner Pistazien. Die Ernte findet gegen Ende August statt. Allerdings ermöglicht der Lavaboden nur jedes zweite Jahr eine vollwertige Ernte. Anders als in Asien werden die Früchte hier nicht gesalzen gegessen, sondern werden zu Kuchen, Konfekt und Speiseeis verarbeitet. Eine Spezialität der Gegend ist Pasta mit Pistaziensauce.

Wie vielfältig Pistaziengebäck sein kann, lässt sich in Bronte in der Bar Tartufo (Via V. Emanuele 38, Mo Ruhetag) am eigenen Gaumen erfahren.

Rundblick auf den Ätna und die weiten Orangenplantagen und Tomatenanpflanzungen, den Haupterwerbszweig der Stadt, genießt.

Zu den ältesten Ätnadörfern zählt das hübsche **Adrano,** dessen Spuren bis in die Jungsteinzeit und die sikulische Frühzeit reichen. Von der griechischen Gründung *Adranons* durch den syrakusanischen Herrscher Dionysios I. um 400 v. Chr. zeugen die Mauern aus riesigen Lavablöcken am Rande des Stadtzentrums. Die reichen archäologischen Funde, darunter die Terrakottabüste einer sikulischen Göttin (5. Jh. v. Chr.), beherbergt das imposante Normannenkastell (tgl. 9.30–13, 15–18 Uhr,

Unwirtlich wirkt die Landschaft am Ätna

im Sommer 16–19 Uhr). Lavasäulen aus dem antiken Adranon-Tempel stützen das Mittelschiff der benachbarten Chiesa Madre. In normannischer Zeit liegt auch der Ursprung des Benediktinerklosters S. Lucia, dessen Kirchenfassade nach dem Erdbeben von 1693 von Stefano Ittar im Barockstil wiederaufgebaut wurde. Ein schönes Zeugnis mittelalterlicher Architektur ist der **Ponte dei Saraceni,** die »Sarazenenbrücke«, die sich 4 km nordwestlich von Adrano in weiten Bögen über den Simeto spannt. Ein Spazierweg führt an seinem Ufer entlang nach Norden zu den pittoresken **Gole del Simeto,** die wie die Alcántara-Schlucht durch einen vom Wasser ausgewaschenen Lavafluss entstanden.

Auf den Weg nach **Bronte** weichen die Agrumenplantagen allmählich Feigen-, Oliven- und vor allem Pistazienpflanzungen. Die heutige Stadtanlage entwickelte sich ab der Mitte des 16. Jh., als Bronte Verwaltungszentrum für die umliegenden Weiler wurde. Die meisten Kirchen des Ortes sind von der Renaissance geprägt, nur das Collegio Capizzi am Corso Umberto, das im 18. Jh. eine berühmte Bildungsanstalt war, trumpft mit einer Rokoko-Fassade auf. Sehenswert ist auch das **Castello Maniace** (Di–So 9–13; 14.30–17 Uhr, im Sommer 15–19 Uhr), 13 km nördlich von Bronte. Seinen Namen verdankt es dem byzantinischen General Maniakes, der am Schauplatz seiner siegreichen Schlacht gegen die Sarazenen im Jahre 1040 ein Benediktinerkloster errichten ließ. Ende des 18. Jh. ging die mehrmals wieder aufgebaute Anlage in den Besitz des Admirals und Lebemanns Lord Nelson über. Der Bourbonenkönig Ferdinand IV. hatte ihn als Dank für seine Hilfe bei der Niederschlagung der »Parthe-

nopäischen Republik« (s. S. 28) 1799 zum Herzog von Bronte ernannt und ihm das Schloss geschenkt. Heute ist es nach umfassenden Restaurierungsarbeiten wieder zu besichtigen. Sehenswert ist neben dem gepflegten englischen Garten vor allem die kleine Kirche mit ihrem spitzbogigen Portal und den fein gearbeiteten figürlichen Kapitellen aus spätnormannischer Zeit.

Auf dem Weg in die »Hölle von Randazzo«, wie der sizilianische Schriftsteller Lampedusa das Ätnastädtchen wegen seines extremen Klimas – schwüle Sommer, regenreiche Winter – nannte, durchquert man den mächtigen Lavafluss von Santa Venera mit seiner typischen Pahoehoe-Lava, auch Schollen- oder Stricklava genannt. Trotz seiner Nähe zum Ätnakrater blieb das lavaschwarze Städtchen **Randazzo** bisher von Ausbrüchen verschont. Große Schäden richteten dagegen die Bombardements des Zweiten Weltkriegs an, als hier die letzten Kämpfe zwischen Deutschen und Alliierten stattfanden. Dennoch lohnt ein Spaziergang durch die hübsche Altstadt mit den mittelalterlichen Bogengängen der Via degli Archi und den drei mächtigen Pfarrkirchen. Bis weit ins 20. Jh. repräsentierten sie die drei verschiedenen Völkerschaften – Lombarden, Latiner und Byzantiner –, die sich im Laufe der Zeit in drei verschiedenen Vierteln angesiedelt hatten. Besonders schön ist die normannische Kathedrale Santa Maria mit ihren mächtig aufragenden Apsiden. Die neugotische Fassade und der Campanile stammen aus dem 19. Jh. Reich ausgestattet ist die Kirche San Martino mit dem schön erhaltenen Campanile aus dem 13. Jh. Madonnen aus der Gagini-Schule und ein Flügelaltar mit Szenen aus dem Marienleben, der Antonello da Saliba zugeschrieben wird, schmücken das Innere. Im staufischen Kastell gegenüber ist das Archäologische Museum Vagliasindi untergebracht mit vorgeschichtlichen, griechischen und byzantinischen Zeugnissen (vor allem Keramik und Münzen) und einer kleinen Marionettensammlung (tgl. 9–13, 15–19, im Sommer 16–20 Uhr). Ein Pflichthalt gebührt der Pasticceria Santo Mususmeci und ihrem herrlichen Gebäck aus Pinienkernen, Haselnüssen und Pistazien (Piazza Santa Maria 9–10).

Wie nah Lava-Ödnis und Fruchtbarkeit zusammenliegen, zeigt sich östlich der Stadt. Kurz nachdem die Straße den Lavafluss von 1981 mit teils scharfzackigen, teils losen Lavabrocken gequert hat, passiert sie die Rebhänge des hier angebauten Solicchiata-Weins – und wenig später den einzigen Golfplatz Siziliens. Vom beschaulichen **Linguaglossa,** das seinen Namen vermutlich einer großen Lavazunge verdankt, führt die Straße »Mareneve« nach Piano Provenzana an der Nordflanke. Informative Anlaufstelle ist die *Pro Loco* des Ortes mit einem kleinen Heimatmuseum. Bevor man wieder zur Küste zurückkehrt, lockt ein Abstecher zur paradiesischen Flusslandschaft **Riserva Fiumefreddo** (Beschilderung »Marina di Cottone«; Okt.–April 8.30–16.30 Uhr, Mai–Sept. 9–18 Uhr). Der Fluss entspringt an der nordöstlichen Flanke des Ätna, verschwindet aber sogleich unter die wasserdurchlässige Lavadecke, um erst nach knapp 40 km in der Ebene wieder aufzutauchen. An den Ufern des eiskalten Flusses hat sich eine faszinierende Wasserflora angesiedelt. Neben Hahnenfußgewächsen, Wasserlilien und Zitterpappeln wachsen hier auch Papyrusstauden, die sonst nur in Afrika vorkommen.

i **Ente Parco Regionale dell'Etna,** Nicolosi, Via Etnea 107, Tel. 095 91 45 88, Fax 095 91 47 38, Mo–Fr 8–14, Mi auch 15.30–18.30 Uhr, www.parks.it/parco.etna/index.html (engl.). Sehr hilfreich und informativ ist die an den Talstationen erhältliche Karte des TCI »Parco dell'Etna - Guida turistica« (ital./engl.). Ständig aktualisierte Informationen über den Ätna und andere sizilianische Vulkane findet man auf der hervorragend bebilderten Website des geologischen und geophysischen Instituts der Universität Catania: www.geo.mtu.edu/~boris/STROMBOLI.html (engl./ital.)

Villa Paradiso dell'Etna**,** San Giovanni La Punta, Via Viagrande 37, Tel. 095 75 124 09, Fax 095 741 38 61; traditionsreiches Luxushotel der Belle époque mit Pool und Ätnablick; ÜF ca. 190 €. Preisgünstiger wohnen Sie im **Biancaneve***,** Nicolosi, Via Etnea 163, Tel. 095 91 11 76, Fax 095 91 11 94; ordentliche, saubere Zimmer, teilweise mit Balkon, am Stadtrand, Pool vorhanden; ÜF ca. 75 €. **Airone***,** Zafferana Etnea, Via Cassone 67, Tel. 095 708 18 19, Fax 095 708 21 42; mitten im Grünen, an der Straße zum Ätna, mit schönem Panoramablick; ÜF ca. 75 €. **Parco dell'Etna**,** Bronte, Contrada Borgonovo, Tel./Fax 095 69 19 07; kleines, familiär geführtes Chalet mit Pool an den Lavazungen von Bronte; ÜF ca. 58 €.

Rifugi mit Jugendherbergscharakter: **Hotel Ragabo,** Piano Provenzana, Strada Maraneve, tel. 095 64 78 41; einfache, aber gemütliche Zimmer, deftige Hausmannskost. **Rifugio Sapienza,** Tel. 095 780 99 66, Fax 095 91 10 62) direkt an der Talstation, **Rifugio Brunek,** Tel. 095 64 30 15 bei Piano Provenzana, **Rifugio Citelli,** Tel. 095 93 00 00; ebenfalls an der Nordflanke.

San Giovanni La Punta: Il Giardino di Bacco, Via Piave 3, nur abends außer So/Fei, Mo geschl.; sehr gute saisonale Gerichte wie Schwertfisch mit Zucchiniblüten, im Herbst natürlich Steinpilze; teuer. **Trecastagni: Uliveto,** Via Perni 4, Tel. 095 78 06 88, Mo geschl., sizilianische Küche in stimmungsvollem Ambiente; moderat. **Villa Taverna,** Corso Colombo 42, So abend und Mo geschl.; moderat. **Randazzo: Veneziano,** Via Romano 8a, So abend und Mo geschl., hier dreht sich alles um Pilze; moderat.

Antica Pasticceria Russo, Santa Venerina, Via Vittorio Emanuele 105, Di geschl.; feinstes Mandelgebäck, *mostarda di uva* (eingedickter Weinmost), *cotognata* (Quittengelee). **Carmelo La Spina,** Sant'Alfio, Via Vittorio Emanuele 8, Di geschl.; Mandelgebäck, *cannoli di ricotta.* **Wein:** Weingut des Barons Scamacca del Murgo, Santa Venerina, Tel. 095 95 36 13. Weingut Villagrande, Milo, Tel. 095 708 21 75; Wein aus biologischem Anbau von überzeugender Qualität.

Circumetnea, 5x tgl. zwischen 6 und 18 Uhr; Bahnhof in Catania, Via Caronda 352, Tel. 095 54 12 54.

Markierte **Wanderwege** durchziehen die Flanken des Ätna. Wanderkarten sind bei der Parkverwaltung erhältlich; weitere Wegbeschreibungen unter deren Website, auch engl. An beiden Flanken gibt es zuverlässige Alpinführer. **Wintersport:** Skischulen mit Ski, Snowboard- und Carvingverleih an beiden Flanken; 4 Schlepplifte und eine Seilbahn bei Nicolosi (von 1920 m auf 2620 m Höhe; Pistennetz 20 km), 5 Lifte an der Nordflanke (bis auf 2330 m Höhe, Pistennetz 7 km); Langlaufloipen beim Rifugio Citelli. **Golf:** 18-Loch Golfplatz mit Ätnakulisse in Castiglione della Sicilia (mit Hotel und Ausrüstungsverleih, Via Picciolo 1, SS 120, km 200, Tel./Fax 0942 98 62 52.

Syrakus und der Südosten

Syrakus

Das Feuchtgebiet Vendicari

Die geheimnisvollen Schluchten der Hybläischen Berge

Noto

Modica

Ragusa

Syrakus, Porto Grande

Syrakus und der Südosten Siziliens

Der Archäologische Park von Syrakus • 2700 Jahre Geschichte auf Ortygia • Die Nekropole von Pantálica • Reste bäuerlicher Vergangenheit in Buscemi • Üppige Barockbauten in Noto, Modica und Ragusa • Das Vogelparadies Vendicari und die Schluchten von Cava Grande und Cave d'Ispica

Antike Weltstadt Syrakus

16.4.02

»Dass Syrakus die größte unter den Griechenstädten und die schönste von allen sei, habt ihr oft gehört. Es ist so, wie man sagt.« (Cicero)

Auf der Suche nach einem besseren Leben ließen sich im Jahr 734 v. Chr. Griechen aus Korinth in einer bereits existierenden Sikulersiedlung auf der Insel Ortygia und bald darauf auch auf dem Festland nieder. Zwei große Naturhäfen, eine Süßwasserquelle und fruchtbares Hinterland versprachen Sicherheit und die Versorgung mit allem, was zum Leben nötig war. Die politische Macht lag zunächst in den Händen der Aristokratie. Um 500 v. Chr. entwickelte sich in Syrakus wie in vielen anderen griechischen Kolonien die dauerhafte Alleinherrschaft eines Tyrannen. Einer der ersten war Gelon (485–478 v. Chr.). Er unterwarf die umliegenden Dörfer, siedelte die Bevölkerung um und streckte seine Arme immer weiter nach Westen, in phönizisches Einflussgebiet, aus. So entwickelte sich der Stadtstaat zu einem mächtigen Territorialstaat. Seine Blütezeit begann um 480 v. Chr., nachdem Syrakus im Bündnis mit den Orten *Gela* und *Akragas* bei *Himera* an der sizilianischen Nordküste einen entscheidenden Sieg über das karthagische Heer errungen hatte. Zehntausende von Phöniziern gerieten in Gefangenschaft, riesige Schätze wurden erbeutet. Damit ließ Gelon auf Ortygia einen Siegestempel zu Ehren der Göttin Athena errichten.

Unter seinem Bruder Hieron (478–467 v. Chr.) entwickelte sich die Stadt zum Musenhof der griechischen Welt. Von ihrem immensen Reichtum kündeten Schatzhäuser in Delphi und Olympia, die die Begehrlichkeit der Athener weckten. 413 v. Chr. starteten diese ihre »Sizilische Expedition«, die mit einer katastrophalen Niederlage im Großen Hafenbecken von Syrakus endete. Zur unbestrittenen Herrscherin auf Sizilien und Großstadt mit fast einer halben Million Einwohnern – Athen besaß gerade 400 000 – wurde Syrakus unter dem Strategen Dionysios I. (405–367 v. Chr.). Er ging als Sinnbild des eiskalten und machtbesessenen Tyrannen in die Geschichte ein, zahlreiche Legenden ranken sich um ihn. Sein goldenes Bett soll der argwöhnische Herrscher mit einem Graben umgeben haben, und als der Höfling Damokles ihn einmal als den glücklichsten unter den Menschen pries, ließ Dionysios über seinem Platz bei Tisch ein Schwert aufhängen, das nur an einem Pferdehaar befestigt war, um ihm zu demonstrieren, dass ein Tyrann in ständiger Gefahr schwebe.

Nach vielen schwachen Nachfolgern erlebte die Stadt unter Hieron II. (275–215 v. Chr.) eine letzte Blüte. Er zog zahlreiche Künstler und Gelehrte an seinen Hof, darunter den ebenso genialen wie sonderlichen Mathematiker Archimedes (287–212 v. Chr.), der die Hebelgesetze formulierte, die Wasserschraube (»Archimedische Schraube«) zum Emporpumpen von Wasser erfand und die Formel des Körpervolumens entdeckte. Eine Anekdote erzählt, er habe im Badebecken bemerkt, dass das überlaufende Wasser dem Volumen seines Körpers entsprach und sei daraufhin mit dem Ruf »Heureka!« (Ich hab's gefunden) nach Hause gestürmt.

Nach dem Ersten Punischen Krieg der Römer gegen die Karthager (264–241 v. Chr.) war es Hieron II. noch gelungen, die Selbstständigkeit Ostsiziliens zu erhalten, doch im Jahr 212 v. Chr. eroberten die Römer die Stadt. Zwei Jahre hatte die Belagerung gedauert, und Archimedes hatte mit raffinierten Verteidigungsmaschinen wie Katapulten, Kranen und Brennspiegeln dazu beigetragen, die Stadt so lange zu halten. Als die Römer die Stadt schließlich doch einnahmen, malte er gerade geometrische Konstruktionen in den Sand vor seinem Haus und habe einem heranstürmenden Soldaten – so erzählt man jedenfalls – ärgerlich zugerufen »Störe meine Kreise nicht« – woraufhin der Soldat sein Schwert zog und den Mathematiker tötete.

Zwar wurde Syrakus im 7. Jh. n. Chr. für kurze Zeit Hauptstadt des Byzantinischen Reiches (663–668), doch seine einstige Größe und Bedeutung erreichte es nie wieder. Zunehmend beschränkte sich die Stadt auf die Insel Ortygia. Unter spanischer Herrschaft entstanden repräsentative Adelspalazzi im gotisch-katalanischen Stil und zahlreiche Ordenskirchen. Nach dem Erdbeben von 1693 wurden die Bauten im zeitgemäßen Barockstil umfassend restauriert. Erst nach der Einigung Italiens dehnte sich die Stadt wieder auf das Festland aus.

Seit den 1950er Jahren entwickelte sich die ursprünglich agrarisch geprägte Provinzhauptstadt durch die petrochemischen Anlagen am Golf von Augusta zu einem der wichtigsten Industriestandorte Siziliens. Im

Syrakus (Siracusa)
1 Katakomben und Basilika di San Giovanni 2 Heiligtum der weinenden Muttergottes 3 Archäologisches Regionalmuseum 4 Quelle der Arethusa 5 Castello Maniace 6 Palazzo Bellomo (Galleria Nazionale) 7 Dom S. Maria delle Colonne 8 Palazzo Mergulese-Montalto 9 Palazzo Impellizzeri
10 Apollo-Tempel

Hotels:
H1 Grand Hotel H2 Hotel Roma H3 Domus Mariae H4 Villa Lucia

Restaurants:
R1 Darsena R2 La Foglia R3 Il Porticciolo da Piero

Dreieck Augusta-Melilli-Priolo Gargallo, dem größten Industriekonglomerat Siziliens und zweitgrößten Industriehafen Italiens, haben sich Erdölraffinerie, Methanbetriebe, Werke zur Erdgasgewinnung und Nato-Basen angesiedelt. Doch der positiven Beschäftigungslage stehen inzwischen nicht mehr zu übersehende Nachteile gegenüber. Umweltbestimmungen wurden vernachlässigt, Filteranlagen waren lange Zeit unbekannt. Seit Jahren werden auffallend viele Kinder mit Missbildungen geboren oder erkranken an Leukämie; jeder dritte Todesfall geht auf (Lungen-)Krebs zurück. Längst haben die Ärzte Alarm geschlagen und fordern eine Untersuchung durch das Gesundheitsministerium.

Stadtbesichtigung

Der Archäologische Park

Nicht nur archäologisch Interessierte versetzt der **Parco Archeologico della Neapoli** in Begeisterung (tgl. 9 Uhr bis eine Stunde vor Sonnenuntergang). Die weitläufige Anlage am Rand der Innenstadt umfasst das antike »Kulturzentrum« von Syrakus mit Theatern, Heiligtümern und Begräbnisstätten.

Unfassbar groß ist der **Altar Hierons II.,** dessen monumentaler Unterbau sich erhalten hat. Seine Länge beträgt genau ein *stadion,* also 198 m, seine Breite 22,80 m. Er wurde in Erinnerung an die Vertreibung des Tyrannen Thrasybulos 466 v. Chr. errichtet und war vermutlich Zeus Eleutherios, dem »Zeus der Freiheit« geweiht. Alljährlich wurden auf dem Altar über 400 Stiere geopfert.

Gegenüber erstrecken sich die **Latomie del Paradiso,** die überwucherten Steinbrüche, in denen seit dem 6. Jh. v. Chr. der weiß-graue Kalkstein für die monumentalen Bauten der Stadt geschlagen wurde. Paradiesisch waren die Arbeitsbedingungen der Steinbrucharbeiter allerdings keineswegs. Da der beste Stein mehrere Meter unter der Oberfläche lag, mussten die Arbeiter oft 20–30 m tiefe Gänge schlagen. Mit der Zeit entstand ein nur von stehengelassenen Pfeilern getragenes Gewölbe, das später nach und nach einstürzte. Zuerst karthagische, später attische Kriegsgefangene fristeten hier als Sklaven ihr Leben. Der griechische Historiker Thukidides berichtet, wie sie, nur mit einem Becher Wasser und zwei Stück Brot versorgt, tagsüber in der brütenden Hitze arbeiten mussten und abends unter der feuchten Kälte litten.

Heute spenden Zitronen- und Orangenbäume, Oleander und Magnolien Schatten und verleihen so dem Namen des Ortes seine Berechtigung. Geheimnisvoll wirkt das **Ohr des Dionysios,** wie der Maler Caravaggio die 23 m hohe, wie ein Ohr geschwungene Grotte nannte, die aus dem Kalktuff geschlagen wurde. Der misstrauische Tyrann Dionysios soll dieses Wunder der Akustik, das selbst ein leises Flüstern deutlich hörbar macht, dazu benutzt haben, seine Gefangenen zu belauschen.

In der Heimat des Dichters Epicharm, des eigentlichen Erfinders der griechischen Komödie, durfte natürlich ein Theater nicht fehlen. Bereits Anfang des 5. Jh. v. Chr. wurden in Syrakus Tragödien und Komödien gespielt. Das **Teatro Greco,** das unter Hieron II. vergrößert wurde, war mit einem Durchmesser von 138 m und geschätzten 15 000 Plätzen neben dem Theater von Athen das größte der antiken Welt. Wie bei den anderen Theatern der Griechen wurden die Sitzreihen aus dem anstehenden Fels herausgehauen, die umgebende Landschaft stellte die Kulisse bereit. Der große griechische Dramatiker Aischylos hielt sich einige Zeit in Syrakus auf und erlebte hier die Uraufführung seiner Dramen »Die Perser« und die »Die Aetnaerinnen«, die er Hieron II. nach der Gründung von Catania zugedacht hatte. Für die geistvollen Stücke der Griechen hatten die Römer später allerdings wenig Sinn. Sie verwandelten das Theater in eine Bühne für Gladiatorenspiele und verstellten den Blick auf die Landschaft durch ein mehrstöckiges Bühnengebäude. Im 16. Jh. diente es ebenso wie die oberen, nicht aus dem Felsen gehauenen Sitzreihen als Steinbruch.

Die Grotte oberhalb des Theaters war vermutlich das **Musaion,** der Sitz der Schauspielerkorporation. Die Statuen der Musen befinden sich heute im Archäologischen Mu-

Das Ohr des Dionysios

seum. Den oberen Zugang westlich des Theaters verwandelte man in späterer Zeit in eine **Gräberstraße** mit byzantinischen Gruften und hellenistischen Votivnischen für den Ahnenkult. Das weiter westlich gelegene **Heiligtum des Apollon Temenites** (Ende des 7. Jh. v. Chr.) diente vermutlich Kulthandlungen, die während der Aufführungen stattfanden. Den Musen huldigt man auch weiterhin: Alle zwei Jahre (jeweils in den geraden Jahren) werden die berühmten klassischen Stücke neu inszeniert.

Bevor man das Grabungsgelände wieder verlässt, führt rechts ein Weg zum **Amphitheater,** das die Römer im 1. Jh. n. Chr. erbauten. In dem riesigen ellipsenförmigen Bau, der kaum kleiner ist als das Kolosseum in Rom oder die Arena von Verona, erfreuten sich die Römer an Gladiatorenspiele und Tierhatzen. Das Becken in der Mitte diente vermutlich szenischen Aufbauten für die *special effects.*

Nur von außen zu sehen (Via Romagnoli, Ecke Via Teracati) ist das so genannte **Grab des Archimedes** in der Nekropole Grotticelli. Allerdings handelt es sich bei dem von dorischen Säulen flankierten Grab in Wirklichkeit um ein römisches *columbarium,* ein Wandgrab Das eigentliche Grab ist verschollen.

Katakomben und Archäologisches Museum

Von den Bauten der antiken, heute wieder dicht bewohnten Viertel *Acradina* und *Tyche* ist kaum etwas erhalten geblieben. Nur am Rande von **Acradina,** beim verkehrsumbrausten Foro Siracusano, sind einige Reste der einstigen *agora* zutage getreten, und an der Via Elorina steht noch das so genannte **Römische Gymnasium,** ein kleines Theater. Interessanter ist der Stadtteil *Tyche,* heute **Santa Lucia,** mit Zeugnissen einer der frühesten Christengemeinden auf Sizilien und dem hervorragenden Archäologischen Museum.

Das Christentum hatte sich, begünstigt durch die Handelsbeziehungen mit Syrien und Palästina, in Syrakus sehr früh ausgebreitet. Schon der Apostel Paulus soll sich im Jahre 61 auf dem Weg nach Rom drei Tage in der Stadt aufgehalten haben. Die weitläufigen Katakombenanlagen, die Begräbnisstätten der Urchristen, gehören zu den größten außerhalb Roms. Als einzige zugänglich sind die **Catacombe di S. Giovanni** aus dem 4. Jh. (1; 9–13, 14–17 Uhr, Di geschl.). Von einer Hauptachse ausgehend verzweigen sich modrige Gänge mit teils freskierten Familien- und Gemeinschaftsgräbern und kleinen Loculi-Gräbern für Kinder. Bessergestellte konnten sich weiträumige Rotunden leisten wie die *Rotonda di Adelfia* einer frommen Magistratsfamilie. Der schöne, mit biblischen Szenen geschmückte Sarkophag der Adelfia befindet sich heute im Museum.

Wie viele Katakomben wurde auch diese in der Nähe eines Märtyrergrabs angelegt, in diesem Fall dem des hl. Marcian, der 44 n. Chr. zum ersten Bischof von Syrakus ernannt worden war. Am Altar der **Cripta di S. Marciano,** der ältesten Kultstätte der Stadt, soll bereits der Apostel Paulus gepredigt haben. Die merkwürdige Öffnung am Grab des Heiligen ermöglichte den Gläubigen, mit einem Tuch den Körper des Toten zu streifen und es als »Berührungsreliquie« mit nach Hause zu nehmen. Die Krypta erreicht man durch die Ruinen der angrenzenden **Basilica di S. Giovanni** (6./11. Jh.). Die dachlose Kirche, einst erster Bischofssitz Siziliens, verfiel nach dem Erdbeben von 1693. Nur der Portikus mit der schönen Rosette blieb erhalten.

Unübersehbar ist das etwas sterile, architektonisch umstrittene **Heiligtum der weinenden Muttergottes** (2; *Santuario della Madonna delle Lacrime*). Der Bau der 90 m hohen Wallfahrtskirche war notwendig geworden, nachdem aus aller Welt Pilger nach Syrakus geströmt waren, um jene Gipsmadonna zu sehen, die im August des Jahres 1953 über dem Bett einer todkranken Frau tagelang echte Tränen geweint hatte. Das Dach, das an einen halb aufgespannten Regenschirm erinnert, symbolisiert den schützenden Mantel der Madonna (tgl. 7–12.30, 16–19 Uhr).

Weitaus gelungener ist der wabenartige Bau des nach modernen didaktischen Prinzipien aufgebauten **Museo Archeologico Regionale** im Park der Villa Landolina (3; Di–So 9–13 Uhr, meist jeden 2. So im Monat geschl.). Das neben Palermo bedeutendste Museum der Insel gibt einen hervorragenden Überblick über die Entstehung Siziliens, seine Vor- und Frühgeschichte (Sektor A), die griechische Kolonisation mit dem Schwerpunkt Syrakus (Sektor B) und über seine Tochterstädte, die mächtigen Stadtstaaten Gela und Agrigent (Sektor C). Zu den bedeutendsten Exponaten gehören die Funde aus der Nekropole von Pantálica (s. S. 146) wie die mattrot leuchtenden, hochfüßigen Vasen. Besuchermagnet sind die Statue der *Dea Madre,* der Muttergottheit, die Zwillinge stillt (Mitte 6. Jh. v. Chr.), sowie die »Venus Anadiomede«, eine römische Kopie aus dem 2. Jh. v. Chr., die Guy de Maupassant zum Ausspruch verleitete: »So ist die Frau, die man liebt, die man begehrt, die man umarmen möchte.« Einen Einblick in die griechischen Tempelarchitektur geben die Modelle der beiden Syrakusaner Tempel des Apollon und der Athena.

Im weitläufigen Park befindet sich auch der protestantische Friedhof mit der letzten Ruhestätte des empfindsamen deutschen Dichters August Graf von Platen. Zeit seines Lebens auf der Suche nach der vollkommenen lyrischen Form, flüchtete er in den Süden nach Syrakus, wo er Gast des Barons Landolina war.

Das angrenzende interessante **Papyrusmuseum** ist Ergebnis der jahrhundertealten Beschäftigung mit einer Pflanze, die in Syrakus ihre letzte Verbreitung im Mittelmeerraum hat. In einem der Räume werden die einzelnen Phasen der Papyrusherstellung gezeigt (Viale Teocrito 66, Di–So 9–13 Uhr).

Ortygia – im Herzen von Syrakus

Wen die Stadt bis jetzt noch nicht eingenommen hat, der wird spätestens auf der Insel Ortygia ihrem Charme erliegen. Die verwinkelte Altstadt mit ihren von Wind und Salz gezeichneten Fassaden und den kunstvollen schmiedeeisernen Balkongittern, den verwunschenen Innenhöfen und kulissenhaften Plätzen, hinter denen immer wieder ein

Und nach der Stadtbesichtigung: granita

Stück Meeresblau aufblitzt, lässt das Herz höher schlagen. Doch was für den Besucher romantisch wirkt, bedeutet für die Menschen, die hier wohnen, mit veralteten Wasser- und Stromleitungen und feuchten Wänden zu kämpfen. Lange Zeit waren Häuser und Palazzi daher vom Verfall bedroht, seit Beginn der längst fälligen Sanierung Anfang der 1990er Jahre erstrahlen einige wieder in neuem Glanz.

Ein Spaziergang über die Insel beginnt am besten an der begrünten Allee Adorno mit Blick auf den **Porto Grande,** den Schauplatz der Schlacht zwischen Athenern und Syrakusanern im Jahr 413 v. Chr. Die vor allem in den frühen Abendstunden beliebte *passeggiata* durch die Allee führt direkt zur idyllischen **Quelle der Arethusa** (4). Die griechische Nymphe Arethusa wurde von dem stürmischen Flussgott Alpheus so bedrängt, dass sie sich ins Meer stürzte und erst auf Ortygia wieder auftauchte. Um sie für immer zu schützen, verwandelte die Göttin Artemis sie in eine Quelle, die noch heute sprudelt. So sehr wurde die Quellnymphe von den Syrakusanern geschätzt, dass sie ihr Bild auf ihre Münzen prägten. Einige davon kann man in der **Münzsammlung** an der Piazza Duomo 14 ansehen (Mo–Fr 8.30–13 Uhr, Mi auch 15–18 Uhr). Die geologische Erklärung dafür, dass so nah am Meer eine Süßwasserquelle entspringt, ist etwas nüchterner: Tatsächlich hat sich das Wasser unterirdisch einen Weg durch die höhergelegenen Karstflächen der Hybläischen Berge gebahnt und steigt hier wie ein artesischer Brunnen an die Oberfläche. Attraktion der eingefassten Quelle sind die Papyrusstauden, die sonst nur in Ägypten oder Palästina vorkommen.

Ein Bummel an der von Cafés gesäumten Uferstraße endet vor dem **Castello Maniace** (5), das 1038 nach der Vertreibung der Sarazenen aus Syrakus vom byzantinischen Feldherrn Maniakes angelegt und später von Friedrich II. umgebaut wurde. Heute ist es militärisches Sperrgebiet. Von den zwei hellenistischen Bronzewiddern, die einst das Hauptportal flankierten, steht einer im Archäologischen Museum Palermo.

Aus staufischer Zeit stammt auch der **Palazzo Bellomo** in der Via Capodieci, heute Sitz der **Galleria Regionale** (6; Mo–Sa 9–14 Uhr). Zu seinen Attraktionen zählt die ätherische Marmorstatue der stillenden Madonna des Renaissancebildhauers Domenico Gagini, das schöne, aber etwas beschädigte Gemälde »Verkündigung« (1474) von Antonello da Messina und das »Begräbnis der hl. Lucia« (1609) von Caravaggio, auf dem nicht die Heilige im Vordergrund steht, sondern die Totengräber.

Nur wenige Schritte sind es bis zum **Domplatz,** der höchsten Erhebung auf Ortygia. Heute zeigt sich der wunderschöne Platz im barocken Gewand. Repräsentative Palazzi und die Abteikirche S. Lucia alla Badia (17. Jh.) säumen die Piazza, die von der mächtig aufragenden, bewegten Barockfassade des **Doms S. Maria delle Colonne** beherrscht wird (7; 7.30–12.45, 16–19 Uhr). Schon seit 2700 Jahren befindet sich an dieser Stelle der religiöse Mittelpunkt der Stadt. In der Antike thronte hier der dorische Athena-Tempel, das Monument des Sieges über die Karthager. Auf seinem Dach stand die überlebensgroße Statue der Göttin, deren in der Sonne blitzender goldener Schild den Seefahrern die Orientierung erleichterte. Später beteten die Römer hier zu ihrer Göttin Minerva, und in frühchristlicher Zeit wurde der Tempel zur dreischiffigen Basilika umgebaut. Der Eingang wurde von der Ost- auf die Westseite verlegt, die freien Räume zwischen den Säulen vermauert und die *cella,* in der ursprünglich das Götterbild stand, zum Mittelschiff umgestaltet. Mit dem Wiederaufbau der Stadt nach dem Erdbeben von 1693 bekam auch der Dom seine heutige Fassade. Nicht zufällig wählte dabei der Baumeister Andrea Palma die Säule als zentrales Gliederungselement: Wer an die Längsseite der Kathedrale geht, sieht immer noch die dorischen Säulen und Kapitelle des antiken Tempels aus der Wand ragen. Ein Architrav des Tempeltors dient heute als Altar, ein hellenistischer *kratér* wurde in ein von Bronzelöwen getragenes Taufbecken umgewandelt. Stolz verweist die Inschrift im lichterfüllten Innern auf den frühen Ursprung der Kirche *»Ecclesia siracusana prima divi Petri filia et prima post Antiochenam Christo dicata«*. (Die syrakusanische Kirche, die erste Tochter des hl. Petrus und nach der Kirche von Antiochia die erste Christus geweihte). In der Kapelle der hl. Lucia werden in einem Silberschrein Reliquien der Stadtpatronin aufbewahrt. Nur zweimal im Jahr, am ersten Maisonntag und am 12. Dezember, verlässt die Lichtheilige die Kapelle und wird in einer bewegenden Prozession durch die Stadt getragen.

Über die Via Minerva gelangt man nach links auf die Piazza Archimede mit der **Fontana di Artemide,** die noch einmal den Mythos der Arethusa illustriert. Noble Palazzi wie der **Palazzo Lanza-Bucceri** oder der **Palazzo Mergulese-Montalto** (8) mit edlen Biforien- und Triforien-Fenstern zeugen von der Blütezeit des Stadtadels im 14./15. Jh. Einen morbiden Glanz strahlen noch die einstigen Prachtstraßen **Via Maestranza** und **Via Vittorio Veneto** aus, Schauplatz von Prozessionen und Paraden. Beachtung verdienen der **Palazzo Bufardeci** (Nr. 72) mit Rokoko-Balkonen und der **Palazzo Impellizzeri** (9; Nr. 99) mit grotesken Tier- und Menschenköpfen. Mit traditionellen *dolci* wie den »Augen der hl. Lucia« aus Marzipan und Eiscreme aus Ricotta lockt die ausgezeichnete Pasticceria Marciante.

Die Via Vittorio Veneto mündet in das verwinkelte, volkstümliche Viertel **Graziella,** dessen arabisches Gassengewirr noch immer den Zweck erfüllt, Hitze und Wind fernzuhalten. Rund um die Via Trento preisen auf dem **Markt** jeden Vormittag (außer So) Händler Meeresfische, Krustentiere, Südfrüchte und Gemüse an.

Ein letztes Zeugnis aus den Anfängen von Syrakus sind die Überreste des **Apollo-Tempels** (10) auf der Piazza Pancali. Dieser älteste dorische Ringhallentempel Siziliens (Anfang 6. Jh. v. Chr.), der später in eine byzantinische Kirche, dann in eine Moschee, zur Normannenkirche und schließlich zur Kaserne umgebaut wurde, zeichnet sich noch durch unbeholfene Proportionen aus. Die geraden Säulen stehen dicht beieinander, die Einkerbungen sind relativ flach, wie ein Fladen quillt der *echinus* unter dem Gebälk hervor. Aber die Architekten waren stolz darauf: »Kleom(en) hat (den Tempel) dem Apollon gemacht und (der Sohn) des Knidiedas, und Epikles die Säulen, schöne Werke«, liest man auf der obersten Stufe.

Ausflüge in die Umgebung

Einen Eindruck von der Macht der Stadt Syrakus in der Antike geben die Ruinen des **Fort Euryalos** bei der Ortschaft Belvedere, wenige Kilometer außerhalb der Stadt (tgl. 9–17 Uhr, im Sommer bis 19 Uhr). Dionysios I. ließ um 400 v. Chr. den nördlichen Hügelrücken von Epipoli mit einer 27 km langen Mauer befestigen. 60 000 Menschen und 12 000 Ochsen sollen an ihrem Bau beteiligt

16.4.02

Papyrusstauden an der Ciane-Mündung

gewesen sein. In strategisch günstiger Panoramalage wurde die uneinnehmbare Festung errichtet, eine der bedeutendsten und militärtechnisch raffiniertesten Verteidigungsanlagen der griechischen Welt. Zuerst mussten drei verschiedenartige Gräben überwunden werden, bevor man zu der von fünf Türmen geschützten Hauptbastion gelangte. Vom dritten Graben zog sich ein labyrinthisches Netz von Gängen und Galerien durch den Berg und stürzte den Gegner in Verwirrung. Welcher Gang war der richtige? Nur einer führte geradewegs zum Zangentor, einem der Zugänge zur Burg. Von der Festung aus versuchte übrigens der geniale Archimedes mit Hilfe eines ausgeklügelten Systems von Linsen und Spiegeln, die Schiffe der Römer in Brand zu setzen – doch die Eroberung der Stadt konnte er letztlich auch nicht verhindern.

Ein ganz besonderes Erlebnis ist die Fahrt mit dem Motorboot zu der dicht mit meterhohem Papyrus bewachsenen **Ciane-Mündung.** Auch Ciane war eine Nymphe. Sie stellte sich Hades, dem Gott der Unterwelt, vergeblich in den Weg, als er Persephone raubte. Zur Strafe verwandelte sie Hades in einen Quellfluss: »Schon erweichen die lieblichen Glieder / biegsamer wird das Gebein, ihre Nägel verlieren die Härte / gleich zu Beginn zerfließen die zartesten Teile des Körpers, / so das bläuliche Haar, die Finger, die Füße, die Schenkel; / denn nur kurz ist die Wandlung der feinen Gestalt in die kühlen Wellen ...« (Ovid)

(Anlegestelle 3 km südöstlich der Stadt auf der SS 115 Richtung Canicattini an einer Brücke neben einer Metzgerei, Fahrtdauer 1 Std., je nach Teilnehmer ca. 7,50 €, Info Tel. 03 68 7 29 60 40, Sig. Vella)

Die Südostküste

AAPIT, Via S. Sebastiano 43, Tel. 0931 48 12 32 od. 0931 677 10, Fax 0931 678 03, Mo–So 9–13.30, 15–18 Uhr, Sa nur vormittags; **AAST** (auch für die Provinz Siracusa), Via Maestranza 33, Tel. 0931 46 42 55 oder 0931 652 01, Fax 0931 602 04, Mo–Fr 8–14, 14.30–17.30 Uhr, Sa nur vormittags.

Grand Hotel**,** Viale Mazzini, 12, Tel. 0931 46 46 00, Fax 0931 46 46 11; aufwendig restauriertes Luxushotel am Porto Grande mit gutem Dachterrassen-Restaurant; ÜF ca. 196 €. **Hotel Roma****,** Via Minerva 10, Tel, 0931 46 56 26, Fax 0931 46 55 35; neu eröffnetes Hotel in altem Palazzo, nur wenige Schritte vom Dom; ÜF ca. 180 €. **Domus Mariae***,** Via Vittorio Veneto, 76, Tel./Fax 0931 248 58; feines Ursulininnen-Hotel, von der Dachterrasse Blick auf Ortygia; ÜF ca. 115 €. **Villa Lucia***,** Contrada Isola, Traversa Mondello, 1, Tel./Fax 0931 721007; noble Landvilla mit (preisgünstigerem) Anbau gegenüber der Insel Ortygia, Schwimmbad und Garten; ÜF ca. 75–145 €.

Darsena, Riva Garibaldi 6, Mi geschl.; große Antipasti-Auswahl, Veranda mit Blick auf Fischerboote; moderat. **La Foglia,** Via Capodieci 21, Di geschl.; Paradies für Fischliebhaber und Vegetarier in künstlerischem Ambiente; moderat. **Il Porticciolo da Piero,** Via Trento 22, Mo geschl.; gute, schnörkellose Fischküche beim Fischmarkt; moderat.

Süßigkeiten: Probieren Sie die köstlichen *biscotti di carrube,* die Gaetano Bongiovanni nach alten Rezepten aus den Schoten des Johannesbrotbaums bäckt: **Dieci e Lode,** Viale Zecchino 165.

Hafenrundfahrt auf der »Selene«, 30 Min., März–Nov., Porto Grande (auch nachts).

Schöne **Sandstrände,** teilweise mit *stabilimenti,* findet man in Fontane Bianche, 20 km südlich von Syrakus.

Bewachte **Parkplätze** gibt es am Foro Italico, bei der Archäologischen Zone oder auf dem Piazzale delle Poste am Rande der Ortygia.

Pantálica und Palazzolo Acreide

Die Hybläische Kalktafel umfasst den gesamten Südosten Siziliens und überschreitet nirgends die Höhe von 1000 m über NN. Karst und canyonartige, von üppiger Vegetation überzogene Schluchten *(cave)* prägen die terrassenförmigen Hochplateaus. Die spektakulärste der Schluchten ist die Valle dell'Anapo mit der berühmten Totenstadt von Pantálica.

Auf dem Weg dorthin passiert man die Agrarstädtchen **Floridia** und **Solarino,** die hauptsächlich vom Olivenanbau leben. Nach dem Erdbeben von 1693 wurden sie, wie viele Städte im Südosten, im barocken Stil wiederaufgebaut. Im 3000-Seelen-Dorf **Ferla** steht ein Paradebeispiel des überschäumenden sizilianischen Barock: Die Kirche San Sebastiano. Die Fassade zeigt den Märtyrer Sebastian mit Heiligen und römischen Legionären thriumphierend wie einen antiken Heros, während sich heidnische Mohren unter der Last der Voluten beugen müssen. Unvollendet blieb die einwärts geschwungene Fassade der Kirche S. Antonio Abbate. Beide Kirchen trugen beim Erdbeben von 1990 starke Schäden davon und werden derzeit restauriert.

Eine Panoramastraße führt weiter in die Nekropole von **Pantálica.** Wie eine natürliche Festung sichern die tiefen Flusstäler des Anapo und des Calcinara die Hochebene, die nur durch einen Sattel mit dem Hochplateau dahinter verbunden ist. Nach der Invasion sikulischer Völker vom italischen Festland diente sie den schon früher von der Iberischen Halbinsel eingewanderten Sikanern als Zufluchtsort. Von der Blütezeit der Siedlung zwischen dem 13. und 11. Jh. v. Chr. zeugt ihre Totenstadt: unzählige wabenartige Gräber in den teils steil abfallenden Felswänden im Norden und Nordwesten. Auch vom *anaktoron,* dem Fürstenpalast des legendären Königs Hyblon, sind noch Reste erhalten.

Eine zweite Blüte erlebte die Siedlung im späten 9. und 8. Jh. v. Chr. Inzwischen hatten die Sikuler deutlich an Einfluss gewonnen, wie die Grabbeigaben aus den südlichen Felswänden (die Nekropolen von Filiporto, Cavetta) verraten, die heute im Archäologischen Museum von Syrakus zu besichtigen sind.

Das Ende der Kultur von Pantálica begann mit dem Expansionsstreben von Syrakus. In byzantinischer Zeit wurden einige der über 5000 Gräber in Grottenwohnungen oder kleine Felskirchen verwandelt, wie die teils noch freskierten San Nicolicchio oder San Micidiario zeigen. In den 1930er Jahren ratterte eine Schmalspurbahn durch den Talgrund, die Passagiere und Zitrusfrüchte von Syrakus nach Vizzini oder Ragusa beförderte. Mit der Umwandlung der Region in einen Naturpark wurde die Trasse zum bequemen Spazierweg gestaltet. Auf markierten Pfaden und Treppchen kann man durch diese wildromantische, duftende Macchia-Landschaft klettern, der noch heute etwas Geheimnisvolles anhaftet. Übersichtskarten sind an den Eingängen erhältlich (Taschenlampe mitnehmen).

Auf der SS 124 erreicht man nach 13 km das beschauliche Bergstädtchen **Palazzolo Acreide.** Im barocken Kleid zeigen sich Kirchen und einige Palazzi, etwa der mit bizarren figürlichen Konsolen geschmückte Palazzo Iudica (Nr. 127) in der Via Garibaldi oder der Palazzo Zocco. Die wichtigsten Kirchen, San Paolo mit einer imposanten Einturmfassade von Vincenzo Sinatra und San Sebastiano, spalten seit undenklichen Zeiten die Einwohner in zwei Lager: die »Sampaulari« und die »Sammastianari«. Irgendwann gewann San Paolo die Oberhand. Bei den ausgelassenen Patronatsfesten darf der hl. Paulus (29. 6.) durch die ganze Stadt ziehen, der hl. Sebastian (10. 8.) nur durch sein Viertel.

Oberhalb des Ortes haben die Archäologen Teile des antiken **Akrai**

Die Nekropole von Pantálica

freigelegt (tgl. 9–17 Uhr, im So bis 19 Uhr). Vermutlich gründeten die Syrakusaner die Stadt nach der Einnahme von Pantálica 664 v. Chr. als militärischen Vorposten. Von der sie umgebenden Panoramastraße erkennt man deutlich die strategische Bedeutung dieser ersten Tochterkolonie: Die weiten Flusstäler des Anapo und Tellaro lassen sich von hier aus bestens kontrollieren. Seine Blütezeit erlebte Akrai unter Hieron II., als auch das kleine, 600 Zuschauer fassende Theater erbaut wurde. Von Mitte Juli bis Ende August wird es heute wieder zum Aufführungsort klassisch griechischer Komödien und Ballettdarbietungen. Direkt daneben befindet sich das theaterförmige, quadratische *bouleuterion,* der Versammlungsort der Ratsherren. Gut erhalten hat sich auch ein Teil der mit Lavasteinen gepflasterten Straße aus späthellenistischer Zeit. Nach der römischen Invasion konnte sich Akrai als eine der letzten syrakusanischen Trutzburgen noch einige Zeit halten. Später entwickelte es sich zu einem wichtigen frühchristlichen Zentrum. Die Steinbrüche wurden in Wohnungen und Katakomben umgewandelt. Die Wände der Latomia Intagliatella schmücken noch Reliefs mit Opfer- und Bankettszenen aus römischer Zeit.

Knapp 2 km außerhalb des Grabungsgeländes beeindrucken die

Eine Reise durch die Zeit

Jahrhundertelang prägten Landwirtschaft und Viehzucht Leben und Kultur dieser Region. In der Nachkriegszeit, als unzählige Menschen abwanderten und Auto, Fernsehen und Radio anfingen, das Leben zu prägen, verlor für viele die bäuerliche Welt an Wert. Sie wurde gleichgesetzt mit Armut und Ignoranz. Da begann der sizilianische Dichter und Grundschullehrer Antonino Uccello (1922–1979), alte Holzlöffel, Joche und Eggen zu sammeln, die von Bauern weggeworfen worden waren. Während er selbst als Emigrant in der fernen Lombardei lebte, organisierte er Ausstellungen über die untergehende Welt, in der er aufgewachsen war. Sein Traum war es, diese Gegenstände nicht als isolierte Museumsstücke zu zeigen, sondern in ihrem ursprünglichem Zusammenhang. 1971 kehrte er nach Sizilien zurück und baute in **Palazzolo Acreide** die **Casa-Museo** auf. In diesem wunderschönen Haus der Erinnerungen mit Stallungen und Lagerräumen kann man zum Beispiel eine alte Ölmühle und eine Honigpresse betrachten, aus der nicht nur der berühmte hybläische Honig mit seinem charakteristischen Thymiangeschmack gewonnen wurde, sondern auch gleichzeitig das Wachs für Kerzen und Votiv-Bilder. Interessant ist die Wohnung des *massaro,* des Gutsverwalters, mit Schlafzimmer und Küche. Der Ofen war ohne Abzug, so wurden die von der Decke hängenden Würste gleich geräuchert (Casa Museo di Antonino Uccello, Via Machiavelli, tgl. 9–12, 15.30–19 Uhr).

Ganz im Sinne von Uccello entstand später im 9 km entfernten **Buscemi** ein ganzes **Museumsdorf.** Über das Städtchen verteilt liegen die einzelnen Werkstätten und Wohnungen, die zum Teil vor wenigen Jahren noch genutzt wurden. Auf geführten Touren besichtigt man ein Kelterhaus aus dem späten 19. Jh., das Haus des *massaro* und das des Tagelöhners, der mit seiner fünfköpfigen Familie einen 12 m^2 großen Raum bewohnte, die Werkstätten des Schmieds, des Schreiners, des Schusters und des Schüsselflickers – ein Beruf, der inzwischen ausgestorben ist (Museo I luoghi del lavoro contadino, tgl. 9–13 Uhr, Führungen auch auf Deutsch).

santoni, 12 große, allerdings stark verwitterte Felsskulpturen aus dem 3. Jh. v. Chr., die der großen Muttergöttin Kybele geweiht waren und sowohl die grausamen als auch die gütigen Züge dieser aus Kleinasien stammenden Göttin zeigen (nur in Begleitung eines Kustoden, tgl. 9–12, 15–17 Uhr, im So bis 18 Uhr).

Information s. Syrakus; für Pantálica auch: Distaccamento Forestale (Forstverwaltung) di Sortino, Piazza Marconi 1, Tel. 0931 95 36 95.

Agriturismo Pantalica Ranch, an der Straße SP 28 Solarino–Fusco–Sortino bei km 8.900 (knapp 2 km von Pantálica), Tel. 0931 94 20 69, Fax 0931 29 42 90, Handy 0360 29 42 90; erst vor wenigen Jahren eröffnet, Reitausflüge und geführte Wanderungen, Mountain-Bike-Verleih; ÜF ca. 55 €.

Floridia: Da Nunzio Bruno–Villa Museo, ca. 2 km von Floridia an der Straße Richtung Canicattini Bagni, kein Ruhetag, nur nach Voranmeldung, Tel. 0931 94 93 01/94 14 59; unvergessliches Essvergnügen im Haus des Künstlers und passionierten Heimatforschers Bruno und seiner Frau `Nzina, raffinierte Küche nach alten Rezepten der *cucina povera,* alte Arbeitsgeräte und Alltagsgegenstände zeigen ein Stück bäuerlicher Kultur; moderat. **Ferla: La Lanterna,** Via Bordonale 4/6, Tel. 0931 87 91 66; einfache, gute Trattoria; preiswert. **Palazzolo Acreide: Valentino,** Via Vittorio Emanuele/Ronco Pisacane 7, Mi geschl.; Restaurant und Pizzeria; moderat.

Das Barockjuwel Noto

Eines der Zentren der sizilianischen Mandelproduktion ist **Ávola.** Aus den Mandeln werden Mandelcreme, Marzipan für die *pasta martorana* und vor allem die mit Zucker überzogenen Pariser Mandeln hergestellt, die – in Weiß, Blau oder Rosa – bei keiner Hochzeit oder Taufe fehlen dürfen. Exquisites Mandelgebäck gibt es in der Pasticceria Finocchiaro an der quadratischen Piazza Umberto I., Zentrum der im 18. Jh. planmäßig angelegten Stadt.

Landeinwärts liegt die honiggelbe Barockstadt **Noto,** die 1989 vom Europarat zur »Hauptstadt des sizilianischen Barock« gewählt wurde. Eigentlich war die Ernennung ein Hilferuf. Seit Jahrzehnten befand sich die Stadt (25 000 Ew.) in einem ruinösen Zustand. Bei vielen Gebäuden ließ sich kaum noch unterscheiden, was älter war: der Bau oder das stützende Gerüst. Und als im März 1996 sogar die Domkuppel einstürzte, brach in der Öffentlichkeit ein Strum der Entrüstung los und brachte damit auch endlich die Mühlen der Bürokratie in Bewegung. Seither sind Architekten und Steinmetze am Werk, um die bröckelnden Fassaden und verwitterten Putti, Sirenen und Tuffsteinblumen wieder in einen blühenden »Garten aus Stein« zu verwandeln.

Anlass zum Bau dieser planmäßig errichteten und überschwänglich geschmückten Stadt war das katastrophale Erdbeben von 1693 (s. S. 35). Noch heute kann man auf dem 10 km entfernten Monte Alvéria die eindrucksvollen Ruinen des alten Noto sehen. Lange stritt man über den Ort der neuen Stadt, doch als man sich endlich auf den Bauplatz an den Hängen des Meti-Hügels geeinigt hatte, wurde der Wiederaufbau zügig angepackt. Die Architekten Rosario Gagliardi, Paolo Labisi und Vincenzo Sinatra überboten sich gegenseitig mit innovativen

Barock geschmückter Balkon in Noto

städteplanerischen Konzepten. Gemeinsam mit einer Schar von Steinmetzen schufen sie himmelstürmende Fassaden und theatralische Plätze mit überraschenden Durchblicken. Virtuos spielte man mit Perspektiven und geschwungenen Linien. Die Fassade wurde wichtiger als die Gestaltung des Inneren. Das Ergebnis war – und ist heute wieder – eine Wunderwelt der Fantasie, die im Abendlicht wie in Gold getaucht erscheint.

Mit drei parallel verlaufenden Achsen, gekreuzt von rechtwinkligen Straßenzügen, zieht sich die Stadt den Hang hinauf. Jede der drei Hauptstraßen war einer gesellschaftlichen Schicht vorbehalten: die Via Cavour schmücken Palazzi des Adels, den Corso Vittorio Emanuele Kirchen und Klöster sowie städtische Repräsentationsbauten, und in der Via Ducezio stehen die kleineren Häuser des Volkes. Die Lebensader der Stadt ist der **Corso Vittorio Emanuele,** den man durch die **Porta Reale** betritt.

Zunächst erreicht man die grandiose **Piazza Municipio,** die von der geschwungenen Säulenhalle des **Palazzo Ducezio** (1746) und der breiten Doppelturmfassade der 1770 vollendeten **Kathedrale Santi Nicola**

e Corrado gesäumt wird. Ihre Mächtigkeit wird durch die ausladende Freitreppe noch betont (voraussichtlich bis 2004 *in restauro*). Zu Füßen der Kirche steht das **Rathaus** – so wird durch architektonische Gewichtung den weltlichen Gewalten ihr Platz zugewiesen. (Das obere Stockwerk des Palazzo Ducezio kam erst in den 1950er Jahren hinzu.)

Ein schöner Blickfang ist die rechts abzweigende, steil ansteigende **Via Nicolaci,** die an der doppeltürmigen Fassade der **Chiesa di Montevergini** (1748–50) endet. Mit überschäumender Fantasie sind die Balkone des Palazzo **Nicolaci di Villadorata** (1737) gestaltet: Die Konsolen schmücken Putti und Nixen, Löwen, geflügelte Pferde und dämonische Fabelwesen. An jedem dritten Sonntag im Mai wird in dieser Straße ein prächtiger Blütenteppich ausgelegt, den Künstler nach einem jeweils neuen Thema gestalten.

An der Piazza XVI. Maggio steht eines der Meisterwerke von Gagliardi. Eine halbkreisförmige Treppenrampe führt zum himmelwärts strebenden Gotteshaus **S. Domenico** (1703–27), dessen ausschwingende Fassade die Giebel zu sprengen scheint.

AAPIT Noto, Piazza XVI. Maggio, Tel./Fax 0931 83 67 44, www.comune.noto.sr.it, Mo–Fr 8–14, 15.30–18.30 Uhr, Sa/So 9–13 Uhr. **Allakatalla,** Corso Vittorio Emanuele 43, Tel. 0931 835 00 50, Fax 0931 83 60 21, www.allakatalla.it, Mo–Fr 9–13, 16–20 Uhr, Sa nur vorm.; Organisation von archäologischen und kunstgeschichtlichen Führungen, alternativen Rundgängen durch Noto mit Besuch alter Werkstätten, Ausflug »Auf den Spuren der Fischer« mit Bootsfahrt, naturkundliche Exkursionen nach Vendicari, Pantálica oder die Cava Grande, Führungen auch auf Deutsch.

Al Canisello, Noto, Via Pavese 1, Tel. 0931 83 57 93, www.villacanisello.it; hübsches Gutshaus mit sechs Zimmern und Garten in Gehweite zur Stadt; ÜF ca. 63 €.

Trattoria del Carmine, Via Ducezio, 9, Mo geschl. außer im Sommer; von Einheimischen gern besuchter Familienbetrieb mit traditioneller Küche und moderaten Preisen; moderat.

Caffè Sicilia, Via V. Emanuele 125; wunderbares Mandelgebäck. **Caffè Costanzo,** Via Spaventa 7; berühmt für seine Blüteneiskreationen.

Das Auto parkt man am besten bei den **Giardini Pubblici,** denn die Innenstadt ist für den Besucherverkehr gesperrt.

Vendicari und Capo Passero

Olivenhaine und Mandelplantagen säumen den Weg nach Vendicari. 2 km nach der Brücke über den Tellaro stößt man auf die erst 1971 entdeckte spätrömische **Villa del Tellaro** (tgl. Mo–Fr 8.30–13.30 Uhr). Die um einen zentralen Innenhof angeordnete Villa erregte wegen ihrer farbigen Mosaike großes Aufsehen, insbesondere die Szene »Kleine Jagd«, die große Übereinstimmung mit denen der Villa del Casale bei Piazza Armerina aufweist (s. S. 166). Ein anderes Mosaik zeigt eine ungewöhnliche Szene aus dem Trojanischen Krieg: Auf der einen Seite stehen die Griechen Odysseus, Achill und Diomedes, auf der anderen Seite die Trojaner mit Hektors Vater Priamos, die den Griechen Gold geben müssen, um den Leichnam ihres Helden Hektor auszulösen. Seit 1989 werden die Mosaiken in Syrakus restauriert, sollen aber spätestens 2002 wieder an Ort und Stelle verlegt werden.

Entspannung bietet das weitläufige Feuchtgebiet von **Vendicari.** Saubere Sandstrände und kristallklares Wasser locken zu Schnorchelgängen an der vorgelagerten Insel. Wenige Meter von der Küste entfernt erstrecken sich die seichten Gewässer der ehemaligen Salinen. Vor allem während des jährlichen Vogelzugs tummeln sich hier allerlei Wat- und Stelzvögel, sogar Flamingos, und natürlich Brandenten, die Wahrzeichen des Naturschutzgebietes. Aus Unterständen kann man sie beobachten, ohne sie zu stören. Die Ruinen einer Tunfischfangstelle erzählen von der Fischverarbeitung, deren Tradition bis in die Antike zurückreicht. Markierte Wege führen, teils entlang der antiken *Via Elorina,* die im 5. Jh. v. Chr. Syrakus mit dem Südosten verband, zur griechischen Stadt *Eloro,* von der allerdings nur spärliche Reste erhalten sind. Übersichtskarten des Schutzgebietes von Vendicari sind am Eingang erhältlich.

Weinberge künden die nüchterne Landstadt **Pachino** an, die für ihren vollmundigen Rotwein berühmt ist. Daneben spielt seit den 1960er Jahren auch die Frühgemüseproduktion eine große Rolle. Bis nach Vittoria ziehen sich entlang der Küste die Gewächshäuser mit Tomaten, Auberginen, Karotten, Frühkartoffeln und Honigmelonen. Eine kleine, aber besonders saftige Tomatenart wurde sogar nach der Stadt benannt. Dank dieser arbeitsintensiven Landwirtschaft hat die Provinz Ragusa seit Jahren eine der geringsten Arbeitslosenraten auf Sizilien.

Natürlich stellt auch der Fischfang eine wichtige Einnahmequelle dar. Rund um eine Tunfischfangstelle entstand das pittoreske Fischerdorf **Marzanemi,** noch heute beste Adresse für Tunfischspezialitäten. Eine der wichtigsten Fangflotten Siziliens ist mit über 200 Kuttern im familiär gebliebenen Fischerort **Portopalo di Capo Passero** zu Hause. Jeden Tag von 12.30–15 Uhr (Besucher ab 14 Uhr) wird in der Fischhalle am Hafen um den Fang gefeilscht. Höhepunkt des alljährlichen Fischfangs ist in den Sommermonaten die *mattanza,* der Tunfischfang, der seit den Sarazenen einem jahrhundertealten Ritual folgt. Die Wetterfahne in Form eines Schwertfisches auf der Kirche San Gaetano zeigt den Fischern die Windrichtung an, wenn sie einen guten Fang hatten, läuten die Glocken Sturm.

Himmlische Ruhe im Feuchtgebiet von Vendicari

Azienda Agricola Il Roveto, an der SP 19, km 9, Tel. 0931 660 24 oder Handy 0330 79 52 59, Fax 0931 369 46; barockes Herrenhaus mit Apartments, umgeben von 60 ha Land, in unmittelbarer Nähe zu Vendicari; ab 80 €.

Portopalo: Al Faro di Corrado, Via Vittorio Emanuele 205, Mi geschl.; ausgezeichnete Fischküche; moderat.

Franco Adelfio, Marzanemi, Via Marzanemi 7; nur die besten Teile des Tunfisch werden hier in Öl eingelegt oder zur »Tunfischsalami« verarbeitet.

Strände: Außer in Vendicari findet man einladende Sandstrände auch im gut organisierten **Lido di Noto,** teilweise mit gebührenpflichtigen *stabilimenti* (Strandbädern). Etwas ruhiger ist es dagegen an den Sandstränden von **Portopalo.** Schöne fischreiche **Tauchgründe** liegen vor der **Isola di Capo Passero** und der **Isola delle Correnti,** die im Sommer Durchzugsstation der Tunfische sind.

Cava Grande und Cave d'Ispica

Wasserratten und Wanderer werden auf einen Abstecher zur spektakulären **Cava Grande** nicht verzichten wollen (15 km nördlich von Noto). Von Ávola folgt man der SP 4 und zweigt nach 3 km zum *Belvedere* ab, wo man einen schönen Blick auf Syrakus und die 10 km lange Schlucht von **Cassibile** genießt. Wie Pantálica diente sie zwischen 1000 und 850 v. Chr. als Zufluchtsort. Zahlreiche Felsgräber wurden in die steilen Felswände geschlagen. Ein schmaler Weg führt vom Belvedere hinunter zu einigen idyllisch gelegenen Wasserbecken, die besonders an den Sommerwochenenden ein beliebtes Ausflugsziel sind. Die bedeutendste unter den Schluchten der Hybläischen Kalktafel ist die 13 km lange, wildromantische **Cava d'Ispica** (28 km südwestlich von Noto). Von der Steinzeit bis weit ins 20. Jh. war sie fast ununterbrochen bewohnt. Bis zum Erdbeben von 1693 lebten in der Schlucht über 5000 Menschen. Bei einem Rundgang entdeckt man die *Larderia,* weitläufige Katakomben aus dem 4./5. Jh., mehrgeschossige Wohnhöhlen wie die Grotte Cadute oder die byzantinische Felskirche San Nicola mit Freskenfragmenten. Für weitere Erkundungen im nördlichen Bereich der Schlucht empfiehlt sich die Begleitung eines Kustoden (im Sommer 9–19, sonst 9–13.15 Uhr). Am Ende der Schlucht, direkt beim Barockstädtchen **Ispica,** liegt der **Parco della Forza,** die Ruinen des vom Erdbeben zerstörten mittelalterlichen Ispica (9–13.30, im Sommer bis 19.30 Uhr). Beeindruckend der Pferdestall mit Felszeichnungen und die *centoscale,* eine enge, unterirdische Treppe mit über 200 Stufen, die der Wasserversorgung diente.

Die Monti Iblei

»Wer diesen Teil des südöstlichen Siziliens durchquert und insbesondere das Gebiet der Provinzen von Syrakus und Ragusa, wird unweigerlich überrascht sein von dem dichten Netz der Trockenmauern, die das Land durchschneiden, teilen, zerstückeln, die Hügel in Terrassen für Wein und Orangenkulturen aufteilen. Zwischen Hecken von Feigenkakteen, Johannisbrotbäumen und Olivenhainen tauchen sie als ländliche Konstruktionen auf, schaffen manchmal unbestimmte Räume, die einer launischen Fantasie zu entspringen scheinen, in Wirklichkeit aber einer klaren Funktion unterliegen«.

So beschrieb der Dichter Antonino Uccello 1972 die eigenartige Landschaft der Monti Iblei, der Hybläischen Berge, mit ihren unendlichen steinernen Zickzack-Linien. Aus den steinigen Böden gruben die Bauern das Material für diese Mauern, um das Vieh auf eingepferchte Weiden stellen zu können und ihre Äcker abzugrenzen. Im Gegensatz zum übrigen Sizilien wurde in der Grafschaft Modica, die ungefähr der heutigen Provinz Ragusa entspricht, nämlich bereits im 15. Jh. das Erbpachtsystem eingeführt. Die Bauern konnten gegen eine jährliche Abgabe die Felder in eigener Verantwortung bestellen und entwickelten dadurch eine starke Bindung zu ›ihrem‹ Land. Noch heute prägen Land- und Viehwirtschaft die Gegend um Modica und Ragusa. Zu den hervorragendsten Produkten gehört der kastenförmige Ragusano-Käse aus roher Kuhmilch, die streng genommen nur von der einheimischen braunen Modica-Rasse stammen darf. Seinen Geschmack verdankt er den Wildkräutern, die die Kühe auf der Weide fressen. Das Erbpachtsystem ermöglichte aber auch die Bildung einer starken mittelständischen Schicht, wie sich an manchen Häusern von Ragusa und Modica ablesen lässt. Gemeinsam mit Noto zählen sie zu den Vorzeige-Barockstädten, die nach dem Erdbeben von 1693 im Südosten entstanden.

Modica

Wie ein Y schmiegt sich Modica um einen Felssporn. Glanzpunkt der Stadt ist die Kirche **S. Giorgio** (1738) mit ihrer schwungvollen Einturmfassade in der Oberstadt (7–12, 15.30–19 Uhr). Die scheinbar nicht enden wollende monumentale Freitreppe unterstreicht ihre theatralische Wirkung. Einen schönen Blick auf die Stadt genießt man vom nahe gelegenen **Belvedere Pizzo.** Als Gegenpol erhebt sich in der Unterstadt die Treppenkirche **San Pietro,** zu der überlebensgroße Statuen der zwölf Apostel begleiten. Durch die hübsche Via Grimaldi erreicht man die erst 1987 entdeckte byzantinische Höhlenkirche **S. Nicolò Inferiore** (tgl. 10–13, 15.30–18.30 Uhr). Die vermutlich einst griechisch-orthodoxe Kirche schmücken Fresken aus dem 12. Jh., darunter eine Darstellung Christi als Weltenherrscher, flankiert von der Jungfrau und einigen Heiligen. Aus den Trümmern von vier früheren Kirchen entstand **Santa Maria di Betlem** (tgl. 9–13, 15.30–19.30 Uhr). Aus der Zeit vor dem großen Erdbeben blieben nur das Renaissanceportal und die reich geschmückte spätgotische *Capella del Sacramento* erhalten. Die Via Umberto führt weiter über die Piazza Buozzi zum **Museo Ibleo delle Arti e Tradizioni Popolari** (tgl. 10–13, 15.30–18.30 Uhr). In rekonstruierten Werkstätten illustrieren historische Gerätschaften typische Handwerksberufe wie Schneider und Schuster, Imker, Barbier oder Konditor.

Bei einem Bummel durch die Stadt wird man zahlreiche schöne Details entdecken, etwa das arabisch-normannische Portal des **Palazzo Leva** oder das Spitzbogenportal und die schöne Rosette der **Chiesa del Carmine.** Es lohnt sich auch, den Hals zu recken, um am **Palazzo Manenti** (Corso Umberto I.

Ragusa ▷

228) die überschwänglich geschmückten figürlichen Konsolen oder am **Palazzo Tomasi Rosso** (Corso Crispi 76) die kunstvollen schmiedeeisernen Balkone zu betrachten. Einen würdigen Abschluss bilden die Schokoladennaschereien der Antica Dolceria Bonajuto nach spanisch-aztekischen Rezepten.

Ufficio Turistico della Contea di Modica, Via Corso Umberto 262, tgl. 9–13, 15–19 Uhr, Tel. 0932 75 27 47, Fax 0932 75 28 97

Modica Bassa: Fattoria delle Torri, Vico Napoletano 17, Mo geschl.; vertrauen Sie den Kreationen des Küchenchefs!; moderat. **L'Arco,** Piazza Corrado Rizzone 11, Mo geschl.; lokale Küche zu moderaten Preisen; moderat.

Caffè dell'arte, Corso Umberto 114; sizilianische Spezialitäten.

Antica Dolceria Bonajuto, Corso Umberto I. 159; die Konditorei schöpft aus der arabischen und spanischen Tradition, besondere Spezialität sind die *liccumie,* ein Gebäck aus Auberginen und Schokolade. Den Käse *Ragusano doc* bekommt man bei **Rosario Floridia,** Contrada Scorsone, Tel. 0932 95 23 70 oder **Giovanni Pisana,** Contrada Monte Margi 31, Tel. 0932 948469.

Ragusa

Weil man sich nach dem Erdbeben im 17. Jh. nicht einigen konnte, wie die Stadt wieder aufgebaut werden sollte, gibt es Ragusa heute gleich zweimal: das verwunschene **Ragusa Ibla** an der alten Stelle, und auf einer anderen Hügelkuppe, jenseits einer tiefen Talsenke, die planmäßig errichtete pulsierende Oberstadt **Ragusa Superiore.** Einen Spaziergang durch die Provinzhauptstadt (66 500 Ew.) beginnt man am besten hier, am geschäftigen Corso Italia. Einen prüfenden Blick werfen die drei Masken über den Fenstern des **Palazzo Bertini** (1; Nr. 75) auf die Vorübergehenden: ein zahnloser, hungriger Alter, ein feiner Edelmann und ein reicher Händler mit Turban – Sinnbilder für Armut, Macht und Reichtum. Am Ende der Via XXIV. Maggio führt eine Treppe mit schönen Ausblicken in die verwinkelte Unterstadt. Auch hier stehen stattliche Palazzi: Am **Palazzo Cosentini** erheitern Fabelwesen, Zeitgenossen fanden sich an den Balkonkonsolen des **Palazzo Rocca** mit teils grotesken Zügen verewigt, darunter Musikanten und ein Mann mit Brille. Prunkstück der Altstadt aber ist die Kirche **S. Giorgio** von Rosario Gagliardi (10–12, 16.30–19 Uhr). Die mächtig aufragende Einturmfassade mit ihren Säulen und ausladenden Voluten, zu der eine steile, breite Freitreppe hinaufführt, scheint fast zu entschweben. Die klassizistische Kuppel kam erst im 19. Jh. hinzu. Vom nahe gelegenen Vorgängerdom **S. Giorgio Vecchio** hat sich einzig das gotisch-katalanische Portal mit dem Drachentöter erhalten.

Kirchen finden sich auch im gepflegten Stadtpark mit weitem Blick in das Irminio-Tal, zum Beispiel die

Circoli – Wo Männer unter sich sind

Die Tradition lebt. Noch immer treffen sich Würdenträger hinter den schweren Damastvorhängen des Palazzo Arezzi am Domplatz von Ragusa Ibla im *Circolo di Conversazione.* Verblasste Deckenfresken und antiquiertes Mobiliar schmücken die großen Räume, in der die Zeit stehen geblieben zu sein scheint.

Man wird in Sizilien kaum einen historisch gewachsenen Ort finden, der keinen *circolo* vorzuweisen hat. In diesen seit dem 19. Jh. bestehenden Adelsclubs wurde Politik gemacht, Geschäfte abgeschlossen, philosophiert oder in aller Seelenruhe, fern von den Blicken der Frauen, Karten oder Billard gespielt, geraucht und getrunken. Meist lagen die neuesten Publikationen aus. In einer Zeit, in der eine Reise von Palermo ins Hinterland eine mehrtägige Strapaze bedeutete, Neuigkeiten oft mit monatelangen Verspätungen eintrafen, ermöglichten diese Zirkel Information und Austausch. Natürlich konnte nicht jeder diesen standesbewussten Clubs beitreten. Streng wurde auf die Trennung der sozialen Klassen geachtet. Im Laufe der Zeit entstanden neue Clubs, wie der revolutionäre Circolo Garibaldi, die Circoli der Landwirte, der Kriegsveteranen, der Eisenbahner, der Jäger .... Längst wird in diesen locker organisierten Freizeitvereinen keine Stadtpolitik mehr betrieben. Für diejenigen, die sich aber vom Arbeitsleben verabschiedet haben, bleiben sie ein wichtiges soziales Scharnier. Wer höflich anfragt, dem wird man gern einen Blick in die einstigen Räume der »Leoparden« gewähren.

ebenfalls kuppelbekrönte **Kirche S. Giacomo** (3; 10–12, 17–19 Uhr). Das Innere der **Chiesa dei Cappuccini** (4) schmückt ein Flügelaltar des Caravaggio-Schülers Pietro Novelli, der sich hier auch selbst porträtierte (10–12, 17–19 Uhr). In der Nähe stießen Archäologen bei Grabungen auf eine Straße und Behausungen der antiken Stadt *Hybla Heraea*. Die Funde sind im **Museo Archeologico Ibleo** ausgestellt (5; Via Natalelli im Hotel Mediterraneo, 9–13.30, 16–19 Uhr).

Wie eine steingewordene Fata Morgana erhebt sich die elegante Fassade des rätselhaften **Schlosses von Donnafugata** aus der flachen Landschaft (23 km südwestlich von Ragusa). Sein Name nährte lange Zeit Spekulationen, dass es sich hierbei um das berühmte Schloss handle, das Lampedusa in seinem Roman »Der Leopard« beschreibt. Doch in Sizilien gibt es viele Orte, die so heißen. Der Name leitet sich aus dem Arabischen ab und bedeutet »Quelle der Gesundheit«.

Einen Einblick in adlige Wohnkultur vermitteln die erst kürzlich restaurierten Innenräume: der Wappensaal mit den Insignien der alten sizilianischen Familien, ein Spiegelsaal, das Billard- und Musikzimmer mit Landschaftsdarstellung, ein Damensalon und ein Rauchsalon mit gemalten Pfeifen an der Wand. In den einstigen Ställen und Gesindewohnungen befindet sich ein ausgezeichnetes Restaurant.

AAPIT, Via Capitano Bocchieri 33, Tel. 0932 62 14 21/65 48 22 /62 22 88, Fax 0932 62 34 76, www.ragusaturismo.com, Mo–Fr 9–13, Di/Do auch 15.30–18 Uhr.

Mediterraneo Palace**,** Via Roma 189, Tel. 0932 62 19 44; Fax 0932 62 37 99; modernes Haus mit geräumigen Zimmern, erste Adresse am Platz; ÜF ca. 105 €. **Montreal***,** Via San Giuseppe 8, Tel./Fax 0932 62 11 33; modernes, gepflegtes Haus mit ruhi-

Ragusa
1 Palazzo Bertini 2 S. Giorgio 3 S. Giacomo 4 Chiesa dei Cappuccini
5 Museo Archeologico Ibleo
Hotels: H1 Mediterraneo Palace H2 Montreal
Restaurants: R1 Il Barocco R2 U' Saracinu R3 Antica Macina R4 La Pergola

gen Zimmern; ÜF ca. 80 €. **Eremo della Giubiliana*****,** Contrada Giubiliana, ca. 8 km südwestlich von Ragusa, Tel. 0932 66 91 19, Fax 0932 623 89; himmlische Ruhe in luxuriös ausgebauten Mönchszellen in einem ehemaligen Kloster, Restaurant, eigener Badestrand (10 Automin. von Ragusa entfernt); ÜF ca. 180 €.

Ragusa Ibla: Il Barocco, Via Orfanotrofio 29, Mi geschl.; stimmungsvolle Trattoria in den luxuriösen Pferdeställen eines einstigen Adelspalastes; moderat. **U' Saracinu,** Via del Convento 9, Mi geschl.; rustikale Regionalküche in ehemaligem Kloster; moderat. **Antica Macina,** Via Giusti 129, Mo geschl.; traditionelle Küche raffiniert variiert; moderat. **Ragusa Alta: La Pergola,** Piazza Sturzo 6, Di geschl.; Gourmetlokal mit innovativer Fischküche; teuer. **Donnafugata: Al Castello,** Im Kastell, Mo geschl.; Spezialität: Mit Ricotta gefüllte Ravioli in Schweinefleisch-Sugo und mit Gemüse, Lammfleisch oder Würsten gefüllte *scacce* (Brotfladen); moderat.

Typische Häkel- und Spitzenarbeiten, wie sie die Aussteuer Ragusaner Töchter schmückten, fertigen die **Sorelle Jacono,** Via Campo 9. **:** Den Käse *Ragusano doc* bekommt man bei der **Caseificio Consorzio Ricerca Filiera Lattiero-Casearia,** Via Eugenio Montale, Tel. 0932 64 49 67 oder in der **Casa del Formaggio Sant'Anna,** Corso Italia 330, Tel. 0932 22 74 85. **Antica Drogheria,** Corso XXV. Aprile 59-61; beste Weinauswahl und Spezialitäten aus Ragusa.

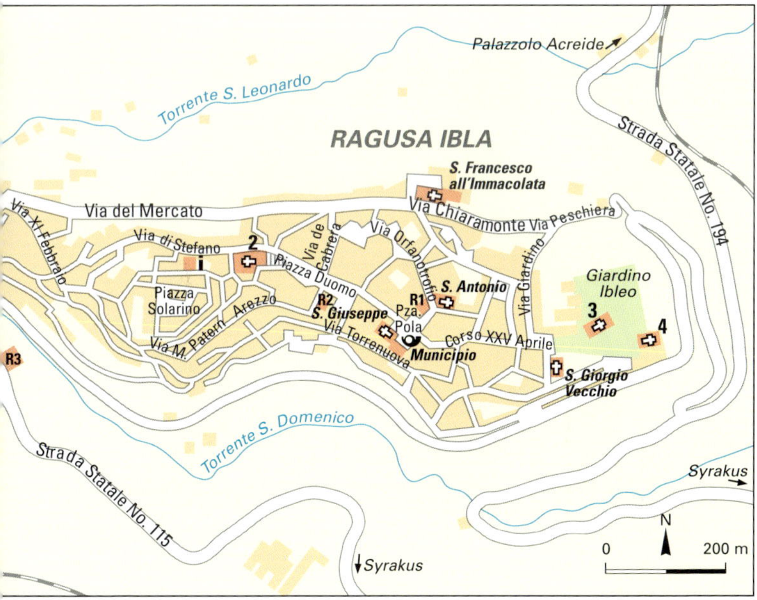

Im Zentrum Siziliens

Morgantina

Villa del Casale

Caltagirone

Nicosia und Sperlinga

Enna

Caltanissetta

Eine von tausenden: Majolikafliese in Caltagirone

Das Hügelland Innersiziliens

Archäologisches Kleinod Morgantina • Der Bilderreigen der Villa del Casale • Keramikstadt Caltagirone • Enna, der Nabel Siziliens • Die mittelalterlichen Burgdörfer Nicosia und Sperlinga • Das gelbe Gold von Caltanissetta

Morgantina

In einsamer Landschaft, eingebettet zwischen Olivenhainen und Weinhängen, liegt die wenig besuchte Ausgrabungsstätte von **Morgantina** (tgl. 8 Uhr bis zwei Stunden vor Sonnenuntergang). Ab dem 8. Jh. drängten Sikuler auf die waldreichen Hänge mit den fruchtbaren Böden. Doch als ihr Fürst Duketios Mitte des 5. Jh. ein eigenes Reich schaffen wollte, griffen die syrakusanischen Griechen ein und eroberten die Stadt. Als wichtiger Handelsplatz zwischen Nord- und Südsizilien erlebte Morgantina in den folgenden Jahrhunderten seine Blütezeit. Während des Zweiten Punischen Krieges unterwarfen die Römer die Stadt, die in der Folge allmählich an Bedeutung verlor. Die seit 1955 laufenden Grabungen förderten vor allem Bauten aus dem 4.–3. Jh. v. Chr. zutage.

Auch wenn von vielen der antiken Gebäude nur noch ihre Fundamente vorhanden sind, kann man sich bei einem Besuch Morgantinas in das Leben einer griechischen Stadt zurückversetzt fühlen. Etwa beim Gang über die rechteckig angelegte *agora,* Handelsplatz und Treffpunkt zugleich. An der Nordseite, wo heute auch der Eingang zur Stadt liegt, befand sich das *gymnasium,* eine lange Halle für Wettrennen, Springen oder Ballspiele mit angeschlossenen Umkleideräumen und Bädern. Von der *stoa* an der Ostseite, einer Wandelhalle, in der sich die Bürger zu öffentlichen Vorträgen und Diskussionen trafen, zeugen noch die Säulenstümpfe. Das überdachte *macellum,* die Markthalle, im Zentrum der Ágora geht auf römische Zeit zurück. Eine trapezförmig angelegte Treppenanlage verbindet den Marktplatz mit der unteren Ágora, die hauptsächlich gesellschaftlichen und religiösen Anlässen diente. Auf ihren Stufen tagte auch die Volksversammlung, in der alle Bürger das Recht hatten, die vom Rat der Stadt vorgeschlagenen Gesetze zu diskutieren und gegebenenfalls abzulehnen. Im Demeter- und Persephone-Heiligtum vor dem Theater wurden den Göttinnen des Ackerbaus über Jahrhunderte hinweg Opfergaben dargebracht. Zum ältesten Teil der Kultstätte gehören der zylinderförmige Altar, auf dem sich die Statue Demeters befand, und eine Opfergrube, in der zahlreiche Öllämpchen und Votiv-Vasen gefunden wurden. 5000 Menschen fanden im Theater Platz, dessen Zuschauerraum, Bühnenaufbau und *orchestra* mit einem Opferaltar für Dionysos noch gut erhalten sind.

Am Rand der unteren Ágora fand man eine Keramikwerkstatt mit gut erhaltenen Brennöfen zur Herstellung von Ziegeln, Tonröhren oder Fußbodenplatten. Für die zentrale Bedeutung Morgantinas für das Umland spricht der Getreidespeicher. Er nahm nicht nur die Vorräte der Stadt auf, sondern auch die Getreideabgaben an Syrakus. Auf den Hügeln zu den Seiten der Ágora erstrecken sich die auf rechtwinkeligem Straßenraster angelegten Wohnviertel mit zum Teil großzügigen Atriumhäusern. Im »Haus des dorischen Kapitells« überraschte der Hausherr

Innersizilien

seine Gäste mit einem in Mosaik gestalteten Willkommensgruß. Das »Haus des Ganymed« direkt hinter der *stoa* verdankt seinen Namen einem mehrfarbigen Mosaik mit dem Raub des schönen Mundschenks Ganymed durch Zeus in Gestalt eines Adlers. Es gilt als eine der ältesten figürlichen Darstellungen hellenistischer Mosaikkunst. Weitere Fundstücke aus Morgantina präsentiert das Archäologische Museum im hübschen Landstädtchen **Aidone,** darunter schöne Bekrönungen von Giebeln in Form von Mänaden oder Gorgonen (tgl. 8–18.30 Uhr).

Die Villa del Casale

Nur wenige Kilometer entfernt erhebt sich auf einem 697 m hohen Hügel **Piazza Armerina,** eine Gründung der Normannen. Das Stadtbild beherrscht die Kuppel des barocken Doms SS. Assunta aus dem frühen 17. Jh. Nur der spätgotische Campanile erinnert noch an den Vorgängerbau aus dem 15. Jh. Im Innern birgt der Dom eine byzantinische Ikone der Muttergottes, die Roger I. nach dem Sieg über die Sarazenen vom Papst als Geschenk erhalten haben soll. Jedes Jahr am 13. und 14. August feiert das Städtchen den *Palio dei Normanni.* Dann findet in den Altstadtgassen ein farbenfroher Kostümumzug statt, und im Stadion erinnern Ritterturniere, die zwischen den einzelnen Stadtvierteln ausgetragen werden, an den Einzug der normannischen Truppen.

Die berühmteste Sehenswürdigkeit der Stadt aber ist die 6 km ent-

Landschaft in Innersizilien

fernte **Villa del Casale.** Die spätantike Villa, die zwischen dem Ende des 3. und Anfang des 4. Jh. nahe der Verbindungsstraße Agrigent–Catania erbaut wurde, liegt in einem wald- und wasserreichen Tal. Im 12. Jh. verschüttete ein Erdrutsch den Prachtbau, schützte ihn damit aber zugleich vor weiterer Zerstörung. Erst in den 50er Jahren des 20. Jh. begannen Archäologen mit systematischen Ausgrabungen. Was dabei wieder ans Tageslicht kam, war so einmalig, dass die Unesco die Anlage zum Weltkulturerbe erklärte.

Die imposante Villa mit 3500 m^2 Grundfläche gliedert sich um einen zentralen Säulenhof. Im Westen schließen sich die Thermenanlagen an, im Norden der Gästeflügel, im Osten die privaten Gemächer und der Empfangssaal, im Süden die Speiseräume. Die Einzigartigkeit der Anlage liegt aber nicht in ihrer Größe, sondern in den Bodenmosaiken begründet, die von nordafrikanischen Künstlern geschaffen wurden. In leuchtenden Farben und mit großer Liebe zum Detail werden Geschichten aus der griechischen und römischen Sagenwelt erzählt, Alltags- und Jagdszenen dargestellt, Spiele und Feste illustriert. Wer eintauchen möchte in die aristokratische Wohnkultur der Römer, sollte am frühen Morgen kommen, wenn noch keine Reisebusse die Zufahrt verstopfen und die Souvenirstände gerade erst aufgebaut werden. Unter der Plexiglaskonstruktion, die man zum Schutz der Mosaiken gebaut hat, herrschen dann noch angenehme Temperaturen und auf den Laufstegen, die durch die Villa führen, kein Gedränge.

In der Antike betraten die Besucher die Villa durch ein hufeisenförmiges **Atrium.** Auf der kleinen Sitzbank warteten schon am frühen Morgen die ersten Klienten, Händler und Pächter mit ihren Bitten und Klagen. Für die Angehörigen der Oberschicht gehörte der Morgenempfang zur ersten Pflicht. Auf dem Mosaik im Vestibül begrüßen bekränzte Jünglinge mit Fackeln und Lorbeerzweigen die Eintretenden. Durch das Atrium betrat man auch die **Thermen.** In den *praefurnia,* der Feuerungsanlage, wurde die Heißluft erzeugt, die durch ein kompliziertes System von Tonröhren und Hohlziegel das angeschlossene *caldarium* (Warmbad) und das *tepidarium* (Lauwarmbad) beheizte. Im kleinen Massagesaal ließ sich der Hausherr von Sklaven mit heißem Wasser besprengen und mit einem Schabeisen Schweiß und Schmutz abreiben. Schließlich sprang er ins *frigidarium* (Kaltwasserbad), auf dessen Mosaikboden sich Putti, Tritonen und Nereiden tummeln.

Vor dem Bad trieb er meist etwas Sport. Die hauseigene **Palästra,** die man vom Säulenhof aus erreicht, zeigt in größter Detailtreue ein Wagenrennen im Circus Maximus in Rom. Die Wagenlenker der vier Rennparteien, kenntlich an den verschiedenfarbigen Gewändern, haben sich die Zügel um den Leib geschlungen und treiben ihre jeweils vier Pferde dem Ziel zu. Sehr profane Zwecke erfüllte der kleine Raum davor: die **Latrine.** Im Unterschied zu heute kein stilles, intimes Örtchen, sondern ein Gemeinschaftsraum. Kein Sichtschutz trennte die Benutzer auf der steinernen Sitzbank, unter der ein wasserdurchspülter Abflusskanal für Hygiene sorgte.

Im Gästetrakt begeistert das **Mosaik der Kleinen Jagd**. Fünf Bildfelder illustrieren verschiedene Phasen der Jagd, eine der Lieblingsbeschäftigungen der Aristokratie. Im Mittelpunkt steht ein Opfer, das vermutlich der Hausherrr selbst, begleitet von Gefährten, der Jagdgöttin Diana

Mosaik der Großen Jagd in der Villa del Casale, Detail

darbringt. Weitaus gefährlicher geht es im 70 m langen Wandelgang auf dem **Mosaik der Großen Jagd** zu. In Afrika und Asien – in den Apsiden werden die beiden Erdteile personifiziert dargestellt – wird zur Großwildjagd auf Dromedare, Elefanten, Panther, Löwen und Strauße geblasen. Die gefangenen Tiere werden sodann nach Rom verschifft, wo sie im Kolosseum in Tierhatzen oder im Kampf gegen Gladiatoren das Volk unterhalten sollen. Die bekanntesten Gestalten der Villa sind die blondgelockten ›Bikinimädchen‹, die im Diskuswerfen, Laufen, Ballspiel und Weitspringen (mit Gewichten) miteinander wetteifern. Wie in der Antike üblich, tragen sie ein zweiteiliges Sportdress – genau so, wie man es heute, 2000 Jahre später, an den Stränden des Mittelmeers sieht.

Der Entspannung diente der **Orpheussaal,** ein rechteckiger Musiksaal mit halbrundem Abschluss. Seine Mosaiken erzählen den Mythos des Sängers Orpheus, der mit seinem Gesang und Leierspiel selbst Tiere verzauberte. An das Hauptgebäude schließt sich das **Triclinium,** der Speisesaal, an, in dem die Familie und ihre Gäste auf *klinen* (Speiseliegen) zu Tische lagen. Das zentrale Bodenmosaik verherrlicht in dramatischen Bildern die zwölf Taten des Herakules. Heitere Bilder prägen die Privaträume der Villa, die um die große **Basilika** gruppiert sind, den offiziellen Empfangs- und Repräsentationsraum der Villa. Im Zimmer der Knaben veranstalten Kinder ein Wagenrennen mit großen Vögeln, die in ihren Farben den vier Zirkusparteien der Palästra entsprechen, erlegen kleine Jäger einen Hasen, während ein anderer von einem Hahn bedroht wird. Im Mädchenzimmer werden Blumenkränze geflochten, und im Unterrichtszimmer wird musiziert. In einem anderen Raum beobachtet die Frau des Hauses den ungleichen Wettkampf zwischen dem ziegenfüßigen, von Mänaden und Satyrn begleiteten Hirtengott Pan und dem Liebesgott Eros, hinter dem die Familie des Hausherrn steht. In der Mitte des halbrunden Aufenthaltsraums wird mit dem Mythos des Sängers Arion wieder der Musik gehuldigt. Als Arion von Seeräubern gezwungen wurde, sich ins Meer zu stürzen, bat er, vorher noch einmal singen zu dürfen. Sein Spiel lockte viele Delphine an, die ihn auf ihren Rücken an Land trugen. In den Privaträumen des Hausherrn auf der anderen Seite der Basilika erzählen Mosaiken von der List des Odysseus, der Polyphem mit schwerem Wein benebelte (s. S. 122). Das Schlafgemach schmückt eine Liebesszene.

Die Archäologen wissen bis heute nicht mit Sicherheit, wem die Villa gehörte: Dem Kaiser Maximian, einem Mitregenten von Kaiser Diokletian? Dem aus Nordafrika stammende Aradius Valerius Proculus Popolonius, der 327–331 Gouverneur von Sizilien war? Sicher ist, dass sich hier, nur wenige Jahrzehnte vor dem Untergang des Römischen Reiches, in den Mosaiken der Villa Casale ein letztes Mal der genussfreudige Mensch der Spätantike mit seiner Lust an Eros, Jagd und Zirkusspielen zeigt.

Caltagirone

»*Città della Ceramica*« nennt sich Caltagirone (40 000 Ew.), 33 km südöstlich von Piazza Armerina. Wegen ihrer reichen Tonvorkommen ist die Stadt seit der Antike ein Zentrum der Keramikproduktion (s. S. 36). In der nach dem Erdbeben von 1693 im barocken Stil wieder aufgebauten Stadt findet man überall, an Brücken und Balkonen, Treppen und Kirchen, bunte Keramiktafeln. Prunkstück der Stadt ist die mit hunderten von Majolikafliesen verzierte Freitreppe **Scala di S. Maria del Monte** an der Piazza Umberto, deren Majolikafliesen all die Motive zeigen, die von der Zeit der Araber bis ins 20. Jh. in Caltagirone verwendet wurden. Am Abend des 24. und 25. Juli werden zum Fest des Stadtpatrons San Giacomo die 142 Stufen von unzähligen Kerzen in ein Lichtermeer getaucht. Einen guten Überblick über die Entwicklung der sizilianischen Keramik von der Antike bis zum 20. Jh. gibt das **Museo della Ceramica**, nach Faenza das bedeutendste Keramikmuseum Italiens (Via Roma, tgl. 9–18.30 Uhr). Den Eingang bildet eine prunkvolle, mit Majolikafliesen geschmückte Terrasse aus dem späten 18. Jh. Keramikarbeiten schmücken auch den dahinterliegenden wunderschönen *giardino pubblico,* der vom Jugendstilarchitekten G. B. Basile als Englischer Garten angelegt wurde. Wer sich über die neuesten Trends informieren möchte, sollte am südlichen Ende der Via Roma einen Blick in das *Istituto Statale d'Arte per la Ceramica* werfen, das auch interessante Ausstellungen veranstaltet. Keramik für jeden Geschmack findet sich in den unzähligen Werkstätten rund um Piazza Umberto und Piazza Municipio.

AAST Piazza Armerina, Via Cavour 15, Tel. 0935 68 02 01, Fax 0935 68 45 65, Mo–Fr 7.45-14.15, Mi auch 15-18.30 Uhr. **AAPIT Caltagirone,** Palazzo Libertini, Piazza Umberto, Tel. 0933 538 09, Fax 0933 546 10, Mo–Sa 8–14, 15.30–19 Uhr, Sa/So 9–13, 15.30–19 Uhr.

San Michele di Ganzaria (zwischen Piazza Armerina und Caltagirone): **Pomara***,** Via Vittorio Veneto 84, Tel. 0933 97 69 76, Fax 0933 97 70 90; familiär geführtes Hotel mit zweckmäßig eingerichteten Zimmern und ausgezeichnetem Restaurant; ÜF ca. 75 €. **Piazza Armerina: Agriturismo Savoca,** Contrada da Poleri 13 (Richtung Mirabella Imbaccari), Tel./Fax 0935 68 30 78 oder Handy 0335 838 03 24; freundliche Zimmer in einem charakteristischen Gutshof des 19. Jh., Pool, Kinderspielplatz, Reit- und Fahrradausflüge, biologische Produkte; ÜF ca. 50 €.

Piazza Armerina: Al Fogher, Contrada Bellia 1 (an der Abzweigung nach Aidone), Mo und 1. Augusthälfte geschl.; innovative Küche mit

Die berühmte Treppe von Caltagirone

guten Pastagerichten in einer ehemaligen Bahnstation; moderat. **La Ruota,** Contrada Paratore-Casale, nur mittags; gute lokale Küche, rustikale Terrasse; moderat.

Enna, der »Nabel Siziliens«

Grüngoldene Ackerflächen prägen die fast baumlose Hügellandschaft um das oft nebelverhangene Enna. Kein Wunder, dass der Mythos die Gegend um Enna als einen der Lieblingsorte der Korngöttin Demeter kennt. Am **Pergusa-See** – heute durch eine Automobilrennstrecke verunstaltet – geschah auch die Entführung ihrer Tochter Persephone ins Schattenreich des Hades. Verzweifelt suchte Demeter sie Tag und Nacht. Sie ließ die Felder im Stich, Dürre und Hungersnöte brachen aus. Schließlich versuchte Zeus, sie zu trösten und Persephone zurückzuholen. Diese jedoch hatte inzwischen die Kerne eines Granatapfels aus den Gärten des Hades gekostet und war damit unwiderruflich der Unterwelt verfallen. Doch Zeus fand einen Kompromiss: Die Hälfte des Jahres verbrachte Persephone von nun an in der Unterwelt, die andere Hälfte durfte sie bei ihrer Mutter im Sonnenlicht weilen. Plastischer hätte man den Wechsel der Jahreszeiten nicht erklären können!

Auf einer schönen Panoramastraße erreicht man **Enna**. Auf fast 1000 m Höhe ist sie die höchstgelegene Provinzhauptstadt Italiens. Durch

Am Karfreitag tragen die Männer von Enna eine Christusfigur durch die Stadt

die strategisch günstige Lage auf einer exponierten Bergterrasse und das fruchtbare Umland wurde die sikanische Gründung schon früh Opfer griechischer und römischer Eroberer. Unter den Römern war die Region um den »Nabel Siziliens«, wie sie Enna nannten, die Kornkammer der Hauptstadt. Das Land überzogen riesige Latifundien, die von Sklaven bewirtschaftet wurden. An einen von ihnen erinnert die martialische Bronzeskulptur am Fuße des Kastells: Der aus Syrien stammende Eunus wurde 135 v. Chr., lange vor dem ungleich berühmteren Spartakus, zum Anführer der ersten Sklavenrebellion. Erst nach drei Jahren und unter dem Einsatz mehrerer Legionen gelang es den Römern, den Aufstand niederzuschlagen.

Unter dem Normannen Roger I. wurde Enna im 11. Jh. mit einem der größten Kastelle Siziliens befestigt. Man benannte es nach der dort stationierten Garde **Castello di Lombardia** (tgl. 9–13, 15–17 Uhr). Im Inneren der Befestigungsanlage, die vom Staufer Friedrich II. ausgebaut wurde, öffnen sich drei Höfe: der Waffenträgerhof, heute Bühne des Sommertheaters, der Versorgungshof für den Fall einer Belagerung und der Sankt Martinshof, von dem einst die königlichen Gemächer abgingen. Von letzterem gelangt man zur zinnenbewehrten **Torre Pisana,** von der aus das weite Land kontrolliert wurde. Dieser höchste von einst 20 Türmen bietet einen fantastischen Rundumblick auf das gegenüberliegende Calascibetta, die Bergketten Siziliens, auf den Ätna im Osten und das Bergnest Erice im Westen. Ein unterirdischer Gang verband einst die Festung mit der achteckigen **Torre di Federico II.,** die der Stauferkönig am gegenüberliegenden Ende der Stadt errichten ließ (z. Zt. geschl.).

Lebensader des mittelalterlichen Stadtkerns ist die Via Roma. In der Karwoche wird sie Schauplatz von Prozessionen, die von den zahlreichen Bruderschaften Ennas organisiert werden. Höhepunkt ist die Karfreitagsprozession, bei der hunderte von Männern in Kapuzengewändern die Figur des toten Christus und seiner trauernden Mutter durch die Straßen tragen. Ausgangspunkt ist der **Dom,** an dessen Ursprung im 14. Jh. nur noch die gotischen Apsiden erinnern (9–13, 16–19 Uhr). Nach einem Brand im 15. Jh. wurde er im Barockstil wiederaufgebaut. Dabei wurde der bis dahin frei stehende Campanile, wie so häufig im barocken Sizilien, in die Fassade eingebunden. Meisterwerke sizilianischer Handwerkskunst des 16. Jh. sind die kunstvoll geschnitzte Kassettendecke mit geflügelten Fabelwesen, das Chorgestühl mit Szenen aus dem Alten und Neuen Testament und der Sakristeischrank. Den Domschatz bewahrt das benachbarte **Museo Alessi** auf (tgl. 8–20 Uhr), darunter eine filigran gearbeitete Goldkrone, die anlässlich des Erntedankfestes am 2. Juli den Kopf der Stadtpatronin schmückt: Maria SS. della Visitazione, die den Platz der heidnischen Demeter eingenommen hat. Am Ende der Via Roma öffnet sich rechts die Piazza Crispi mit Panoramablick auf das Umland. Eine schöne Nachbildung von Berninis »Raub der Proserpina« schmückt den kleinen Park.

AAPIT, Via Roma 413, Tel. 0935 52 82 28, Fax 0935 52 82 29, Mo–Sa 9–13, 15–19 Uhr. **AAST Enna,** Piazza N. Colaianni 6, Tel. 0935 50 08 75, Fax 0935 261 19, Mo–Sa 8–14, 16–19 Uhr.

Grande Albergo Sicilia*,** Piazza Colajanni 7, Tel. 0935 50 08 50, Fax 0935 50 04 88; erst kürzlich restauriertes Hotel im historischen Zentrum; ÜF ca. 75 €.

Centrale, Piazza VI. Dicembre 9, Tel. 0935 50 09 63; Familienbetrieb mit guter einheimischer Küche; moderat. **Da Gino,** Belvedere Marconi 6, Mi geschl., große Auswahl an Antipasti, gute Pizze, schöne Aussichtsterrasse; moderat.

Nicosia und Sperlinga

Das auf vier Bergkuppen erbaute mittelalterliche Städtchen **Nicosia,** knapp 50 km nördlich von Enna, entwickelte sich wie viele andere Städte Innersiziliens um ein normannisches Kastell, das Roger I. nach dem entscheidenden Sieg über die Araber 1062 hatte erbauen lassen. Bis in die frühe Neuzeit war Nicosia eine wichtige Station an der innersizilianischen Straße von Palermo nach Messina. Adelspalazzi und

Kirchen säumen die steingepflasterten Gassen, die bergauf, bergab durch die Altstadt führen. Wichtigste Kirchen sind San Nicolò in der Ortsmitte und die Kirche Santa Maria Maggiore in der Oberstadt. Seit dem 14. Jh. kam es zwischen den beiden Kirchengemeinden immer wieder zu lautstarken Auseinandersetzungen und Raufereien um die Vorrangstellung im Ort. Ein Tor markierte lange Zeit die Grenze zwischen den beiden Vierteln, und noch 1954 fanden am Karfreitag zwei Prozessionen gleichzeitig statt.

Die Kirche San Nicolò wurde Anfang des 19. Jh. zur Kathedrale erhoben (7.30–12, 16.30–19 Uhr). Ihre spätgotische Fassade und der Glockenturm stammen noch vom Ursprungsbau. Anlässlich der Erhebung zog man (leider!) ein neues Gewölbe ein und verbarg damit den originalen hölzernen Dachstuhl und seine einzigartigen Temperamalereien, die zu den wenigen Zeugnissen spätgotischer Malerei auf Sizilien gehören. Bis sie wieder der Öffentlichkeit zugänglich gemacht werden, kann man einige Reproduktionen im Rathaus an der Piazza Garibaldi bewundern (Mo–Do 8–14, 15.30–18.30 Uhr, Fr nur 8–14 Uhr). Beachtung verdient auch das Chorgestühl aus dem frühen 17. Jh. Unter der Marienkrönung auf linker Seite findet sich eine Darstellung von Nicosia vor dem Erdrutsch von 1757, der auch die Kirche Santa Maria Maggiore aus dem 13. Jh. stark beschädigte. Beim Wiederaufbau verschönerte man den Eingang, indem man das Barockportal eines Adelspalazzos anfügte. Seither werden die Gläubigen beim Eintritt von Venus und Cupido be-

Landschaft bei Nicosia

grüßt. Prunkstück im Innern ist das marmorne Altarbild mit Szenen aus dem Leben Mariens des Renaissancekünstlers Antonello Gagini (1512). Hinter der Kirche beginnt der mühsame Aufstieg zu den Ruinen des Kastells, von dem man einen herrlichen Rundblick genießt.

Eine ideale Kulisse für Ritterspiele bietet das 8 km entfernte **Sperlinga.** Der normannische Herrscher Roger I. ließ im 11. Jh. auf dem Sandsteinfelsen in 1050 m Höhe eine mächtige Festung errichten (tgl. 9.30–13.30, 14.30–18.30 Uhr, im Sommer 15.30–19.30 Uhr). Von Friedrich II. erweitert, war sie bis zum 16. Jh. im Besitz der Ventimiglia, der Herrscher von Castelbuono. Der Ort selbst entstand erst Ende des 16. Jh., als ein gewisser Giovanni Forte Natoli unter spanischer Herrschaft hier ein Fürstentum begründete.

Einen Platz in der Geschichte sicherte sich Sperlinga während der »Sizilianischen Vesper« (s. S. 27), als es als einzige sizilianische Stadt den Franzosen Zuflucht gewährte. Stolz meißelten die Bürger über das zweite Eingangstor zum Kastell den Spruch *Quod siculis placuit sola Sperlinga negavit* (»Nur Sperlinga widersetzte sich dem, was den Sizilianern gefiel«). Eine steile Felsentreppe führt auf den Aussichtsturm mit atemberaubendem Blick auf die Hochebene von Gangi (s. S. 85), das Massiv der Madonien, der Nébrodi und des Ätna.

Einen Spaziergang lohnt das Viertel rund um das Kastell, dessen zahlreiche Wohnhöhlen bis in die 60er Jahre des 20. Jh. noch genutzt wurden. Manche wurde in ihrer ursprünglichen Ausstattung belassen, andere in Ställe verwandelt oder durch eine vorgeblendete Fassade in ›richtige‹ Häuser umgewandelt.

Caltanissetta

Die Provinzhauptstadt Caltanissetta ist mit knapp 63 000 Einwohnern die größte Stadt Innersiziliens. Bis Ende des 19. Jh. war sie Zentrum eines der weltweit wichtigsten Schwefelabbaugebiete. Heute liegt der wirtschaftliche Schwerpunkt auf der Landwirtschaft und im Dienstleistungssektor. In die Schlagzeilen gerät

Schwefelland

Bereits die Römer beuteten die Schwefelvorkommen der Hochebene rund um Caltanissetta aus. Eine Verurteilung *ad metalla* gehörte zu den härtesten Strafen. Ab Mitte des 19. Jh., als die aufstrebenden Industrie immer mehr Bedarf an Schwefel hatte, entwickelte sich daraus ein blühender Wirtschaftszweig. Schwefel wurde auch für die Produktion von Schießpulver und Streichhölzern benötigt, in der Landwirtschaft setzte man es gegen Reblaus und Mehltau ein. So ließen die Grundbesitzer fieberhaft Löcher in die Erde graben, um das gelbe Mineral zu gewinnen. Anfang des 20. Jh. zählte man um Caltanissetta bereits über 700 Schwefelgruben, aus denen fast 40 000 Menschen 80 % der Weltproduktion an Schwefel förderten. Ihre Arbeitsbedingungen waren katastrophal. In den tiefen und engen Stollen war es stickig und oft unerträglich heiß, ständig drohten Erdrutsche oder Gasexplosionen. Die nur mit einem Lendenschurz bekleideten Arbeiter schufteten bis zu 10 Stunden täglich, Kinder und Jugendliche wurden als *carusi* (Schwefelschlepper) eingesetzt, auch nachdem 1886 die Kinderarbeit verboten worden war.

Die enormen Gewinne machten die Schwefelgrubenbesitzer kurzsichtig. An zukunftsorientierten Investitionen wie der Schaffung einer zeitgemäßen Infrastruktur für den Transport des Schwefels oder der Erforschung und Anwendung moderner Fördermethoden hatten sie kein Interesse. Als in Louisiana und Texas ebenfalls Schwefelvorkommen entdeckt und nach dem modernen Frasch-Verfahren, der Ausschmelzung mit Wasserdampf, erschlossen wurden, war Caltanissetta nicht mehr konkurrenzfähig. Spätestens nach dem Zweiten Weltkrieg mussten die meisten Minen schließen. Viele der arbeitslosen Bergleute emigrierten in die Bergbaugebiete Belgiens, Nordfrankreichs und nicht zuletzt auch Deutschlands.

die Stadt immer wieder wegen der spektakulären Mafiaprozesse, die allerdings nur aus juristischen Gründen von Palermo hierher verlegt werden, da sie nicht in dem Gerichtssprengel geführt werden dürfen, in dem die Tat begangen wurde. Weit über seine Grenzen bekannt ist Caltanissetta zum einen für die ergreifende Gründonnerstagsprozession mit den überlebensgroßen Mysteriengruppen und zum anderen für den bittersüßen Kräuterlikör Averna, dessen Rezeptur die Mönche der Abbazia di S. Spirito im 19. Jh. erfanden. Dreimal im Monat öffnet die

Avernabrennerei am Rande der Stadt neugierigen Besuchern ihre Pforten und gibt einen Einblick in die traditionellen Produktionsverfahren (Via Xiboli 345, Info: Tel. 0934 7 24 11).

Mittelpunkt der Altstadt ist die zentrale Piazza Garibaldi mit der Ende des 17. Jh. erbauten **Kathedrale,** deren Innenraum von dem Flamen Guglielmo (Willem) Borremans mit barocken Fresken ausgemalt wurde. Hinter dem Rathaus schmücken Konsolen mit Menschen- und Tierfiguren den unvollendeten **Palazzo** der Moncada, die seit dem 15. Jh. Feudalherren der Region waren. In dem benachbarten Gassengewirr findet an Werktagen ein lebhafter Lebensmittelmarkt statt.

Von der frühen Besiedlung dieser Gegend, die bis weit in die sikulische und griechische Zeit reicht, zeugen die Funde im **Museo Archeologico** nahe dem Bahnhof (Via Napoleone Colaianni 1, tgl. 9–13, 15.30–19 Uhr, letzter Mo im Monat geschl.). Glanzstück ist ein kleiner Votivtempel (6. Jh. v. Chr.) aus der nahe gelegenen Nekropole von Sabucina. In der Metropole des sizilianischen Schwefelbergbaus mit Sitz der ältesten italienischen Bergbau-Fachschule darf ein **Museo Minerario** natürlich nicht fehlen. Schwefel und seine Nebenprodukte wie Gips, Aragonit und Coelestin sowie Maschinen zum Abbau und zur Bearbeitung des Schwefels erzählen ein Stück Industriegeschichte (Viale della Regione 71, Mo–Sa 9–13 Uhr).

Wer mehr über den Schwefelabbau wissen will, der besucht die stillgelegte Schwefelmine von **Floristella-Grottacalda,** die derzeit in einen Besucherpark umgewandelt wird (ca. 45 km von Caltanissetta; SS 117 Richtung Valguarnera, tgl. geöffnet, Info Tel. 0935 95 81 05). Auf dem weitläufigen Gelände stehen noch die alten Verwaltungsgebäude. Zahlreiche Erdlöcher markieren die Eingänge zu den engen Stollen, die bis zu 70 m in die Tiefe führen. In den runden Gruben, den *calcaroni,* wurde der Schwefel ausgeschmolzen und schließlich über Stichlöcher in ein tieferes Becken abgeleitet, wo er in nassen Holzformen zu 50–60 kg schweren Barren erstarrte. Doch auch die Einführung moderner Techniken wie Fördertürme und Gill-Öfen, bei der die Ausbeute des Schwefels erhöht wurde, konnte den Niedergang der Schwefelgrube nicht aufhalten, die 1984 endgültig geschlossen wurde.

AAPIT, Viale Conte Testasecca 20, Tel. 0934 240 01, Fax 0934 212 39, www.aapit.cl.it, Mo–Fr 9–13, Mi auch 14–18 Uhr.

San Michele**,** Via Fasci Siciliani, Tel. 0934 55 37 50, Fax 0934 59 87 91; modernes Hotel am Rande der Stadt, Pool, gute regionale Küche; ÜF ca. 110 €.

Vicolo del Duomo, Vicolo del Duomo 7, So u. Mo mittag geschl.; typische lokale Küche direkt hinter dem Dom; preiswert. **Cortese,** Viale Sicilia 166, Mo und zwei Wochen im Aug. geschl.; geräumiges Lokal an der nördlichen Peripherie, gute Fleisch- und Fischgerichte; moderat.

Agrigent und sein Umland

Agrigent

Eraclea Minoa

Sciacca

Caltabellotta

Herakles-Tempel in Agrigent

Agrigent und sein Umland

Die einzigartige Tempelkulisse von Agrigent • Eraclea Minoa: Bade-Idylle mit Ruinen • Sciacca: Thermalort mit Aussicht • Heiß umkämpftes Bergnest Caltabellotta

Agrigent

Die lebendige Provinzhauptstadt Agrigent (Agrigento; 56 000 Ew.) gehört zu den meistbesuchten Orten auf Sizilien. Ihren Ruhm verdankt sie den einzigartigen griechischen Tempeln, die zu den am besten erhaltenen der Welt gehören. Wie aus einer längst versunkenen Zeit erheben sich die Prachtbauten der antiken Stadt *Akragas* auf einem steil aufragenden Felskamm, nachts dramatisch in Scheinwerferlicht getaucht. In herbem Kontrast dazu stehen die Industrieanlagen der nahen Hafenstadt Porto Empedocle und die monströse Skyline des modernen Agrigent, hinter der sich jedoch eine sehenswerte Altstadt verbirgt.

Stadtgeschichte

»Ich bitte dich, Glanz liebende, Schönste der sterblichen Städte! Persephones Sitz, die du über den Ufern des Schafe nährenden Akragas bewohnst die gut gebaute Kuppe, Königin! Freundlich mit den Unsterblichen und der Menschen Wohlgefallen, nimm diese Krone!« Mit diesen Worten rühmt Pindar im 5. Jh. v. Chr. die Schönheit des einstigen *Akragas.*

Auf einem von zwei Flüssen begrenzten Höhenzug, der durch seine schroff abfallenden Felswände leicht zu verteidigen war, gründeten Bewohner des nahen Gela und Kolonisten aus Rhodos im Jahr 582 v. Chr. die Stadt *Akragas.* Ihre Blütezeit erlebte sie unter dem Tyrannen Theron (488–472 v. Chr.). Sein Sieg über die Karthager bei Himera (480 v. Chr.) brachte ihr riesige Geldmittel, und sie stieg zur mächtigsten und mit ca. 200 000 Einwohnern bevölkerungsreichsten *polis* nach Syrakus auf. Der Philosoph Empedokles sagte über seine Mitbürger, »sie speisen, als müssten sie morgen sterben und bauen, als könnten sie ewig leben.« Zehntausende von Kriegsgefangenen erbauten die Siegestempel, die die Silhouette der Stadt wie Trophäen schmückten. Zeitgenossen berichten von kostspieligen Grabmalen, die die Bürger ihren Rennpferden, ja sogar den von Kindern im Haus gehaltenen Vögel-

Agrigent, Concordia-Tempel

chen errichteten. Gellias, der reichste Mann von Akragas, postierte einen Sklaven vor den Toren der Stadt, damit dieser alle Fremden als Gäste in sein Haus lade.

Doch schon zwei Generationen später war es mit der Herrlichkeit vorbei. 406/5 v. Chr. wurde die Stadt nach achtmonatiger Belagerung von den Karthagern erobert, geplündert und zerstört. Einen gewissen Aufschwung brachte erst wieder die Zeit unter Timoleon (um 340 v. Chr.), der weite Teile Siziliens von den Karthagern befreite. Nach der Eroberung durch die Römer wurde Akragas zum Haupthafen für die sizilianischen Weizenausfuhren. Als die Araber 827 die Stadt einnahmen, hatten die meisten Bewohner das Tempeltal bereits verlassen. Auf den höhergelegenen Hügeln entwickelte sich das neue Agrigent, das allerdings nie wieder an die einstige Größe anknüpfen konnte.

Das Tempeltal und das antike Akragas

Die *Valle dei Templi* (9 Uhr bis eine Stunde vor Sonnenuntergang; östliches Tempeltal bis 21.30 Uhr) erreicht man am besten mit dem Auto (Parkmöglichkeiten vor dem Tempio di Ercole) oder mit dem Bus Nr. 2 ab Piazza Marconi vor dem Hauptbahnhof. Wer am Morgen kommt, erlebt die vielbesuchte Stätte noch in einsamer Stille. Ein unvergessliches Erlebnis ist ein Spaziergang am Abend, wenn kurz nach Sonnenuntergang hunderte von Scheinwerfer die Tempel in ein warmes Licht tauchen (bis 21.30 Uhr).

Wie ein Diadem zieren die drei Bauten des östlichen Tempelhügels die Schauseite der Stadt. Am östlichsten und höchsten Punkt steht der zwischen 460 und 440 v. Chr. erbaute **Tempel der Hera** (*Tempio di Juno Lacinia;* die Zuschreibungen an bestimmte Götter sind meist nicht gesichert und dienen heute mehr der Orientierung). Mit seinen sechs Säulen an den Schmal- und 13 an den Längsseiten entspricht er den Proportionen der klassischen Tempel auf dem griechischen Festland. Auf dem Opferaltar davor wurden als Dank- oder Bittopfer Früchte, Wein, Honig, Öl oder Milch dargebracht. Bei Tieropfern wurden die für die Gottheit bestimmten Teile auf dem Altar verbrannt und der Rest von den Gläubigen in einem gemeinsamen Mahl verzehrt. Sehr schön lässt sich von hier auch der Verlauf der antiken Stadtmauer nachvollziehen, die, teils aus dem anstehenden Gestein herausgearbeitet, teils aufgemauert, den natürlichen Geländeabfall nutzt.

Der **Concordia-Tempel** (*Tempio di Concordia;* um 425 v. Chr.) ist einer der vollständigsten Tempel der gesamten griechischen Welt. Seine Bauteile zeichnen sich durch klassisches Ebenmaß aus: Die Säulen schwellen in der Mitte etwas an und verjüngen sich nach oben. Ein ausgeklügeltes System verschiedener aufeinander abgestimmter Maßverhältnisse ließ den Tempel auch aus größerer Entfernung als optische

Einheit und harmonisch in seinen Bauteilen erscheinen. Seinen verblüffend guten Zustand verdankt er dem Umstand, dass er im 7. Jh. in eine christliche Basilika umgewandelt wurde. Dabei wurden die Längswände der *cella* durchbrochen und zu Arkaden umgestaltet, die Säulenzwischenräume vermauert und der Eingang von der Ost- auf die Westseite verlegt. Im 18. Jh. gab man ihm sein ursprüngliches Aussehen zurück, und so vermittelt er heute wie kein zweiter auf Sizilien das Bild eines dorischen Tempels.

Vorbei an einer frühchristlichen Nekropole gelangt man zum archaischen **Tempel des Herakles** (*Tempio di Ercole;* um 500 v. Chr.). An den Anfang des 20. Jh. wiederaufgerichteten Säulen lassen sich noch deutlich die Reste von Verputz erken-

Das Tempeltal von Agrigent 14.4.02

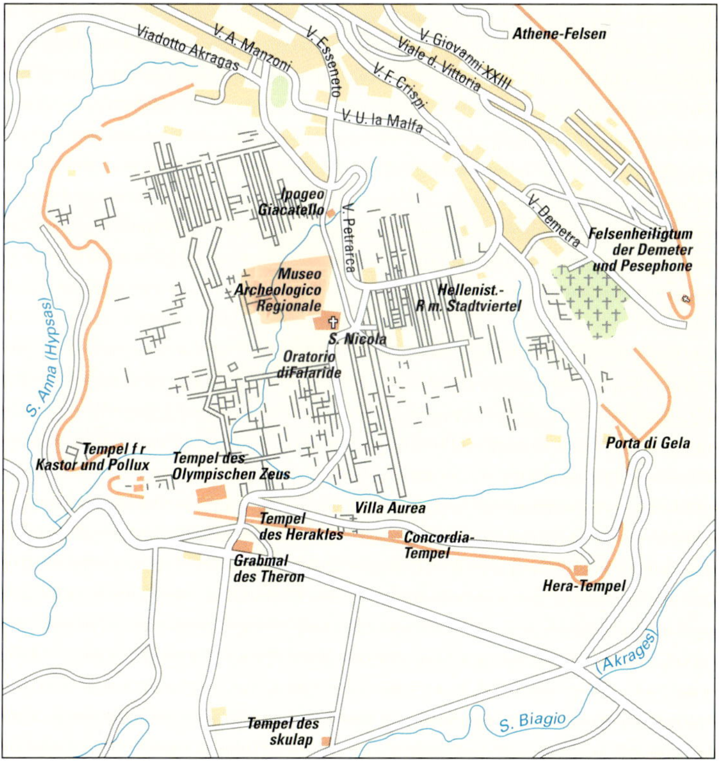

nen. Kein strahlend weißer Marmor, sondern gekalkter und bunt bemalter Kalk- oder Sandstein leuchtete den antiken Besuchern entgegen.

Jenseits des Parkplatzes mit Bar und Souvenirständen beginnt das westliche Tempeltal. Nur ein gigantisches Trümmerfeld blieb vom kolossalen **Tempel des Olympischen Zeus** (*Tempio di Giove Olimpico*). Der Tyrann Theron hatte ihn 480 v. Chr., nach dem Sieg bei Himera, von karthagischen Kriegsgefangenen errichten lassen. Kein Wunder, dass die Karthager, als sie 76 Jahre später die Stadt einnahmen, keinen Stein auf dem anderen ließen. Seine unerhörten Ausmaße (57 × 113 m) und seine eigenwillige Bauart sind einzigartig im griechischen Tempelbau. Der Hera-Tempel hätte neun Mal in ihm Platz gefunden. Allein die Säulen hatten einen Durchmesser von 4 m und eine Höhe von etwa 18 m. Ihre Längsrillen, die Kanneluren, waren, wie der griechische Historiker Diodor berichtet, so tief und so weit, dass ein Mann in ihnen stehen konnte. Allerdings umstanden die Säulen nicht wie sonst üblich die *cella*, sondern waren ihr nur als Halbsäulen vorgeblendet. Dazwischen stützten fast 8 m hohe steinerne Figuren mit karthagischen Zügen das Gebälk. Die Kopie eines solchen »Telamons« mit gekräuseltem Haar und phrygischer Mütze liegt vor den Überresten des Tempels (Original im Museum). Gern hätten die Archäologen den Tempel wieder aufgebaut, doch die Generationen dazwischen hatten ihnen einen Strich durch die Rechnung gemacht. Die Zisterziensermönche bedienten sich seiner Steine beim Bau der Kirche San Nicola, und Karl III. ließ damit den Hafendamm von Porto Empedocle aufschütten.

An der südwestlichen Stadtmauer breitet sich das **Heiligtum der chtonischen Gottheiten** aus. Im uralten Kultbezirk der Unterwelts- und Fruchtbarkeitsgötter Demeter, Hades und Persephone wurden die Opfer in einfachen, brunnenartigen Opfergruben dargebracht. In der ersten Hälfte des 5. Jh. v. Chr. wurde dieses Heiligtum durch den so genannten **Tempel der Dioskuren** (Castor und Pollux) überbaut. Die pittoreske Nordwestecke, Produkt einer etwas voreilig betriebenen Rekonstruktion durch Archäologen der Romantik, ist heute ein beliebtes Fotomotiv und Wahrzeichen von Agrigent. Interessant sind die Überreste von weißem Stuck und Spuren der bunten Bemalung.

Zur Abrundung der Eindrücke empfiehlt sich ein Besuch des **Archäologischen Museums** (Museo Archeologico Regionale) mit chronologisch geordneten Funden aus Agrigent und Umgebung (tgl. 9–17.30 Uhr). Eine herausragende Sammlung schwarz- und rotfiguriger Vasen dokumentiert die Entwicklung der griechischen Vasenmalerei. Das Original eines »Telamon« und das Modell des Zeus-Tempels führen noch einmal seine gewaltigen Ausmaße vor Augen.

Direkt beim Museum stehen auch das **Ekklesiasterion** (4./3. Jh. v. Chr.), eine theaterförmige Anlage, in der die Volksversammlung tagte, und das **Oratorium des Phalaris,** ein Grabmonument aus dem 1. Jh. v. Chr., das im Mittelalter in ein christliches Oratorium umgewandelt wurde.

Ein kleines Juwel spätantiker Bildhauerkunst verbirgt sich in der benachbarten Zisterzienserkirche **San Nicola** aus dem 13. Jh. In der zweiten Kapelle rechts steht ein weiß leuchtender Marmorsarkophag, dessen Reliefs von der unerwiderten Liebe Phaedras zu ihrem Stiefsohn Hippolytos erzählen. Nach dem Selbstmord Phaedras wird Hippolytos, den man fälschlich beschuldigte, sie bedrängt zu haben, während einer Jagd von seinen Pferden zu Tode geschleift.

Jenseits der Asphaltstraße erstrecken sich die **hellenistisch-römischen Wohnquartiere.** Die fast einen Hektar große schachbrettartige Anlage mit Resten von Wasserleitungen und Kanalisationsanlagen war vom 4. Jh. v. Chr. bis weit ins 1. Jh. bewohnt. In den zahlreichen Peristyl- und Atriumhäusern finden sich gut erhaltene figürliche und geometrische Fußbodenmosaike.

Am Castor-und Pollux-Tempel sind noch Reste der Bemalung erhalten

Rundgang durch die Altstadt

Die unter den Arabern entstandene Altstadt ist noch heute ein labyrinthisches Gewirr steiler Gässchen und Treppen. Hauptstraße und Flaniermeile ist die **Via Atenea,** die am Piazzale Aldo Moro beginnt. Durch die Via Porcello erreicht man die Überreste der **Zisterzienserabtei Santo Spirito** aus dem 13. Jh. (9–11.30, 15–18 Uhr). Aus der Entstehungszeit stammen noch das schöne gotische Portal mit Rosette und das Spitzbogenportal des Kapitelsaals. Das barocke einschiffige Innere überrascht mit Reliefs des palermitanischen Stuckkünstlers Giacomo Serpotta, der Szenen aus der Kindheit Jesu schuf. Nicht versäumen sollte man, eine Kostprobe des herrlichen Mandelgebäcks und der kalorienreichen *cuscusu* aus Schokolade, Pistazien und kandierten Früchten mitzunehmen, die die Klausurnonnen seit alters her hier backen und feilbieten (an der Holztüre klopfen).

Zu den ältesten Bauten Agrigents gehört die kleine Kirche **Santa Maria dei Greci** in der Via Saponara. Die Marienkirche wurde im 13. Jh. auf den Resten eines Tempels aus dem 5. Jh. v. Chr. erbaut. Den Stufenunterbau und die Säulenstümpfe des dorischen Tempels kann man im Kellerraum besichtigen. Über Treppengässchen gelangt man zum **Dom,** der sich an der höchsten Stelle der Altstadt erhebt. Die Normannen errichteten ihn über einem antiken Zeus-Tempel, später wurde er mehrfach erweitert und umgebaut. Nach dem Erdrutsch von 1966 musste der Innenraum restauriert werden und präsentiert sich jetzt wieder im ursprünglichen Zustand. Nur die bemalte Balkendecke aus dem frühen 16. Jh. mit Heiligen- und Apostelfiguren und den barocken Chor mit vergoldeten Engeln und Girlanden hat man belassen.

AAPIT, Viale della Vittoria 255, Tel. 0922 40 13 52, Fax 0922 25185, Mo–Fr 8.20–14.20, Mi 15–18 Uhr. **AAST,** Via Empedocle 73, Tel. 0922 203 91, Fax 0922 202 46, Mo–Fr 8–14.30, Mi 15.30–19 Uhr.

Baglio della Luna**,** Contrada Maddalusa, Tel. 0922 51 10 61, Fax 0922 59 88 02; exklusive Landvilla umgeben von Oliven- und Mandelbäumen, von den mit Antiquitäten eingerichteten Zimmern teilweise Blick aufs Tempeltal; ÜF ca. 210 €. **Villa Athena****,** Via Panoramica dei Templi, Tel.

Agrigent und Umgebung

0922 59 62 88, Fax 0922 40 21 80; Nobelvilla aus dem 18. Jh. mit Garten, Pool und Blick auf Concordia-Tempel; ÜF ca. 200 €. **Tre Torri***,** Villaggio Mosè, Tel. 0922 60 67 33, Fax 0922 60 78 39; ordentliches Hotel im zersiedelten Vorort Mosè (3 km zum Tempeltal), Fahrradverleih, Schwimmbad; ÜF ca. 90 €.

Kokalos, Via Cavalieri Magazzeni, Do geschl.; Ristorante-Pizzeria mit traditioneller Küche in rustikalem Ambiente, von der Terrasse schöner Blick auf die Tempel; moderat. **Leon d'Oro,** Viale Emporium 102, Mo geschl.; Familienbetrieb mit guter Fischküche auf dem Weg nach San Leone, dem Badestrand Agrigents; moderat. **Ruga Reali,** Cortile Scribani 8, außer im August Mo geschl.; Spezialität dieses einfachen Lokals im Herzen der Altstadt ist Couscous mit Fisch; preiswert.

Kreidebleich und wunderschön: Die Küste nach Sciacca

Auf der Fahrt von Agrigent nach Sciacca kommen Badefreunde und Kulturinteressierte gleichermaßen auf ihre Kosten. Knapp 4 km westlich von Agrigent steht in der Ortschaft **Caos** das Geburtshaus des Dichters und Literaturnobelpreisträgers von 1934, Luigi Pirandello (1867–1936; tgl. Mo–Fr 8–14.30 Uhr, Mi/Do 8–19 Uhr). Weltruhm erlangte er mit seinen psychologisierenden Theaterstücken und Romanen, die um die Grenzen von Sein und Schein und die Austauschbarkeit der Lebensrollen kreisen. Wer den ›sizilianischen‹ Pirandello kennen lernen will, muss zu seinen Novellen greifen, die vom einfachen Leben der Bauern, Hirten und Tagelöhner in den Schwefelgruben erzählen, wo er selbst, Sohn eines Grubenbesitzers, als junger Mann gearbeitet hatte. Die Urne mit seiner Asche wurde unter einer Pinie beigesetzt, von der er in seinen »Auskünften über meinen unfreiwilligen Aufenthalt auf der Erde« schrieb: »In einer Nacht fiel ich wie ein Glühwürmchen unter eine einsame Pinie inmitten des sarazenischen Olivenhains am Rande der blauen Klippen über dem afrikanischen Meer.« Aus der Gegend von Agrigent stammt übrigens auch der Chronist Siziliens, Leonardo Sciascia, und der Bestsellerautor Andrea Camilleri (s. S. 38).

Das trostlose Hafenstädtchen **Porto Empedocle,** das nur als Fährhafen zu den Pelagischen Inseln Lampedusa und Linosa interessant ist, lässt man am besten schnell hinter sich. Einst war es Ausfuhrhafen für den Schwefel aus den Gruben um Caltanissetta, heute bestimmen Chemie- und Zementwerke das Stadtbild. Einen ganzen Tag hingegen könnte man in dem 35 km entfernten **Eraclea Minoa** verbringen. Die griechische Siedlung thront auf dem weiß leuchtenden Kalkplateau von Capo Bianco, direkt über einem der schönsten Badestrände Siziliens. Ihren Namen verdankt die antike Siedlung dem legendären kretischen König Minos. Dieser hatte sich von

dem genialen Daedalos ein Labyrinth bauen lassen, aus dem kein Mensch jemals wieder herausfand. Nur dem Helden Theseus war es gelungen – mit Daedalos' Hilfe. Aus Furcht vor dem Zorn des Königs floh Dädalos zusammen mit seinem Sohn Ikarus übers Meer. Der rachsüchtige Minos verfolgte ihn bis nach Sizilien, wo er, wie die Sage erzählt, an eben dieser Stelle von König Kokalos getötet worden sein soll.

Als Tochterstadt des nahen Selinunt wurde Eraclea Minoa im 6. Jh. v. Chr. gegründet und im 3. Jh. v. Chr. von den Römern erobert. Bis zum ersten nachchristlichen Jahrhundert blieb es bewohnt. Bei den Ausgrabungen wurden bisher Stadtmauern mit zwei Türmen und Toren sowie ein griechisches Theater aus der zweiten Hälfte des 4. Jh. v. Chr. freigelegt (tgl. 9 Uhr bis eine Stunde vor Sonnenuntergang). Die Wohn-

Die weißen Kalkfelsen von Eraclea Minoa

gebiete sowie eine Töpferwerkstatt erstreckten sich südlich des Theaters. Die Grabungsfunde – Grabbeigaben, Votivgaben und Hausgeräte – befinden sich im kleinen Museum.

Eine Kletterpartie führt hinunter zum Strand zu Füßen des Kreidefelsens von **Capo Bianco,** direkt unter dem Ausgrabungsgelände. Der leuchtend weiße, vom Meerwasser ausgewaschene Felsen diente den antiken Seefahrern als Orientierungspunkt. Unverbaute, einsame Sandstrände laden zum Baden ein. Die nahe Mündung des Platani haben sich Wasservögel zu ihrem Revier erkoren. Wer Bars und Restaurants sucht, der muss auf die andere Seite des Capo Bianco fahren (oder schwimmen). Den langen, piniengesäumten Sandstrand erreicht man, wenn man wieder zur Hauptstraße Richtung Agrigent fährt und der Beschilderung Monteallegro Marina folgt. Weitere schöne Badebuchten liegen beim naturgeschützten **Torre Salsa** (15 km von Agrigent) und bei dem einzigartigen Kreidefelsen **Scala dei Turchi** (»Türkentreppe«). Einer Legende nach sollen auf der von Wind und Wasser geschaffenen Treppe, die »Türken«, sprich: Sarazenen, an Land gestürmt sein. Jenseits der Treppe hat das Meer kleine Buchten in die zerklüftete Felsenlandschaft gegraben, die flach ins Meer auslaufen – vor allem am Wochenende Lieblingsplätze der Einheimischen.

Etwa 30 km von Eraclea Minoa liegt auf einer Terrasse am Fuße des Monte Calogero das für seine Schwefelquellen berühmte **Sciacca.** Schon von den Griechen und Römern wurde es wegen seiner Thermalquellen geschätzt, heute schaffen neben dem Kurbetrieb vor allem Landwirtschaft und Fischfang die Lebensgrundlage. Die von der Re-

Fischer in Sciacca

gionalregierung in den 1980er Jahren entwickelten Pläne zum Ausbau der beschaulichen Kleinstadt (38 000 Ew.) zum zweitgrößten Ferienort nach Taormina wurden – zum Glück – trotz milliardenschwerer Subventionen nicht verwirklicht. So bleibt Sciacca auch weiterhin ein einfacher Thermalkurort mit einer allerdings prächtigen Jugendstiltherme. Die Hauptstraße Corso Vittorio Emanuele säumen schöne Renaissance- und Barockpalazzi wie der zinnenbekrönte Palazzo Steripinto aus dem frühen 16. Jh., dessen Fassade ganz aus diamantförmigen Quadern besteht. Einen Einblick in die Wohnkultur und die enzyklopädische Sammelleidenschaft gutbürgerlicher Kreise des 19. Jh. gibt der zum Museum umgewandelte Palazzo Scaglione (Mo 9–13 Uhr, Di/Do auch 15–19 Uhr). Allein der schön erhaltene Majolikaboden und die bemalten Decken lohnen einen Besuch. Die zahlreichen Keramikwerkstätten und -geschäfte mit schönen Majoliken setzen die Tradition des Töpferhandwerks fort, das sich in Sciacca ab dem 17. Jh. etablierte. Mittelpunkt des Ortes, Aussichtsterrasse und abendliche Flaniermeile ist die Piazza Scandaliato. Einen schönen Ausblick genießt man auch vom 390 m hohen **Monte Calogero,** in dessen Schwitzgrotten sich bereits die Römer erquickten. Wenige Kilometer östlich der Stadt liegt der **Castello Incantato,** der »verzauberte Garten« des Filippo Bentivegna (tgl. Di–So Okt.–März 9–13, 15–17 Uhr, April–Sept. 10–12, 16–20

Uhr). Bis zu seinem Tod 1967 schuf »Filippu delli Testi«, wie ihn die Einheimischen nannten, in seinem Olivenhain unzählige Gesichter aus Tuffstein und Olivenholz.

AAST, Corso Vittorio Emanuele 84, Tel. 0925 211 82, Fax 0925 841 21, Mo–Sa 8–14 Uhr.

Torre Makauda*,** Contrada Makauda, Tel. 0925 96 81 11, Fax 0925 99 70 07, 9 km östlich von Sciacca; moderne Ferienanlage mit Hotelzimmern, Bungalows und schönen Sandstrand; ab 80 €, mit HP. **Paloma Blanca**,** Via Figuli 5-7, Tel./Fax 0925 251 30; sehr einfaches Hotel in Zentrumsnähe; ÜF ca. 53 €.

Sciacca: Hosteria del Vicolo, Vicolo Sammaritano 10, So u. Mo abend und Ende Okt. geschl.; moderne Kunst und traditionelle Keramik schmücken dieses außergewöhnliche Lokal, das sizilianische Traditionen und innovative Küche auf wunderbarste vereint; moderat. **Porto Palo di Menfi: Vittorio,** Via Friuli Venezia Giulia, So und Mo abend geschl.; gutes, schnörkelloses Fischlokal mit Blick aufs Meer, das tägliche wechselnde Menü (25 €) ist seinen Preis wert.

Caltabellotta

Eine kurvenreiche Panoramastraße führt in das verwunschene Bergdorf **Caltabellotta.** Die Araber nannten den Ort *Kal'at al ballut,* Fels der Eichen. Die Eichen sind inzwischen Mandel-, Oliven- und Agrumenpflanzungen oder Weinbergen gewichen. Die fast uneinnehmbare Lage der Stadt mit dem spitzen, fast 1000 m hohen Pizzo Castello im Rücken machte sie schon früh zur idealen Zufluchtsstätte. Nach Meinung mancher Archäologen befand sich hier *Kamikos,* die Hauptstadt des sagenhaften Königs Kokalos. Während der römischen Sklavenkriege Ende des 2. Jh. v. Chr. wurde sie zur Trutzburg rebellischer Sklaven, die es am Ende vorzogen, von eigener Hand zu sterben als sich zu ergeben. In die normannische Burg flüchtete sich 1194 die Witwe des letzten Normannenkönigs, Sibylla, mit dem kleinen Wilhelm III. vor den Nachstellungen des Staufers Heinrich VI. Nur durch falsche Versprechungen gelang es ihm, sie aus der Festung zu locken und sich zum Alleinherrscher von Sizilien aufzuschwingen. Hier wurde 1302 auch der Frieden zwischen Anjou und Aragonesen geschlossen (s. S. 27). Wer heute den steilen Weg von der normannischen Chiesa Madre zu den Festungsruinen hinaufsteigt, genießt eine grandiose Aussicht auf die umliegenden fruchtbaren Täler.

Einen Umweg verdient das gegenüberliegende **Burgio.** Seit über 400 Jahren werden in dem kleinen Familienbetrieb Virgadamo Glocken gegossen. Einst läuteten diese nur in Sizilien zur Messe, heute fertigt die letzte Glockengießerei Siziliens auch Glocken für Kirchen in Venezuela oder dem Kongo. Auf höfliche Anfrage wird man durch den kleinen Betrieb geführt und kann die einzelnen Phasen des Glockengusses nachvollziehen.

Der Westen

Selinunt

Gibellina

Die Heimat des Marsala

Mozia

Trapani

Erice und Segesta

Lo Zingaro

Salinenlandschaft mit Windmühle bei Trapani

Der Westen

Die Ausgrabungen von Selinunt • Zurück in die Zukunft: Gibellina • In der Heimat des Marsala • Auf den Spuren Schliemanns: Mozia • Die glitzernden Salzgärten von Trapani • Heiligtümer mit Meeresblick: Erice und Segesta • Lo Zingaro: Badespaß im Naturparadies

Selinunt: Antikes Flair in landschaftlicher Idylle

Zu den faszinierendsten archäologischen Stätten Siziliens zählt das Ausgrabungsgebiet von **Selinunt** (Selinunte; 9 Uhr bis 2 Std. vor Sonnenuntergang). Ausgedehnte Olivenhaine, Weinberge und tiefblaues Meer umgeben das fast 300 ha große Gelände, auf dem man noch einen Hauch antiker Atmosphäre zu spüren vermeint. Sogar der wilde Sellerie (griech.: *selinon*), der der Stadt den Namen gab und ihre Münzen zierte, sprießt hier noch.

Um 628 v. Chr. gründeten Siedler aus *Megara Hyblaia* bei Syrakus auf einem von zwei Flüssen umflossenen Areal die Stadt Selinunt. Häfen wurden angelegt und auf dem fruchtbaren Ackerland Weizen, Oliven und Wein angebaut. Trotz der Nähe zum karthagischen Hoheitsgebiet konnte sich das Gemeinwesen ungestört entfalten. Ihre Blütezeit erlebte die über 100 000 Einwohner zählende Stadt im 6. und 5. Jh. v. Chr., als große Bauprojekte in Angriff genommen wurden, um den Reichtum der Stadt zu demonstrieren. Allerdings kam es immer wieder zu Grenzkonflikten mit dem nahen Segesta (s. S. 212), das im Jahr 409 v. Chr. schließlich die Karthager zu Hilfe gegen die Nachbarstadt rief. Nach neuntägiger Belagerung wurde Selinunt eingenommen und zerstört. In Erinnerung an die Schmach von Himera (s. S. 23) ließen die Karthager in der griechischen Stadt keinen Stein mehr auf dem anderen. Die Mauern wurden geschleift und die Bewohner auf den Sklavenmarkt von Karthago geschleppt. Fortan war Selinunt nur noch eine Geisterstadt, die allmählich unter dem Flugsand verschwand. Erst im 16. Jh. wurde es wieder entdeckt, ab dem 19. Jh. begann man mit der systematischen Ausgrabung der Stadt und der Tempelanlagen.

Die antiken Bauten wecken nicht nur bei Archäologen das Fieber des Spurensuchers. Von der großartigen Stadtanlage haben die Archäologen bisher die Prunkbauten des östlichen Tempelbezirks, die Akropolis und das geheimnisumwitterte Heiligtum der Demeter Malophorus freigelegt. Da bis heute nicht mit Sicherheit geklärt ist, welchen Göttern die Tempel geweiht waren, werden viele nur mit Buchstaben bezeichnet.

Unbestrittener Glanzpunkt von Selinunt ist die **östliche Tempelgruppe.** Ein mächtiger neuzeitlicher Erdwall schottet sie vom modernen Badeort ab. Die Fantasie beflügelt der zwischen 470 und 450 v. Chr., kurz nach der Schlacht von Himera, erbaute **Tempel E** (68 m × 25 m), der vermutlich der Hera geweiht war und in den 60er Jahren des 20. Jh. wieder aufgerichtet wurde. Er weist alle Charakteristika eines dorischen Ringhallentempels auf, der durch architektonische Raffinessen den Eindruck vollkommener Regelmäßigkeit vermittelt: Die steigende Krümmung des Unterbaus (Kurvatur), die Neigung der Säulen nach innen und die leichte Schwellung ihres Schafts, die Zusammenziehung der Säulenzwischenräume und den harmonischen Wechsel von Metopen und Triglyphen. Eine Besonderheit des sizilianischen Tempelbaus findet sich auch hier: das *adyton,* ein innerhalb des Kultraums abgeschlossener Bereich als eigentliche Wohnstätte der Gottheit. Das Gebälk des Kultraums schmückten hervorragend gestaltete Metopen (Relieffelder) mit Szenen aus der griechischen Mythologie wie die »Hochzeit von Hera und

Tempelsäulen in Selinunt

Zeus«, die sich heute im Archäologischen Museum von Palermo befinden. Und natürlich muss man sich auch diesen Tempel in den leuchtendsten Farben vorstellen. Die Triglyphen waren blau, das untere Gesims dunkelrot, die Säulen mit einer weißen Stuckschicht überzogen.

Rechts vom Hera-Tempel liegen die Überreste des zwischen 560 und 540 v. Chr. erbauten **Tempel F** (62 m × 25 m), auch Athena-Tempel genannt, dessen Gebälk mit Darstellungen des Kampfes der griechischen Götter gegen die Giganten geschmückt war (ebenfalls in Palermo).

Zu den größten dorischen Ringhallentempeln der griechischen Welt gehört der um 520 v. Chr. begonnene **Tempel G** (110 m × 50 m), der beim Einfall der Karthager 409 v. Chr. noch im Rohbau war. Aus dem Trümmergebirge ragt nur noch ein einziger Säulenstumpf in den Himmel. Besonders schön lässt sich hier die Entwicklung der Säulen und Kapitellformen nachvollziehen. Am Anfang noch archaisch flach und weit ausladend, werden die Kapitelle im Verlauf der langen Bauzeit runder und straffer.

Die *Strada dei Templi* führt zum Eingang der **Akropolis,** Festung und Hauptkultplatz der Stadt. Umgeben von einer mächtigen **Wehrmauer** erhob sich zwischen zwei Flussniederungen das zum Meer hin steil abfallende Burgplateau. Ein System rechtwinklig sich kreuzender Straßen durchzieht die Anlage und lädt zum Schlendern ein. Viel hat man herumgerätselt, warum man angesichts dieser prächtigen Tempel noch einen zweiten Tempelbezirk angelegt hat. Sicher spielte nicht nur Verehrung für die Götter eine Rolle. Mit dieser großartigen Kulisse wollten die erst wenige Jahrzehnte zuvor eingewanderten Griechen auch ihre Macht und Größe gegenüber anderen Stadtstaaten demonstrieren.

Vorbei an Resten kleinerer Tempel und Wohnhäuser gelangt man zum **Tempel C** (64 m × 24 m), auch Herakles-Tempel genannt, der mit seinen im Jahr 1925 wieder aufgerichteten monumentalen Säulen zum Wahrzeichen von Selinunt wurde. Der älteste Bau der Stadt (um 550 v. Chr.), weist noch die Lebendigkeit und die Unbekümmertheit um ausgeklügelte Proportionen der frühen Tempel auf. Seine Eingangsseite schmückten ausdrucksstarke Metopen mit Szenen wie »Herakles, der die Kerkopen wegträgt« oder »Athene, die Perseus bei der Tötung der Gorgo hilft«. Als magisches, Unheil abwehrendes Zeichen prangte im Giebelfeld die bunte Fratze der Gorgo mit dem Schlangenhaar (heute im Museum von Palermo). Es waren diese und andere Scherben der Akropolis, mit der der Architekt Jacques Ignace Hittdorf 1824 die Farbigkeit griechischer Tempel belegte und damit der gängigen Meinung widersprachen, dass sie gänzlich weiß gewesen seien.

Am nördlichen Ende befand sich der eigentliche Zugang zur Akropolis. Dahinter erstreckte sich die anti-

Der Tempel E war vermutlich der Hera geweiht

ke Stadt, die noch unter Flugsand begraben ist. Der Zugang wurde im 3. Jh. v. Chr. nach der Zerstörung durch die Karthager durch raffinierte **Befestigungsanlagen** verstärkt.

Ein schöner Spaziergang führt westlich der Akropolis zum **Heiligtum der Demeter-Malophorus,** der Erd- und Fruchtbarkeitsgöttin. Der Tempelbezirk (50 m × 60 m), der seit vorgriechischer Zeit am Weg zur Nekropole von Selinunt lag, diente vermutlich dem Totenkult. Zu dem ummauerten Bezirk, den man über eine säulenbestandene Eingangshalle betrat, gehörten Opferaltäre und ein schlichter, hausförmiger Tempel. In dem archaischen Heiligtum wurden auch die Unterweltgottheiten Hekate und der Zeus Meilichios verehrt.

Wer Selinunt besichtigt hat, sollte einen Besuch der antiken Steinbrüche von **Cave di Cusa** nicht versäumen (3 km südlich von Campobello di Mazara, tgl. 9 Uhr bis Sonnenuntergang). Aus diesem Steinbruch schlugen Sklaven die Quader für den kolossalen Tempel G. Als die Karthager sich 409 v. Chr. Selinunt näherten, ließen die Arbeiter Hammer und Meißel fallen und flüchteten in die Stadt. Seither hat sich kaum etwas verändert. Noch immer liegen die erst roh behauenen Blöcke an ihrem Platz. Manche Schäfte sind bereits halb aus den Kalkstein herausgelöst, einige stehen schon zum Abtransport bereit, bei anderen hatte man gerade erst mit den Vorarbeiten begonnen.

Cagliari, Ustica
Tyrrhenisches Meer
San Vito lo Capo
Tonnara del Secco
Santa Crescenzia
Riserva naturale
Lo Zingaro
Golfo di
Castellammare
Timpone
Cava di Tufo
M cari
Tonnarella dell Uzzo
Castelluzzo
Purgat rio
Custonaci
Scopello
Balestrate
Sant Andrea
Sperone
Assieni
Visicari
Castellammare
del Golfo
Pizzolungo
Bonagia
Paparella
Balata
di B ida
Icamo
Marina
Erice
Vald rice
Badia
La T ssia
Trapani
Heiligtum der
Annunziata
Buseta
Buseto
Superiore
Villa Impastato
Cantoniera
Milo
Lenzi
Palizzolo
Xitta
N pola
Murfi
Borgo
Casale
Terme
Segestane
Alcamo
gadische
Inseln
N bia
Paceco
D ttilo
Ballata
Bruca
Marino
B glio Rizzo
Palma
Pietretagliate
Ponte
Binuara
Segesta
Fulgatore
Mar usa
Guarrato
mmari
Segesta
Calatafimi
La P rgola
M ndola
Rilievo
Sirignano
Birgi Novo
Ballottella
Cantoniera
Ponte
di C ddia
Borgo
Celso Fardella
Masseria
Falcone
Vita
San Leonardo
Granatello
Borgo
Zaffarana
Casa
Tafele
Borgo
Eredit
M zia
Dara
Madonna
della Cava
Borgo
Fazio
Filci
Casa
della Pietra
Isola
Grande
Santi Filippo
Giacomo
Borgo
Rinazzo
Ulmi
Salemi
Casuzze
San Cir
Marsala
Paolini
Gibellina
Ruderi
di Gibellina
Matarocco
Brugnone
Calamita
V cchia
Ciavolotto
Ci volo
Borgo
di Buturro
Santa Ninfa
Abate
Chelbi
quila
Villapetrosa
Casa Patera
Cardilla
Casale
Roccolino
Soprano
Casa
gate
Lido
Signorino
Terrenove
Palermo
Partanna
Petrosino
Strasatti
Borgata
Costiera
Roccazzello
Montevago
Pizzolato
Santissima
Trinit di D lia
Liotta
Molino
Ferriato
Rappareddi
Piano
Mezzapelle
Vignale
Castelvetrano
Rocchetta
Mazara del Vallo
Campobello
di Mazara
Bivona
Parrino
Casa
Pignatelli
Menfi
Cave di Cusa
Selinunte
Marinella
Triscina
Granitola-
Torretta
Tre Fontane
Porto
Palo
187
113
119
115
118dir
E 933
A29dir
A 29
E 90
188
E 931
N
0
10 km
Mittelmeer

Alceste*,** Via Alceste 23, Tel. 0924 461 84, Fax 0924 461 43; ordentliches, gepflegtes Hotel mit Kinderspielplatz am Rande von Marinella; ÜF ca. 75 €. **Lido Azzurro**,** Via Marco Polo 98, Tel./Fax 0924 462 56; einfache und günstige Herberge direkt am Sandstrand; ÜF ca. 50 €.

Entlang des langen Sandstrandes gibt es eine große Auswahl an Lokalen. Eine gute Adresse ist: **La Scogliera,** Via Scalo di Bruca 25; gute Fischküche, große Antipasti-Auswahl; moderat.

Die Gegend um Castelvetrano ist berühmt für ihr gutes **Olivenöl.** Gute Adressen sind: **Agro Verde,** Piazza Matteotti, 70, Tel. 0924 456 15; **Girolamo Campagna,** Via XX. Settembre 33, Tel. 0924 892 13; **Angela Consiglio,** Via Ugo Bassi 12, Tel. 0924 90 43 64.

Futuristisches Gibellina

In der Nacht zum 14. Januar 1968 erschütterte ein verheerendes Erdbeben das verschneite Belice-Tal. 251 Menschen kamen um, über 100 000 wurden obdachlos, sechs Ortschaften, darunter Montevago und Gibellina, wurden zerstört. Die Rettungsmaßnahmen wurden nur zögerlich eingeleitet. Von den über 2 Mrd. Lire, die der Staat zur Verfügung stellte, versickerte ein Großteil in dunklen Kanälen. Die Menschen zogen in provisorische Baracken. Manche leben noch heute darin.

Nachdem jahrelang nichts geschehen war, wagte Gibellina in den 1970er Jahren unter dem Bürgermeister Ludovico Carrao mit Hilfe engagierter Architekten und Künstler einen radikalen Neuanfang. Eine ganz neue Stadt sollte erstehen. Nach den Plänen berühmter Architekten wie Paolo Portoghesi und Vittorio Gregotti schuf man inmitten weiter Felder eine Retortenstadt nach dem Vorbild englischer Gartenstädte, in der kleine, zweistöckige Reihenhäuser mit Garten die schachbrettartig angelegten Straßen säumen. Am Eingang von Gibellina Nuova prangt eine monumentale Stahlskulptur (1980) von Pietro Consagra. Der große Pflug von Arnaldo Pomodoro weckt noch Erinnerungen an das früher bäuerliche Leben. Doch der meist menschenleere Rathausplatz mit dem Stadtturm aus Sichtbeton oder die kugelförmige Kirche wirken befremdlich. Die Absage an die Tradition und der Versuch, die Wege der Avantgarde einzuschlagen, stießen bei den Bewohnern auf wenig Gegenliebe. Viele der Skulpturen rosten heute vor sich hin.

Ein bewegendes Mahnmal gelang hingegen dem umbrischen Künstler Alberto Burri. Über die 16 km entfernte Ruinenlandschaft des alten Gibellina legte Burri ein »Leichentuch« aus weißem Zement: **»Il Gretto«,** »der Riss«. Gänge durchschneiden die 1,5 m mächtige Schicht und zeichnen die mittelalterlichen Stra-

Skulptur von Pietro Consagra am Eingang von Gibellina

ßenzüge nach. Jedes Jahr dient das Kunstwerk als Kulisse für die Aufführung der »Orestie« des Aischylos (Info: Tel. 09 24/6 74 28, www.fondazione. orestiadi.org)

Mazara del Vallo

Maghrebinisches Flair atmet die Hafenstadt **Mazara del Vallo.** Auf der Hafenpiazza, an der Stelle, wo im 9. Jh. die Araber an Land gingen, um Sizilien zu erobern, fallen heute zu Beginn und am Ende des islamischen Fastenmonats Ramadan hunderte von Menschen auf die Knie, wenden sich gen Mekka und beten. Der Iman kommt aus Palermo, die Lautsprecher sind vom katholischen Priester ausgeliehen. Rund 5000 Moslems leben in der verwinkelten *kasbah* des rund 48 000 Einwohner zählenden Mazara. Die meisten arbeiten in der größten Fischfangflotte Italiens, andere im Weinbau, in den Olivenhainen oder im Baugewerbe.

Am frühen Morgen, wenn die Fischkutter einlaufen, geht es im Hafen hoch her. Dann wird lautstark um den besten Fisch gefeilscht, der sogleich in großen Kühlcontainer abtransportiert wird. Aus normannischer Zeit stammt die hübsche, quadratische Kirche **S. Nicolò Regale** an der Ostseite des Kanals mit einer für die arabisch-normannische Architektur typischen rosafarbenen Kuppel. Ein Spaziergang entlang des Mazara-Flusses führt ins barocke Zentrum der sonst an Sehenswürdigkeiten eher armen Stadt, zur Piazza della Repubblica. Von dem unter Roger I. gegründeten und barock umgestalteten **Dom** blieben die Apsis und ein Portalrelief erhalten, das den Fürsten zu Pferde zeigt. Zukünftige Attraktion der Stadt wird die lebensgroße antike Bronzestatue eines Satyrs sein, die sich 1983 in den Netzen eines Fischkutters vor Pantelleria verfing und gerade restauriert wird.

Marsala

Mehr zu sehen gibt es in Marsala. Die von den Phöniziern 397 v. Chr. gegründete Stadt verdankt ihren Namen den Arabern, die sie *Marsal-Allah,* Hafen Gottes, nannten. Einen Platz in den italienischen Geschichtsbüchern sicherte sie sich durch die Landung Giuseppe Garibaldis in den ersten Maitagen des Jahres 1860, mythischer Beginn der italienischen Einigungsbewegung. Weithin bekannt ist Marsala aber für seinen Dessertwein. Zu den traditionellen Keltereien gehören seit jeher das Haus Florio, in dessen historischen Weinkellern teilweise noch *riserva* aus dem 19. Jh. lagert, und das seit 1880 bestehende Haus Pellegrino, das auch die Dessertweine *Passito* und *Moscato di Pantelleria* produziert. Ein Geheimtipp ist Marco De Bartoli, der in seinem Weingut in der Gemarkung Samperi nach alten Methoden keltert.

Durch eines der Stadttore gelangt man in die hübsche Altstadt. Ihr Herz ist die **Piazza Repubblica** mit dem **Senatorenpalast** aus dem 18. Jh. und dem **Dom San Tommaso** mit der imposanten Fassade aus Tuffstein. Er wurde bereits unter den Normannen gegründet, im 18. Jh. aber vollständig erneuert. Im Innern birgt die Kirche Heiligenstatuen der Bildhauer-Familie Gagini.

Einer erzbischöflichen Schenkung des 16. Jh. verdankt Marsala acht flämische Wandteppiche, auf denen ungemein plastische Bilder in leuchtenden Farben die Geschichte der Judäischen Kriege erzählen, die mit der Eroberung Jersusalems 70 n. Chr. endet **(Museo degli Arazzi,** Via Garraffa 57 (hinter dem Dom, tgl. 9–13; 16–18 Uhr, Mo geschl.). Nicht nur Kinderherzen erfreut das **Archäologische Museum Baglio Anselmi,** das in einer ehemaligen Weinkelterei an der Meerespromenade untergebracht ist (Museo Nazionale Lilibeo Baglio Anselmi, Via Lungomare Boeo, direkt beim Kap, tgl. 9–14 Uhr, Mi, Fr, Sa, So auch 16–19 Uhr). Besonders interessant ist ein 35 m langes phönizisches Kriegsschiff, das 1979 nahe der Insel Mozia im Meer gefunden wurde. Es sank vermutlich am Ende des Ersten Punischen Krieges (241 v. Chr.) in der entscheidenden Seeschlacht vor den Ägadischen Inseln, die zu Gunsten der Römer ausging. Am Ende der Promenade, hinter dem Kap, stößt man auf die Überreste einer **römischen Siedlung.** Gut erhalten haben sich vor allem die vielfarbigen Bodenmosaiken einer römischen Villa aus dem 3. Jh. n. Chr.

Marsala – Siziliens Antwort auf den Portwein

Aus Sizilien stammt ein meist trockener Likörwein, der sich hervorragend als Aperitif oder Dessertwein eignet: der Marsala. Der englische Kaufmann John Woodhouse, der 1773 auf die Insel kam, um mit Gemüsedünger zu handeln, fand heraus, dass der bernsteingelbe Bauernwein aus der Gegend von Marsala bei entsprechender Bearbeitung mit den damals sehr beliebten spanischen und portugiesischen Weinen wie Sherry, Porto und Madeira durchaus konkurrieren konnte. Der englische König war vom Marsala jedenfalls derart begeistert, dass er ab dem Jahr 1800 jährlich 200 000 l zur Unterstützung der Kampfmoral von Lord Nelsons Flotte orderte. Wie man am Ausgang der Seeschlacht von Trafalgar sehen kann: mit Erfolg. Begünstigt durch die Kontinentalsperre Napoleons erlebte der Marsala ab 1806 einen regelrechten Boom und es entstanden weitere Kellereien rund um die Stadt Marsala.

Ab der Wende zum 20. Jh. verkam das einst so geschätzte Getränk durch Hinzufügung von Eigelb, Mandeln und anderen Geschmacksstoffen allmählichen zu einem klebrigen Billigprodukt. Erst seit 1985 regelt die für den Marsala eingeführte D.O.C.-Bezeichnung (kontrollierte Herkunftsgarantie) exakt Zusammensetzung der Trauben, Kelterung und Abfüllung und untersagt artfremde Zusätze. Nach der Gärung werden dem Grundwein aus Inzolia- und Grillo-Trauben ausschließlich Branntwein und *mistella* oder *mosto cotto,* süßes, unvergorenes Traubensaftkonzentrat, hinzugefügt. Anschließend reift der Marsala, je nach Qualität ein bis zehn Jahre, in alten Steineichenfässern, wird goldgelb bis bernsteinfarben und erreicht einen Alkoholgehalt von 17 % bis 19 %.

und eine kleine Thermenanlage (Eingang Via Vittorio Emanuele, werktags tgl. 9–13, 15–19 Uhr).

Eine Attraktion ersten Ranges ist die etwa 10 km nördlich von Marsala gelegene kleine Insel **Mozia.** Als Heinrich Schliemann 1875 hierher kam, schrieb er in sein Tagebuch: »Da es nichts zu entdecken und kein historisches Rätsel zu lösen gibt, werde ich die Ausgrabungen nicht fortsetzen.« Doch er irrte. In Mozia fand man nämlich das seltenes Beispiel einer phönizischen Siedlung. Aus einer kleinen Handelsniederlassung entwickelte sie sich bald zu einer bedeutenden Stadt. Doch zwischen den Griechen und den Phöniziern kam es immer wieder zu Feindseligkeiten und im Jahr 397 v. Chr. wurde Mozia von Dionysios I. von Syrakus erobert und zerstört. Die Überlebenden verließen daraufhin die Insel für immer und gründeten das heutige Marsala.

Entdecker von Mozia war Giuseppe Whitaker, ein passionierter Hobbyarchäologe. Als einer der letzten Erben der sizilianisch-englischen Unternehmersfamilie, die durch den Marsalahandel reich geworden war, ließ er sich durch das Urteil Schliemanns nicht beirren. Er erwarb die Insel, veranlasste Anfang des 20. Jh. umfangreiche Ausgrabungen und entdeckte »einen Teil des Orients, der in dieses sizilianische Meer geschleudert wurde und dort auf geheimnisvolle Weise der Zerstörung der Zeit entgangen ist«, wie der Archäologe Sabatino Moscati schrieb.

Bei einem Spaziergang über die Insel sieht man u. a. Häuser mit gut erhaltenen Mosaiken, einen künstlichen Binnenhafen *(kothon),* große Teile der Stadtmauer und eine umfangreiche Nekropole *(tophet),* wo außer Bestattungen auch Kulthandlungen zu Ehren der phönizischen Götter Baal und Astarte stattfanden. Unzählige Aschenurnen und Votivstelen, von denen die jüngeren mit figürlichen Darstellungen geschmückt waren, kamen bei den Grabungen ans Tageslicht und sind heute der Stolz des Museums von Mozia (tgl. 9.30–12.30, 15–18 Uhr, Tel. 0921 6 82 05 22).

Nördlich des sakralen Bereichs stießen die Archäologen auf ein Handwerkerviertel. Neben den Resten von zwei Brennöfen fanden sie zahlreiche Schalen der Trompeten-Schnecke *(murex),* die von den Phöniziern benutzt wurde, um das begehrte Purpurrot zu gewinnen. Vermutlich war dies also das Viertel der Färber und Weber. Das Weben war eine Kunst, auf die sich die Phönizier besonders gut verstanden. Der Insel gab sie sogar ihren Namen – Mozia bedeutet auf phönizisch »Spinnerei«.

In einem Abfallhaufen des Handwerkerviertels stieß man 1978 auch auf die meisterhaft gearbeitete Marmorstatue des »Jünglings von Mozia«. Der Reiseschriftsteller Dominique Fernandez geriet bei ihrem

10.4.02

Auf der Insel Mozia ▷

Der Jüngling von Mozia

Anblick angesichts der »fließenden Bewegung des Stoffes und der Festigkeit der Pobacken« ins Schwärmen. Wen die Statue allerdings darstellt und zu welchem Zweck sie geschaffen wurde, ist bis heute ein Rätsel.

Pro Loco, Via 11 Maggio 100 (Kathedrale), Tel. 0923 71 40 97, Fax 0923 71 40 97, Mo–Sa 8–20, So/Fei 9–12 Uhr; Infos zu Degustationen.

Villa Favorita, Via Favorita 27, Tel. 0923 98 91 00, Fax 0923 98 02 64; hübsche Bungalowanlage am Stadtrand mit weitläufigem Palmengarten und großem Schwimmbad; ausgezeichnetes Restaurant; ÜF ca. 65 €. **Agriturismo Baglio Vajarassa,** Contrada Stagnola, Tel. 0923 96 86 28; alter Gutshof mit kleinem Weinbaumuseum und eigener Marsalaproduktion in der Nähe der Salinen.

Trattoria Garibaldi, Piazza dell' Addolorata 35, Sa geschl.; elegantes Lokal unweit der Kathedrale, leckere Vorspeisen wie *caponata* oder Tunfischrogen aus Favignana, Couscous mit Fisch; moderat. **Delfino,** Lungomare Mediterraneo 672, nur Mai–Aug., Di geschl.; allein die Antipasti sind einen Besuch wert; moderat.

Marasala: Florio, Via Vincenzo Florio 1, Tel. 0923 78 11 11, Fax 0923 98 23 80, www.cantineflorio.com, Mo–Do 8.30–12, 14.30–17 Uhr, Fr nur vormittags, Besichtigung ca. 1 Std.; in den historischen Weinkellern lagert teilweise noch *riserva* aus dem 19. Jh. **Pellegrino,** Via del Fante 39, Tel. 0923 95 13 65, http://carlopellegrino.it, Mo–Sa 9–18 Uhr, seit 1880 bestehende Marsala-Kelterei.

Fähre nach **Mozia** (ca. 10 Min.) tgl. 9–13 Uhr, im Sommer auch 15-18 Uhr, Tel. 0923 71 25 98/ 96 81 87; Anlegestelle *(Imbarcadero Mozia)* an der Küstenstraße nach Trapani ca. 10 km hinter Marsala.

Trapani – das Tor nach Afrika

»Trapani, eine Stadt antiker Gründung, liegt am Meer, das es von allen Seiten umgibt … der Fischfang ist reichlich und geht weit über den täglichen Bedarf, man fischt große Tunfische und feuerrote Korallen beachtlicher Qualität; direkt vor den

Toren der Stadt befindet sich eine Saline ...« Der arabische Weltenbummler und Hofgeograf König Rogers, Al-Edrisi, beschreibt so 1154 die Stadt, die unter den Karthagern als Handels- und Flottenstützpunkt entstanden war. Ihren Namen verdankt die 73 000 Einwohner zählende Provinzhauptstadt den Griechen, die sie wegen der Form ihrer Landzunge *drepanon,* Sichel, nannten. Der Sage nach fiel die Sichel der Korngöttin Demeter aus der Hand, als sie verzweifelt nach ihrer Tochter Persephone suchte. Während die Korallenverarbeitung ihre Blütezeit zwischen dem 16. und 18. Jh. erlebte und heute nur noch von wenigen Handwerkern ausgeübt wird – Korallen sind durch das Washingtoner Artenschutzabkommen geschützt –, bilden Salzgewinnung und Fischfang auch heute noch die wirtschaftlichen Pfeiler der Stadt. Als Fährhafen ist Trapani auch Sprungbrett nach Sardinien, Tunesien und vor allem zu den Ägadischen Inseln Favignana, Lévanzo und Maréttimo. Frühaufstehern sei der pittoreske Fischmarkt an der **Pescheria** im Norden der Altstadt empfohlen. Da wird um Tunfisch, Schwertfisch, Gambas und Tintenfische, aber auch um seltene Exemplare wie den silbrigen Spatenfisch gefeilscht. Ein Großteil der Fischereiarbeiter sind Tunesier. Nicht zufällig ist eine der regionalen Spezialitäten *couscous,* der hier allerdings nicht wie sonst üblich mit Hammelfleisch, sondern mit Fisch zubereitet wird.

Eine Stadterkundung sollte in der Neustadt mit ihrem schachbrettartigen Straßenraster beginnen, die nach den Zerstörungen des Zweiten Weltkrieges entstand. Bedeutendster Komplex ist das ehemalige Karmeliterkloster **Santuario dell'Annunziata** an der breiten Via Conte A. Pepoli (tgl. 7–12, 16–19 Uhr). Vom Ursprungsbau aus dem frühen 14. Jh. blieben das gotische Portal und die Fensterrosette erhalten. Aus dem 15. Jh. stammen die zahlreichen Stifterkapellen, darunter die mit Muscheln aus Tuffstein geschmückte Kapelle der Fischer (rechts) und die Kapelle der Matrosen (links). Besondere Verehrung genießt die marmorne »Madonna di Trapani« aus dem 14. Jh., die dem Florentiner Nino Pisano zugeschrieben wird. Die einstigen Klosterräume beherbergen heute das **Museo Regionale Pepoli** (Mo–Sa 9–13.30, So 9–12.30 Uhr) mit Heiligenfiguren der Bildhauer-Familie Gagini, archäologischen Funden aus den griechischen und römischen Städten Westsiziliens und einer Pinakothek mit einem Werk von Tizian: »Die Stigmatisation des hl. Franziskus« (1530). Besonders interessant sind die Zeugnisse lokalen Kunsthandwerks wie die Majolikaböden mit der Darstellung einer *mattanza,* der Tunfischjagd, oder die schönen Beispiele der Korallenverarbeitung. Seit jeher war die Koralle ein begehrter, weil Unheil abwehrender Stein. In der Antike Symbol des Blutes der mythischen Medusa, stand sie in christlicher Zeit für das Blut Christi. Noch heute spielt die

Die Salzgärten von Marsala und Trapani

An der Küste zwischen Marsala und Trapani, wo das Wasser je nach Salzgehalt weiß oder rosa schimmert, glitzern ausgedehnte Salzgärten in der Sonne. Bereits die Phönizier erkannten die Gunst des Klimas und der geografischen Verhältnisse an Siziliens Westküste – eine flache Schwemmlandebene, der leicht erhöhte Salzgehalt des Meerwassers (3,5–4,5°), geringe Niederschläge, überdurchschnittlich hohe Temperaturen und konstante Winde – und richteten hier die ersten Salinen ein. Bis in die frühe Nachkriegszeit hinein blieben sie für Trapani und Umgebung einer der wirtschaftlichen Eckpfeiler, bis ausländischer Konkurrenzdruck, erhöhte Betriebskosten und schließlich die verheerenden Überschwemmungen von 1965 und 1968 die Salinen Anfang der 70er Jahre in eine schwere Krise stürzten. Viele wurden aufgegeben oder in Aufzuchtbecken für Fische verwandelt. Inzwischen hat man

Koralle eine wichtige Rolle im Alltagsleben. Neugeborenen schenkt man kleine Armbänder aus Koralle, Amulette aus Koralle gelten als Glücksbringer, und auch in manchen Autos sieht man ein feuerrotes Horn hängen.

Über die schnurgerade Via Fardella gelangt man in die fußgängerfreundliche Altstadt. Prunkvolle Barock-Palazzi und -Kirchen entlang der Via Garibaldi und dem Corso Vittorio Emanuele zeugen von der Blütezeit Trapanis unter den Aragonesen. Unbedingt besuchen sollte man die **Chiesa del Purgatorio** (tgl. 16–18.30 Uhr), die den größten Schatz von Trapani hütet: die 20 tonnenschweren hölzernen Figurengruppen der Passion Christi, die seit dem späten 18. Jh. während der Karfreitagsprozession eine ganze Nacht

aber den kulturellen Wert dieser Anlage erkannt und bemüht sich um ihren Erhalt. Einige der Mühlen, die das Wasser in die verschiedenen Becken pumpten, sind nach antiken Techniken liebevoll restauriert worden und heute wieder in Funktion.

An der Salzgewinnung hat sich wenig geändert. Die Salinenanlagen sind auch heute noch in vier Becken unterteilt. Anfang März wird das Meerwasser in das erste große Becken, die *fridda,* eingeleitet. Hier hat das Wasser noch einen so niedrigen Salzgehalt, dass man es auch zur Aufzucht von Goldbrassen, Seebarschen und Aale nutzt. In den *vasi cultivu* der zweiten Ordnung, in die das Wasser der *fridda* durch einen Kanal geleitet wird, und in den darauf folgenden Becken wird der Salzgehalt des Wassers bis auf 26° Baumé gesteigert. Das Wasser hat jetzt eine fast ölige Konsistenz und ist durch Mikroorganismen rötlich gefärbt. Mit der fortschreitenden Verdunstung setzt die Kristallisation des Salzes ein, und es bilden sich bis zu 10 cm dicke Schichten. Mitte Juni findet dann die erste Salzernte statt. Mit Hacken und Schaufeln lösen die Arbeiter das Salz ab, schichten es am Rand der Becken zu Hügeln auf und decken es mit Terrakottaziegeln ab. Eine zweite Ernte findet Mitte August statt und, bei günstigen Bedingungen, eine weitere im September. Einen guten Einblick in die einzelnen Phasen der Salzgewinnung bekommt man in Saline Ettore e Infersa bei Mozia, wo (bei genügend Wind) die alte Windmühle in Betrieb gesetzt wird (Mi, Sa 13–17 Uhr, Tel. 09 23 96 69 36). In der Ortschaft Nubia befindet sich in der Saline Culcasi darüber hinaus ein kleines Salzmuseum (Museo del Sale), in dem Gerätschaften wie die Archimedische Schraube zur Wasserförderung und altes Handwerkszeug ausgestellt sind. Im ehemaligen Lagerhaus aus dem 17. Jh. kann man nach Vorbestellung auch ausgezeichnet essen (im Sommer 9.30–20, sonst 9.30–12.30, 16–18 Uhr, Tel. 09 23 86 74 42). 10.4.02

lang durch die Straßen getragen werden. Einen abschließenden Panoramablick über Trapani und die umliegende Salinenlandschaft genießt man vom achteckigen Festungsturm **Torre di Ligny** an der Spitze der Landzunge (tgl. 9.30–12.30, 16–19.30 Uhr).

AAPIT, Piazza Saturno 1, Tel. 0923 290 00, Fax 0923 240 04, www.cinet.it/apt (ital./engl.), Mo–Sa 8–20 Uhr, So 8–13 Uhr.

Crystal**,** Via San Giovanni Bosco 17, Tel. 0923 200 00, Fax 0923 255 55; modernes Haus gegenüber dem Bahnhof; ÜF ca. 130 €. **Tonnara di Bonagia****,** Loc. Bonagía (10 km nördl. von Trapani), Tel. 0923 43 11 11, Fax 0923 59 21 77; die einstige Tunfischfangstelle wurde in ein komfortables Residence-Hotel mit

Schwimmbad und direktem Zugang zum Kiesstrand umgewandelt; ÜF ca. 130 €.

Cantina Siciliana, Via Giudecca 36, Mi geschl.; von Einheimischen geschätztes Lokal mit maghrebinischem Flair; moderat. **Trattoria del Porto,** Via Ammiraglio Staiti 45, Mo geschl.; stimmungsvolles Hafenlokal, hier dreht sich alles um den Tunfisch; moderat.

Eine der wenigen noch aktiven **Tunfischfangstellen** Siziliens ist die ca. 10 km entfernte **Tonnara di Bonagía.** Jedes Jahr zwischen Mai und Juni fahren die Fischer mit ihren Booten aufs Meer hinaus, um nach einem uralten arabischen Ritus den Tunfisch in Stellnetze zu locken. Am Ufer erwarten sie inzwischen vor allem japanische Einkäufer, die Höchstpreise für den schmackhaften sizilianischen *tonno* zahlen, der schließlich auf den Tischen von Sushi-Lokalen landet.

Der Liebesberg von Erice

10.4.02

Wie ein Adlerhorst thront Erice auf einer imposanten Bergspitze (751 m), geschützt von zyklopischen Stadtmauern. Aeneas, der trojanische Königssohn, dessen Mutter die schaumgeborene Aphrodite war, soll hier auf seiner Flucht vor den Griechen bereits eine Stadt gegründet haben. Nachgewiesen ist eine Besiedlung unter den Elymern und Phöniziern. Ihren Namen verdankt die Stadt jedenfalls dem Elymerkönig Eryx, auch er ein Sohn Aphrodites. Ihr zu Ehren ließ er einen prächtigen Tempel errichten. Von den Karthagern als Astarte, von den Griechen als Aphrodite, von den Römern als Venus verehrt, zog die Göttin einen endlosen Zug von Pilgern zu ihrem Liebesberg. Priesterinnen huldigten ihr durch Ausübung der heiligen Tempelprostitution. Nicht ohne Ironie berichtet der antike Historiker Diodor: »Die Konsuln und Prätoren ... und alle Römer, die sich dort in irgendeiner amtlichen Eigenschaft aufhalten, ehren, sobald sie zum Eryx kommen, das Heiligtum mit kostbaren Weihegeschenken. Und sie legen den strengen Ernst ihres Amtes ab und geben sich dafür dem Scherz hin und unterhalten sich mit den Frauen in gehobener, fröhlicher Stimmung, im Glauben, nur auf diese Weise der Göttin zu gefallen ...« Christliche Glaubensstreiter ließen von dem Heiligtum keinen Stein auf dem anderen. Auf den Hügel der Liebesgöttin setzten die Normannen schließlich ein mächtiges Kastell und nannten das antike *Eryx* fortan Monte San Giuliano. Erst 1934 bekam die Stadt ihren ursprünglichen Namen wieder.

Einen schönen mittelalterlichen Stadtkern, eine grandiose Aussicht und leckeres Mandelgebäck locken heute die Besucher nach Erice. Naturwissenschaftler aus aller Welt kennen Erice aber auch als Sitz des renommierten Forschungszentrums Ettore Majorana. Es wurde nach dem sizilianischen Physiker Majorana benannt, der in den 30er Jahren des 20. Jh. vermutlich noch vor Heisenberg das Atomkernmodell mit Austauschkräften entwickelte. Eine Veröffentlichung seiner Ergebnisse aber lehnte er ab, vernichtete seine Berechnungen und verschwand 1937 spurlos – für viele ein Hinweis, dass er mit seiner Kernforschung schon so weit war, die Atombombe zu ermöglichen. Der sizilianische Autor Leonardo Sciascia widmete ihm den Roman »Das Verschwinden des Ettore Majorana« und 1982 veröffentlichte das Institut das »Manifest von Erice«, mit dem es sich gegen das atomare Wettrüsten wendete.

Eine kurvenreiche Panoramastraße führt vor die Tore der verkehrsberuhigten Stadt. Selbst wenn in der Ebene die Sonne flirrt und sich eine lähmende Hitze ausbreitet, weht hier oben eine erfrischende Brise. Im Frühling und Herbst ist Erice öfters in dicke Nebelschwaden gehüllt. Dann erscheint die dreieckige Stadtanlage wie ein Labyrinth, und die engen, steingepflasterten Gassen und unverputzten Natursteinhäuser könnten die Kulisse eines mittelalterlichen Kriminalromans abgeben. Bis zum Zweiten Weltkrieg war Erice eine typische Landarbeiterstadt, dann wurde es durch die Abwanderung fast entvölkert – von den einst 10 000 Einwohnern leben heute nur noch 2000 hier.

Gleich hinter der **Porta Trapani,** dem normannischen Eingangstor zur Stadt, erhebt sich die zinnenbekrönte **Chiesa Matrice.** Die für Hochzeiten beliebte Kirche mit ihrem gotischen Portal und der filigra-

Marzipanfrüchte aus Erice

nen Fensterrose wurde Anfang des 14. Jh. aus den Steinen des Aphrodite-Tempels erbaut. Der zugehörige Campanile ist durch zweiteilige, spitzbogige Fenster im Chiaramonte-Stil gegliedert. Am Corso Vittorio Emanuele Nr. 14 betreibt Maria Grammatico eine der besten **Mandelbäckereien** der Insel. Das Rezept für die Köstlichkeiten luchste sie den Franziskanerschwestern von San Carlo ab, bei denen sie aufwuchs. Treffpunkt des Ortes ist die kleine Piazza Umberto I. Im Rathaus hat man im **Museo Civico Cordici** liebevoll die Funde des alten *Erix* zusammengetragen (Mo–Sa 9–13.30 Uhr). Ein Kopf der Göttin Aphrodite aus dem 5. Jh. v. Chr. ist das einzige, was von einer der berühmtesten Kultstätten auf Sizilien übrig blieb.

Hält man sich nun rechts, gelangt man zum hübschen Stadtpark und den normannischen **Festungsanlagen,** die an der Stelle der antiken Akropolis errichtet wurden. Von hier hat man jenseits der im Sonnenlicht glänzenden Salinenfelder einen grandiosen Ausblick auf den Monte Cofáno bei San Vito Lo Capo, auf das sichelförmige Trapani und auf die Ägadischen Inseln.

AAST Erice, Viale Conte Pepoli 11, Tel. 0923 86 93 88, Fax 0923 86 95 44, Mo–Fr 8–14.30 Uhr.

Hotel Moderno*,** Via Vittorio Emanuele 67, Tel. 0923 86 93 00, Fax 0923 86 91 39; einladendes Hotel in altem Palazzo mit Sonnenterrasse und gutem Restaurant, Spezialität: *cuscus alla trapanese*; ÜF ca. 100 €. **Valderice: Baglio Santacroce***,** SS 187, km 12,300, Tel. 0923 89 11 11, Fax 0923 89 11 92; mit sizilianischen Möbeln und Kunsthandwerk eingerichtetes ursprüngliches Landhaus mit Garten und Schwimmbad; ÜF ca. 85 €.

Jugendherberge: Ostello della Gioventù Amodeo, Strada Provinciale Trapani-Erice (km 2), Contrada Raganzili, Tel./Fax 0923 55 29 64. **Ostello per la Gioventù C.S.I.,** Via delle Pinete, Erice, Tel. 0923 869144 (nur Juni–Sept.)

Monte San Giuliano, Vicolo San Rocco 7, Tel. 0923 86 95 95, Mo geschl.; Schwertfisch-Carpaccio, Couscous nach Trapani-Art oder Tunfischeier von Favignana gehören zu den Spezialitäten dieses ausgezeichneten Fischlokals; moderat. **Cortile di Venere,** Via Sales, Mi geschl.; Lokal mit wunderschönem Innenhof und guter lokaler Küche; moderat.

Der Tempel von Segesta

Eine Fünf-Sterne-Sehenswürdigkeit erwartet den Besucher etwa 30 km östlich von Trapani. Der Tempel von Segesta gehört neben dem Concordia-Tempel von Agrigent zu den besterhaltenen griechischen Kultstätten Siziliens (tgl. 9 Uhr bis zwei Stunden vor Sonnenuntergang).

»Die Lage des Tempels ist sonderbar: am höchsten Ende eines weiten, langen Tales, auf einem isolierten Hügel, aber doch noch von Klippen umgeben, sieht er über viel Land in eine weite Ferne, aber nur ein Eckchen Meer. Die Gegend ruht in trauriger Fruchtbarkeit, alles be-

Tempel von Segesta

baut und fast nirgends eine Wohnung. Auf blühenden Disteln schwärmten unzählige Schmetterlinge. Wilder Fenchel stand acht bis neun Fuß hoch verdorret von vorigem Jahr her so reichlich und in scheinbarer Ordnung, dass man es für die Anlage einer Baumschule hätte halten können. Der Wind sauste in den Säulen wie in einem Walde, und Raubvögel schwebten schreiend über dem Gebälke.« Seit Goethes Besuch hat sich hier kaum etwas verändert. Noch immer steht der dorische Tempel in einsamer Lage. Von allen sizilianischen Tempeln verkörpert er am deutlichsten das klassische Ideal des griechischen Tempelbaus. Und doch wurde er nicht von Griechen erbaut, sondern von Elymern, einem Mischvolk aus alteingesessenen Sikanern und eingewanderten Trojanern.

Das Siedlungsgebiet der Elymer, zu dem auch *Eryx* (Erice) gehörte, lag mitten in karthagischem Hoheitsgebiet. Bei Konflikten zögerten sie nicht, mal mit den einen, mal mit den anderen zu paktieren. Um schließlich den ständigen Grenzstreitigkeiten mit der Erzfeindin *Selinus* (Selinunt) ein Ende zu setzen, erbaten sie 416 v. Chr. von Athen militärische Unterstützung. Als eine athenische Gesandtschaft nach Segesta kam, luden die Elymer sie zu opulenten Gastmählern ein. In jedem Haus wurden ihnen in goldenen Schalen und Bechern die erlesensten Speisen dargeboten. Geblendet von den scheinbar unermesslichen Reichtümern merkten die Diplomaten nicht, dass das kostbare Tafelgeschirr aus dem Heiligtum der Aphrodite im nahen Erice ›ausgeliehen‹ war und von Fest zu Fest, ja von Haus zu Haus weitergereicht wurde. Mit der Aussicht auf reiche Kriegsbeute entschlossen sich die Athener daher zur »sizilischen Expedition« (s. S. 132) – es gab wohl kaum ein verhängnisvolleres Gastmahl in der Weltgeschichte.

Vermutlich befand sich der Tempel damals schon im Bau und muss auf die Gesandten zusätzlich Eindruck gemacht haben. Als dorischer Ringhallentempel mit sechs Säulen an der Schmal- und 14 Säulen an der Längsseite weist er alle Merkmale eines klassischen Tempels auf: Die Säulen verjüngen sich flaschenhalsförmig und sind leicht nach innen geneigt. Die Kapitelle sind flacher und weniger ausladend als bei etwa 50 Jahre älteren Bauten. Harmonische Proportionen zeigen sich aber vor allem im dorischen Fries. Durch ein ausgeklügeltes System fein abgestimmter Maße zwischen den Säulen sowie zwischen den Triglyphen (den Friesplatten mit drei vertikalen Einschnitten) und den Metopen wurde das klassische Verhältnis 2:3 eingehalten. Schließlich ist der gesamte Tempelunterbau leicht gekrümmt, hat also seinen höchsten Punkt im Zentrum des Baus, was deutlich sichtbar ist, wenn man sich auf das Niveau der Stufen hinunterbeugt. All diese architektonischen Finessen rufen beim Betrachter den Eindruck perfekter Harmonie hervor.

Einmalig ist der Tempel auch deshalb, weil er im Rohbau aufgegeben wurde und damit Einblick in den Prozess eines Tempelbaus gewährt. Der Kultraum im Innern fehlt, die Säulen haben noch keine Kanelluren (senkrechten Einkerbungen), und auch die Hebebossen am Unterbau, an denen die Seile festgemacht waren, um die Quader zu bewegen, sind noch nicht abgearbeitet. Dass der Tempel von Segesta ein Prachtbau werden sollte, lässt allerdings ein kleines Detail erahnen: An der Unterseite der Gesimsecken wurden Pflanzenornamente wie Palmetten nicht einfach aufgemalt wie beim weitaus berühmteren Parthenon in Athen, sondern plastisch herausgearbeitet.

Doch nach der vernichtenden Niederlage der Athener im Hafen von Syrakus 413 v. Chr. bestand offenbar kein Anreiz mehr, den Tempel fertig zu stellen, oder es fehlten einfach die Mittel. Ihres Bündnispartners beraubt, schlugen sich die Elymer wendig auf die Seite der Karthager, die in einer militärischen Großoffensive Städte wie Selinunt und Agrigent eroberten. Segesta, mitverantwortlich für den Untergang zahlreicher griechischer Kolonien, wurde 307 v. Chr. seinerseits von den Syrakusanern erobert und zerstört. Als die römischen Eroberer eintrafen, diente sich die Stadt ihnen als Bundesgenossin an. In dieser Zeit entstand am nördlichen Felsrand des Monte Barbaro, wo einst die antike Stadt lag, das gut erhaltene **Theater** (Pendelbus). Von den

Rängen des halbrunden Zuschauerraums fällt der Blick auf das fruchtbare Umland, den Monte Erice und den Golf von Castellammare – aber auch auf die auf Stelzen gebaute Autobahn, die in ihrem eleganten Schwung den landschaftlichen Gegebenheiten folgt. Jedes Jahr im Juli und August erwacht das Theater zu neuem Leben, wenn vor historischer Kulisse die Zuschauer antiken Dramen lauschen.

Im Zeichen der Zwergpalme: das Naturschutzgebiet Lo Zingaro

Ein landschaftliches Kleinod ist Lo Zingaro, das Naturschutzgebiet im Nordwesten der Insel. Als man 1980 zwischen den Orten Scopello und San Vito lo Capo mit einer Panoramastraße einen der letzten unberührten Küstenabschnitte erschließen wollte, kam es zu massiven Bürgerprotesten. Ein Jahr später eröffnete man den ersten sizilianischen Naturschutzpark, den **Parco dello Zingaro,** dessen Wahrzeichen die Zwergpalme ist. Nur ein durch die Felsen getriebener Tunnel erinnert an das einstige Straßenbauprojekt. Schön angelegte Wanderwege erschließen heute dieses einmalige Naturparadies. In die zerklüftete Küste hat das Meer kleine Buchten gegraben. Wanderer werden auf vorgeschichtliche Höhlen stoßen und von den teils über 900 m hohen Bergen einen herrlichen Blick über die malerische Bucht von Castellammare genießen. Als idealer Ausgangspunkt auch für die Erkundung der Umgebung bietet sich das idyllische **Scopello** an. Die einstige Tunfischfangstelle hat ihren mittelalterlichen Charme bewahren können. Badefreunde bevorzugen eher **San Vito Lo Capo** mit seinem feinsandigen Strand auf der anderen Seite des Parks. Trubel herrscht nur an den Sommerwochenenden, wenn Sonnenhungrige über die winzigen Idyllen herfallen. Wer jedoch außerhalb der Saison hierherkommt, wird eine unglaubliche Ruhe finden.

Parco dello Zingaro, Castellammare del Golfo, Via Segesta 197, Tel. 0924 351 08, www.riservazingaro.it; mehrsprachige Wanderkarten erhält man direkt an den Eingängen von Scopello und San Vito. **Tipp:** Verpflegung mitnehmen, da keine Bar oder Restaurant in Fußweite.

San Vito Lo Capo: Capo San Vito, Via San Vito 1, Tel. 0923 97 21 22, Fax 0923 97 25 59; erstes Haus am Platz mit Panoramablick und Privatstrand; ca. 150 €, nur mit HP. **Riva del Sole,** Via Generale Arimondi 11, Tel. 0923 97 26 29, Fax 0923 97 26 21; funktionaler Bau mit zweckmäßig eingerichteten Zimmern nur wenige Schritte vom Meer entfernt; ÜF ca. 70 €.

Scopello: Torre Benistra, Via Natale di Roma; einfache, herzhafte Küche; moderat. **San Vito Lo Capo: Thamm,** Via Abruzzi 32, Mi geschl., außer in der Saison; ausgezeichnetes arabisch-sizilianisches Lokal mit hausgemachter Pasta; preiswert. **Alfredo,** Contrada Valanga 3; hier wird der Fisch in Meerwasser gekocht, schöne Panoramaterrasse; moderat.

TIPPS & ADRESSEN

Alle wichtigen Informationen rund ums Reisen – von Anreise bis Zoll – auf einen Blick

Ein zusätzlicher Sprachführer hält die wichtigsten Vokabeln griffbereit

INHALT

REISEVORBEREITUNGEN

Informationsstellen

Staatliches Italienisches Fremdenverkehrsamt (ENIT)
www.enit.it.
Informative Webseite zu Orten, Museen, Hotels, Veranstaltungen, Ausstellungen.

... in Deutschland
Kaiserstr. 65
60329 Frankfurt/Main
Tel. 069/23 74 34 Fax 23 28 94
Prospektbestellung (gebührenpflichtig): Tel. 0190/7064 40

... in Österreich
Kärntnerring 4
1010 Wien
Tel. 01/505 16 39, Fax 505 02 48
Prospektbestellung (gebührenpflichtig): Tel. 0900/40 06 46

... in der Schweiz
Uraniastr. 32
8001 Zürich
Tel. 01/211 30 31, Fax 211 38 85
Prospektbestellung (gebührenpflichtig): Tel. 0906/90 00 30

... auf Sizilien
Sizilianisches Fremdenverkehrsamt – Assessorato Regionale del Turismo
Via Emanuele Notarbartolo 9
90141 Palermo
Tel. 091 696 82 01
Fax 091 696 81 51

www.sicily.infcom.it
(Italienisch, Englisch)
sicily@www.sicily.infcom.it

Weitere Fremdenverkehrsämter s. u. den jeweiligen Provinzen und Städten im Text. Die **AAST** *(Azienda Autonoma di Soggiorno e Turismo)* sind für die betreffende Stadt zuständig, während die **AAPIT** *(Azienda Autonoma Provinciale per l'Incremento Turistico)* jeweils Infomaterial zur gesamten Provinz bereit hält.

Fast jede Gemeinde hat inzwischen eine Website mit tourismusorientierten Infos, teilweise auch auf Englisch. Eine vollständige Auflistung erhalten Sie unter www.comuni.it.

Landkarten

Landkarten gibt es von Kümmerly und Frey (1:200 000) oder in Italien TCI-Sicilia (1:200 000).

Einreise- und Zollbestimmungen

Besucher aus EU-Mitgliedsstaaten und der Schweiz benötigen für einen Aufenthalt von weniger als drei Monaten einen gültigen Reisepass oder Personalausweis. Kinder unter 16 Jahren müssen einen eigenen Kinderausweis besitzen oder im Elternpass miteingetragen sein. Die Grüne Versicherungskarte ist nicht Pflicht, aber anzuraten.

Waren zum persönlichen Bedarf können in unbegrenzter Menge ein- und ausgeführt werden. Bei Tabak und Alkohol gelten folgende Richtwerte: 800 Zigaretten (oder 400 Zigarillos oder 200 Zigarren oder 1 kg Rauchtabak), 10 l Spirituosen (oder 90 l Wein oder 110 l Bier oder 20 l Zwischenerzeugnisse)

Klima und Reisezeit

Nicht zu Unrecht nannte der lateinische Schriftsteller Gaius Julius Solino Sizilien die »Insel der Sonne«: Immerhin hält Catania mit einem Durchschnitt von 2528 Sonnenstunden den Europarekord. Siziliens **Klima** ist ebenso abwechslungsreich wie seine Landschaften. Während an der Küste selbst im Winter noch ein angenehm mildes Klima mit Temperaturen von nicht unter 12 °C herrscht, gibt es in den höheren Lagen durchaus Frost und Schnee. Im Gipfelbereich des Ätna liegt der Schnee oft bis weit in den Mai hinein. Die niederschlagsreiche Zeit beginnt im November und dauert bis Ende Februar. Im März verwandelt sich die Insel für zwei Monate in ein buntes Blütenmeer – die berühmte *primavera siciliana*, der Sizilianische Frühling, bricht an. Aber auch noch im März und April gibt es immer wieder Regenfälle und teilweise dramatische Temperaturstürze. Im Mai und Juni legt Sizilien sein Sommerkostüm an, die Erde wird trocken, der Weizen reift, die Landschaften färben sich goldgelb. Niederschläge sind nur noch selten und wenn, bringen sie eine angenehme Erfrischung, denn die Tage können jetzt sehr warm werden, vor allem an der südwestlichen Küste und im Landesinneren, wenn heiße Wüstenwinde die Temperaturen auf 40 °C hochschnellen lassen. Der eigentliche Sommer umfasst die Monate Juli und August: Die Luft steht, die Strände sind überfüllt. Auch Wärmegewitter bringen keine Abkühlung mehr. Erst im September pendeln sich die Temperaturen wieder auf ein angenehmes Niveau ein. Niederschläge sind ebenso wie im Oktober selten. Regnet es aber doch das eine oder andere Mal, erwacht auch die Natur wieder und die Insel erlebt ihren »zweiten Frühling«.

Die beste **Reisezeit** für die Erkundung der Insel sind Frühjahr und Herbst, ideales Badewetter herrscht von Mitte Juni bis Mitte Oktober. Wer im Hochsommer auf die Insel reist, sollte unbedingt rechtzeitig Flüge, Fähren, Hotels oder Campingplätze reservieren. Aktuelle Informationen zu Luft- und Wassertemperaturen sowie Wettervorhersagen findet man unter www.wetteronline.de/europa.htm.

Gesundheitsvorsorge

Die Auslandkrankenscheine der deutschen und österreichischen Krankenkassen garantieren kostenlose Behandlung in öffentlichen Krankenhäusern und bei Vertragsärzten. In vielen Fereinorten sind während der Saison kostenlose *Guardia Medica Turistica* eingerichtet, die einen 24-Stunden-Service bieten. Es ist ratsam, eine Auslandsversicherung abzuschließen.

ANREISE

... mit dem Flugzeug

Während der Hauptsaison werden zahlreiche Charterflüge nach Palermo bzw. Catania angeboten. Direkte Linienflüge von Frankfurt nach Catania gibt es zweimal wöchentlich. Die Flughäfen von Palermo und Catania werden regelmäßig von den Fluggesellschaften Alitalia (www.alitalia.it), Meridiana (www.meridiana.it) und der inneritalienischen Air Sicilia (www.airsicilia.it) angeflogen.

... mit dem Auto

Von Norditalien fährt man entweder die Adriaküste entlang (über Rimini, Ancona) oder über die Autostrada del Sole (A 1) über Florenz, Rom, Neapel bis nach Villa San Giovanni bzw. Reggio di Calabria, wo die Fähren nach Messina ablegen. Die italienischen Autobahnen (www.autostrade.it) sind bis Salerno alle gebührenpflichtig.

... mit der Bahn

Aus Deutschland, Österreich oder der Schweiz gibt es keine Direktzüge. Von Rom/Neapel aus bestehen zahlreiche Direktverbindungen nach Palermo/Syrakus/Agrigent, auch Nachtzüge mit Schlaf- und Liegewagen.

... mit dem Schiff

Die Schiffsverbindungen von Genua, Livorno und Neapel nach Sizilien bedienen die Fährgesellschaften Tirrenia, Grandi Navi Veloci, SNAV und Siremar. Außer bei Siremar ist bei allen Fährgesellschften Online-Buchung möglich. Darüber hinaus bestehen täglich Fährverbindungen zwischen Villa San Giovanni (Kalabrien) bzw. Reggio di Calabria und Messina.

Neapel–Palermo:
Tirrenia, Stazione Marittima Napoli, Tel. 081 317 29 99, www.tirrenia.com; täglich, Überfahrt ca. 11 Std.
SNAV, Napoli, Via Giordano Bruno 84, Tel. 081 761 23 48, www.thenet.it/snav/aliscafi; Schnellbootverbindung mit Autoverladung, Ende April–Anf. Okt. tägl. Überfahrt ca. 4 Std.
Genua–Palermo:
Grandi Navi Veloci, Stazione Marittima Genova, Via Fieschi 17, Tel. 010 58 93 31, www. forti.it/grandinavi; in der Hauptsaison täglich, in der Nebensaison nur Mo–Sa; Überfahrt ca. 20 Std.
Livorno–Palermo:
Grandi Navi Veloci, Livorno, Porto Industriale Varco Galvani, Tel. 0586 40 98 04, www.forti.it/grandinavi; dreimal wöchentlich; Überfahrt ca. 17 Std.
Zu den Inseln:
Siremar, Stazione Marittima Napoli, Piazza Municipio-Varco Angioino, Tel. 081 580 03 40, www.tirrenia.gestelnet.it/ siremar.html; verbindet

Milazzo, Palermo, Trapani und Porto Empedocle mit den vorgelagerten Inseln; außerdem dreimal wöchentlich Neapel –Äolische Inseln–Milazzo; Überfahrt ca. 17 Std.

Grundsätzlich gibt es auf allen Fähren (mit Ausnahme des Schnellbootes) **Kabinen**, die aber speziell in der Hauptsaison rechtzeitig gebucht werden müssen.

UNTERWEGS IN SIZILIEN

Die Tageszeitungen (*Il Giornale di Sicilia* für den Westen und *La Sicilia* für den Osten) informieren über die wichtigsten Bahn-, Schiffs- und Busverbindungen.

... mit der Bahn

Die Hauptstrecken verlaufen von Messina nach Palermo und weiter nach Trapani, und auf der anderen Küstenseite von Messina über Taormina, Catania nach Syrakus. Alle anderen Orte sind nur mit großem Zeitaufwand oder gar nicht mit dem Zug zu erreichen.

Kostenlose Tel. Nummer der nationale **Zugauskunft** (nur von Italien): 848 88 80 88
Website der sizilianischen Bahn: www.fersicilia.3000.it

Empfehlenswert ist eine Fahrt mit der **Circumetnea** (Ätna-Eisenbahn) um den Ätna. Haltestellen: Giarre–Linguaglossa–Randazzo–Bronte–Paternò–Catania.

Information:
Ferrovia Circumetnea
Catania
Tel. 095/541254

... mit dem Bus

Überlandbusse:
Alle Orte auf Sizilien lassen sich mit Überlandbussen erreichen. Die Fahrscheine können direkt im Bus gelöst werden.

Stadtbusse:
Fahrscheine für die öffentlichen Verkehrsmittel löst man vor dem Einsteigen entweder an Kiosken oder in den Tabacchi-Läden.

Informationen:
Catania:
AST, für Busse nach Acireale, Etna Rifugio Sapienza, Caltagirone: Tel. 095 723 05 11, Abfahrt Bahnhof
SAIS, für Busse nach Messina, Taormina, Enna, Agrigent, Caltanissetta, Palermo, Nicosia, Syrakus, Noto und Pachino: Tel. 095 53 61 68, Abfahrt Bahnhof

Palermo:
AST, Tel. 091 688 27 83, Abfahrt je nach Zielorten unterschiedlich;
SAIS, für Busse nach Rom, Caltanissetta, Catania, Enna, Piazza Armerina, Gela, Messina, Syrakus, Noto,

Cefalù, Gangi, Petralia und Termini Imerese: Tel. 091/47 53 20, Abfahrt Hauptbahnhof.

Syrakus:
AST, für Busse nach Lentini, Catania, Comiso, Ispica, Modica, Pachino und Ragusa: Tel. 0931 46 27 11, Abfahrt Piazzale delle Poste
SAIS, für Busse nach Agrigent, Catania, Messina, Noto, Pachino, Palermo und Taormina: Tel.: 0931/66710, Abfahrt Piazzale dell Poste.

... mit dem Auto

Sizilien verfügt über ein sehr gut ausgebautes Straßennetz mit guten Autobahnverbindungen, die gebührenfrei oder sehr günstig sind. Gewöhnungsbedürftig ist der teils hektische Verkehr in den Ballungszentren Palermo, Messina, Catania und Siracusa. Wie in anderen Großstädten auch sollte man den Wagen niemals mit Gepäck oder gar Wertsachen irgendwo unbeaufsichtigt abstellen.

Mietwagen
Alle internationalen Autovermietungen sind in Sizilien vertreten und haben auch Filialen an den meisten Urlaubsorten. Ob es günstiger ist, schon von zu Hause aus ein Auto zu mieten oder erst vor Ort, hängt von saisonalen Angeboten ab.

Palermo:
Avis, Flughafen, Tel. 091 59 16 84; **Europcar,** Piazza Stazione Natarbartolo, Tel. 091 30 18 25/30 31 39; Flughafen Falcone-Borsellino, Tel. 091 59 16 88; **Hertz,** Via Messina 7e, Tel. 091 33 16 68; Flughafen, Tel. 091 21 31 12; **Sicily by Car,** Via Mariano Stabile 6a, Tel. 091 58 10 45; Flughafen 091 59 12 50, www.sbc.it

Catania:
Avis, Via Vincenzo Giuffrida 19/21, Tel. 095 44 55 36; Flughafen Fontanarossa, Tel. 095 34 05 00; **Europcar,** Via Giuffrida 59, Tel. 095 43 45 13; Flughafen Fontanarossa, 095 34 81 25; **Hertz,** Via Toselli 16c, Tel. 095 32 25 60; Flughafen, Tel. 095 34 15 95; **Sicily by Car,** Flughafen, Tel. 095 34 99 00

Cefalù:
Barranco, Via Umberto I. 13, Tel. 0921 42 15 25

Taormina:
Autonoleggio California, Via Bagnoli Croce 86, Tel. 0942 237 69; **Avis,** Via S. Pancrazio 7, Tel. 0942 230 41 **Hertz,** Via Sesto Pompeo 9, Tel. 0942 232 83; **Sicily by Car,** Via Apollo Arcageta 4, Tel. 0942 212 52

... mit dem Motorrad

Sizilien ist für Motorradfahrer ein lohnendes Ziel, da das Straßennetz sehr gut ausgebaut ist, abseits der großen Routen wenig Verkehr herrscht und zahlreiche landschaftlich interessante Bergstrecken vorhanden sind.

UNTERKUNFT

Hotels

Die Auswahl an Hotel ist in den nur Großstädten und an der Küste groß. Im Landesinneren bieten sich vor allem Gutshöfe oder alte Landvillen für einen Aufenthalt an. Gute Mittelklassehotels sind eher selten. Allgemein muß man sich auf gehobene Preise einstellen. Aktuelle Hotellisten erhält man über die Fremdenverkehrsämter. Während der Hochsaison Juli/August sollten Hotels unbedingt frühzeitig gebucht werden.

Die im Text bei den Orten angegebenen **Preise** verstehen sich per Doppelzimmer, entweder als Übernachtungspreis mit Frühstück (ÜF) oder, falls nicht anders möglich, als Halbpension (HP).

Agriturismo

Eine interessante Alternative zu Hotels und Pensionen bieten die *Aziende Agrituristiche,* die eine Art »Ferien auf dem Bauernhof« mit Halb- oder Vollpension vermitteln. Allerdings handelt es sich hier in den seltensten Fällen um klassische Bauernhöfe, meist sind es ehemalige Guts- oder Landhäuser. Sie sind größtenteils in zwei Verbänden zusammengeschlossen:

Agriturist: www.mcsystem.it/agritur/i_mapp.htm (engl.)
Terranostra: www.terranostra.it/servizi.htm (engl.)

Auskünfte oder Verzeichnisse gibt es bei:
Agriturist Sicilia
Via A.D. Giovanni 14
90144 Palermo
Tel. 091 346046
Fax 091 323200
(Ein ausführlicher, bebilderter Führer, auch auf Deutsch, ist im Buchhandel erhältlich)

Turismo Verde Sicilia
Via Remo Sandron 65
90143 Palermo
Tel. 091 308151/345878
Fax 091 348061 (auch auf Deutsch)

Eine Liste sizilianischer Agriturismi mit z. T. aussagekräftigen Bild- und Textbeschreibungen (auf Italienisch, teils auch Deutsch oder Englisch) findet man auch unter
www.enexa.com/agriturismo/
Unter der Homepage des Consorzio Globale Agriturismo in Sicilia werden sieben sizilianische Weinstraßen und 13 Routen durchs ländliche Sizilien mit ausgesuchten Agriturismi vorgestellt:
www.herganet.it/raisi/villglob/somma.htm (auch Deutsch).

Jugendherbergen

Auf Sizilien gibt es folgende Jugendherbergen:

Ostello per la Gioventù Ulisse
Taormina
Vico San Francesco di Paolo 9
Tel./Fax 0942 231 93

Ostello delle Acquile
Castroreale
Salito Federico II. d'Aragona
Tel. 090 974 63 98
Fax 090 976 46

Ostello per la Gioventù Il Castello
Noto
Via Fratelli Bandiera
Tel./Fax 0931 57 15 34

Ostello per la Gioventù Amodeo
Strada Provinciale Trapani-Erice
(km 2)
Contrada Raganzili
Tel./Fax 0923 552964

Ostello per la Gioventù C.S.I.
Erice
Via delle Pinete
Tel. 0923 86 91 44 (nur Juni –Sept.)

Ein ausführliches Verzeichnis der Jugendherbergen erhält man beim italienischen Jugendherbergsverband:

Associazione Italiana Alberghi per la Gioventù
Via Cavour 44/III
00184 Roma
Tel. 06 4871152, Fax 06 4880492

oder beim
Deutschen Jugendherbergsverband (DJH)
32704 Detmold
Postfach 1455
Tel. 05231/74010
Fax: 05231-740149/-67
Eine Liste aller Jugendherbergen mit ausführlicher Beschreibung finden Sie auch unter
www.hostels-aig.org/indice.htm

Auch wer über 30 Jahre alt ist, kann mit internationaler Mitgliedskarte in den *Ostelli per la Gioventù* übernachten. Man bezahlt pro Nacht und Person eine Nacht (im Mehrbettzimmer) zwischen 8 und 18 €.

Camping

Sizilien verfügt über mehr als 100 Campingplätze, die sich primär an der Küste und in der Nähe der touristischen Zentren befinden. Meist öffnen sie nicht vor Anfang Mai und schließen bereits Ende September. Ein **Verzeichnis** der Campingplätze erhält man bei den jeweiligen Fremdenverkehrsämtern. Eine erste Orienierung, z. T. mit Bild, bietet die Internetadresse www.camping.it/italy/sicilia/. Der ADAC-Campingführer ›Südeuropa‹ bewertet für Sizilien keinen Campingplatz besser als mit Note 4.

Diplomatische Vertretungen

... der Bundesrepublik Deutschland
Palermo
Viale Francesco Scaduto 2d
Tel. 091 625 46 60, Fax 091 34 70 34
Catania
Via Milano 10a
Tel./Fax 095 38 69 28
Messina
Via S. Sebastiano 13
Tel./Fax 090 67 17 80

...von Österreich
Palermo
Via Leonardo da Vinci 145
Tel. 091 682 56 96
Fax 091 682 39 56

...der Schweiz
Catania
Via G. D'Annunzio 25
Tel. 095 44 71 11, Fax 095 44 45 97

Feste und Feiertage

Gesetzliche Feiertage
1. Januar
6. Januar (Heilige Drei Könige)
Ostermontag *(Pasquetta)*
25. April *(Liberazione,* Tag der Befreiung von der deutschen Besatzung, Nationalfeiertag)
1. Mai
15. August *(Ferragosto,* Mariä Himmelfahrt)
1. November (Allerheiligen)
8. Dezember (Mariä Empfängnis)
25. Dezember
26. Dezember

Feste und Veranstaltungen
Neben den allgemeinen italienischen Feiertagen gibt es in Sizilien noch eine Vielzahl religiöser und historischer Festen. Noch sind es keine touristisch aufbereiteten Spektakel, sondern wirkliche Volksfeiern. Die Osterprozessionen der *Settimana Santa* (s. S. 41) bilden den Höhepunkt des kirchlichen Festkalenders. Hinzu kommen die Festtage der lokalen Schutzheilige und die *Sagre,* die meist einem landwirtschaftlichen Produkt gewidmet sind. Während der Sommermonate werden in den antiken Theatern klassische Stücke aufgeführt.

6.Januar: Dreikönigsfest nach orthodoxem Ritus in **Piana degli Albanesi**
Februar: Karneval in **Acireale, Sciacca, Termini Imerese**
3.–5. Februar: Prozessionen zu Ehren der Stadtheiligen Agata in **Catania**
Erste Februarhälfte: *Sagra del mandorlo in fiore* (Fest der Mandelblüte) und internationales Folkloretreffen im Tempeltal von **Agrigent**
19. März: »Abendmahl des hl. Josef« mit kleinen Votivbroten in **Salemi**
Karwoche (Settimana Santa)
Gründonnerstag: Große Mysterienprozession der Handwerkszünfte mit ihren Figurengruppen, gegen 2 Uhr nachts Abschluss mit einem großen Feuerwerk in **Caltanissetta**

Karfreitag: Ab 16.30 Uhr 20 Stunden lang Mysterienprozession mit 20 Figurengruppen in **Trapani**

Ostersonntag: Traditionelles orthodoxes Osterfest in **Piana degli Albanesi;** *Ballo dei Diavoli* (Tanz der Teufel) in **Prizzi**

23. April: Fest des hl. Georg in ganz Sizilien

3. Sonntag im Mai: *Saluto alla Primavera/Primavera barocca* fantasievoll mit Blumen geschmückte Straßen in **Noto**

Mai–Juni: *Spettacoli classici,* Aufführungen von klassischen Tragödien und Komödien in den antiken Theatern von **Siracusa** (2002, 2004 etc.) und **Segesta** (2003, 2005 etc.).

Juli: *Taormina Arte,* Kulturfestival im antiken Theater von **Taormina** mit Opern, Theater, Ballett und Film

Juli–September: *Orestiade,* die Ruinen der zerstörten Stadt **Gibellina** dienen als Kulisse für klassisches und modernes Theater.

15. Juli: *U fistinu,* Prozession zu Ehren der hl Rosalia, der Stadtpatronin, in **Palermo**

24/25. Juli: *Festa di S. Giacomo* in **Caltagirone**, 4000 bunte Kerzen bilden auf der Majolikatreppe von Santa Maria del Monte ein riesiges Gemälde

13. August: *Palio dei Normanni,* historisches Turnier, das an die Vertreibung der Araber durch Roger I. im Jahr 1071 erinnert, in **Piazza Armerina**

13/15. August: *Passeggiata dei Giganti,* Prozession der 6 m hohen Figuren Grifone und Mata, der legendären Stadtgründer, in **Messina**

Ende August: San Vito Jazz Festival in **San Vito lo Capo**: Drei Dutzend Jazzbands verwandeln den kleinen Badeort in eine gewaltige Musikbühne.

4. September: Wallfahrt zur hl. Rosalia auf den Monte Pellegrino in **Palermo**

2. November (Allerseelen): *Festa dei morti,* Totenfest, zu dem die Kinder von ihren ›Vorfahren‹ mit Süßigkeiten und Geschenken bedacht werden, in **Palermo**

November, Dezember: *Festival di Morgana,* Internationales Treffen der Puppenspieler in **Palermo**

13. Dezember: Prozession zu Ehren der Stadtpatronin Lucia in **Syrakus**.

Weihnachten: Lebende Krippendarstellung in einer ehemaligen Grottenwohnung in **Custonaci**

Fotografieren

Filme und Fotoausrüstung sind in Italien wegen der höheren Steuer teurer als bei uns. Es empfiehlt sich, genügend Filme vor der Abreise zu kaufen. In Museen darf generell nicht mit Blitz oder Stativ fotografiert werden.

Geld und Banken

Beim Wechseln von Bargeld oder Reiseschecks wird meist ein amtliches Dokument verlangt. Am einfachsten und schnellsten ist das Abheben am *Bancomat* mit EC- oder Visa-Karte (am Bancomat muss das EC-Zeichen sein). In den besseren Hotels und Restaurants kann man problemlos mit Kreditkarten bezahlen.

Diebstahl

Vor Taschendieben sollte man sich vor allem in den großen Städten in Acht nehmen. Wertsachen, die nicht unbedingt benötigt werden, lässt man am besten im Hotelsafe. Wegen einer gestohlenen Armbanduhr zur Polizei zu gehen lohnt sich eingentlich nur, wenn man einen Versicherungsbeleg braucht. Gewaltkriminaltät ist häufiger als in

Elektrizität

Stromspannung: 220 V. Für elektrische Geräte (Fön) braucht man allerdings zumeist einen Adapter *(spina di adattamento).*
Mitteleuropa.

Natur

Einen Überblick über die drei sizilianischen Regionalparks und den zahlreichen Naturschutzgebieten gibt die Internetadresse: www.parks.it/regione.sicilia/index.html

Notfälle

Polizeinotruf und Unfallrettung	**113**
Ärztlicher Notruf	**118**
Feuerwehr	**115**
Pannenhilfe des Automobilclubs (ACI)	**116**
ADAC-Notruf (Mailand)	**02 661591**

Öffnungszeiten

Die Öffnungszeiten der **Museen** sind u. a. von der Saison abhängig und häufig Änderungen unterworfen. Im allgemeinen sind sie tgl. außer Mo 9–13 Uhr geöffnet. (Detaillierte Angaben finden Sie in den Routen- und Stadtbeschreibungen). **Archäologische Stätten** und **Parks** sind vorwiegend von 9 Uhr bis eine Stunde vor Sonnenuntergang geöffnet. **Kirchen** sind während der Mittagsstunden (12–15.30 Uhr) zumeist geschlossen. Während der Gottesdienste sollten Besichtigungen vermieden werden. Bei kleineren Kirchen in abgelegenen Orten steht man häufig vor verschlossenen Türen, man frage dann nach dem *Custode*. Als Dank wird eine kleine Spende erwartet.

Geschäfte haben unterschiedlich lange geöffnet – im allgemeinen von 8.30 (9)–12.30 (13) Uhr und von 15.30 (16)–19.30 (20) Uhr. Geschäfte in Fremdenverkehrsorten können durchgehend, oft auch spät abends geöffnet sein. Am Mo vormittag sind die meisten Läden geschlossen. Lebensmittelläden schließen im Sommer am Mittwoch und Samstag nachmittag.

Post

Briefmarken *(francobolli)* erhält man in den Postämtern, manchmal auch in den Tabacchi-Läden. Wer seine Post schnell befördern möchte, kann sie mit *Posta prioritaria* verschicken (1 200 Lire/0,60 €).

Puppentheater

Associazione Figli d'Arte Cuticchio
Via Bara all'Olivella 95
bzw. Vicolo Ragusi 6
Tel. 0 91 32 34 00

Teatro Argento Vincenzo
Corso Vittorio Emanuele 445 (Palazzo Asmundo)
Infoline 0 91 6 11 36 80

Teatro Ippogrifo
Vicolo Ragusi 4
Infoline 0 91 32 91 94.

Telefon

Die öffentlichen Telefonzellen sind inzwischen fast ausschließlich für Telefonkarten *(Scheda telefonica* – perforierte Ecke abbrechen!) eingerichtet, die zu 5000, 10.000 und 15.000 Lire in Tabacchi-Läden, Kiosken oder Bars erhältlich sind. Natürlich kann man auch von den meisten Hotels Gespräche führen, zahlt dafür aber einen Zuschlag.
Mobiltelefone können im D1- und D2- sowie im E-Plus-Netz benutzt werden.

Vorwahlnummern
nach Italien
0039 + Ortskennzahl + 0+ Rufnummer

nach Deutschland: 0049
nach Österreich: 0043
in die Schweiz: 0041

Trinkgeld

Trinkgelder sind üblich und werden auch erwartet. Zimmermädchen und Oberkellnern gibt man in der Regel pro Person und Woche 10.000 Lire. Taxifahrer erwarten zwischen 5–10% des Fahrpreises. In Restaurants sind 10% des Rechnungsbetrags üblich.

Urlaubsaktivitäten

Golf
Einen 18-Loch Golfplatz mit Ätnakulisse – den einzigen auf Sizilien – gibt es seit 1988 in Castiglione della Sicilia. Länge des Kurses: 5800 m. Das angeschlossene Hotel ist ganzjährig geöffnet und verleiht auch Ausrüstung.
Via Picciolo, 1 SS 120, km 200, Tel./Fax 0942 98 62 52.

Radfahren
Abgesehen von den Ebenen um Catania und zwischen Marsala und Trapani ist Sizilien sehr hügelig. Die wenig befahrenen Straßen im Inland sind nur bei bester körperlicher Kondition und außerhalb der heißen Jahreszeit zu empfehlen. Auf Radtourismus spezialisiert ist das Hotel Tre Torri in Agrigent, Tel. 0922 60 67 33.

Reiten
Einige *Agriturismi,* vor allem in den Madonien, Ficuzza, Nébrodi, um den Ätna oder in den und Hybläischen Berge bieten Reitmöglichkeiten oder organisierte Reitausflüge an (Adressen s. o.).

Skilaufen
Es gibt in Sizilien drei Skigebiete: eines in den Madonien beim Pizzo Carbonara (Piano Battaglia), die beiden anderen am Ätna (Rifugio Sapienza/Piano Provenzana). Von Januar bis April verkehrt jeden Sonntag zwischen Linguaglossa und Piano Provenzana (Ätna Nord) ein **Skibus.** Info: S.T.A.R., Via Roma 233, Tel. 095 64 31 80, 095 64 34 30; Linguaglossa Skischule, Tel. 095/643300. Beim Rifugio Sapienza liegt das größere Ätnaskigebiet (Ätna Süd). Pisteninfo: 095 91 41 41; Nicolosi-Skischule, Tel. 095 91 12 00

Wandern
Seit Anfang der 80er Jahre gibt es Naturschutzgebiete auf Sizilien in denen teilweise auch markierte Wanderwege angelegt wurden.
Deutschsprachiger Wanderführer:
Mesina, Caterina, Groß, Nikolaus: DuMont aktiv, Wandern auf Sizilien, Köln 1999.

Schöne Wandergebiete mit markierten Wegen:
Ätna: Ente Parco Regionale dell'Etna, Nicolosi, Via Etnea 107, Tel. 095 91 45 88, Fax 095 91 47 38, Mo–Fr 8–14, Mi auch 15.30–18.30 Uhr; www.parks.it/parco.etna/index.html (engl),
Madonien: Parco Regionale delle Madonie, Corso Paolo Agliata 16, Petralia Sottana, Tel. 0921 68 40 11, Fax 0921 68 04 78, www.parks.it/parco.madonie/index.html),
Nébrodi: Parco dei Nebrodi, in Caronia, Via Ruggero Orlando 126, Tel. 0921 33 32 11, Fax 0921 33 32 30
Alcara Li Fusi: Via Ugo Foscolo 1, Tel. 0941 79 39 04, Fax 0941 79 32 40
Cesarò: Tel. 095 69 60 08, Fax 095 69 60 08, www.parks.it/parco.nebrodi/index.html
Riserva dello Zingaro: Parco dello Zingaro, Castellammare del Golfo, Via Segesta 197, Tel. 0924 351 08, www.riservazingaro.it; www.parks.it/riserva.zingaro/index.html

Geführte Gipfeltouren auf den Ätna:
Südflanke: Mitte April–Ende Okt., Dauer ca. 2 Std. Information: Talstation Rifugio Sapienza, Seilbahn Tel. 095 91 41 41, oder AAST Nicolosi, Via Garibaldi 63, Tel. 095 91 17 84, Fax 095 791 45 75, Mo–Fr 9–14, Di/Do 16–18.30 Uhr.
Nordflanke: Mitte Mai–Mitte Okt., Dauer ca. 2 Std., Information: Talstation in Piano Provenzana, Star Tel. 095 64 34 30, oder bei der Pro Loco Linguaglossa, Piazza Annunziata 5, Tel./Fax 095 64 30 94, www.prolocolinguaglossa.it, Mo-Sa 9–12.30, 16–19.30 Uhr, So 9.30–12.30 Uhr. Der Aufstieg (Südflanke: 34 $, Nordflanke: 32,50 $) lohnt sich allerdings nur bei gutem Wetter.

Organisierte Touren auf Sizilien bieten auch die Alpinschule Innsbruck (A-6161 Natters, In der Stille 1, Tel. 0043/512/546000, Fax 0043/512/546001) und der Deutsche Alpenverein (Am Perlacher Forst 186, 81545 München, Tel: 089/642 40-0) an.

Wassersport
Jedes Jahr werden in Mondello bei Palermo die Weltmeisterschaften in **Windsurfen** ausgetragen. Weitere gute Surfreviere liegen vor Cefalù, San Vito Lo Capo, San Leone (Agrigent), Marina di Ragusa und im äußersten Südosten, bei der Isola delle Correnti. Fast überall kann man Surfbretter ausleihen. Das gilt auch für das **Segeln.** Charterboote: Nixe-Yachting, Tel. 091 611 82 20, Fax 091 609 23 53.

Die Küsten Siziliens sind auch für **Taucher** ein lohnendes Ziel. Schöne, fischreiche Tauchgründe umgeben vor allem die vor Sizilien liegenden Inseln. Ein Unterwasserparadies ist die Insel Ustica.
Tauchzentren (Tauchkurse und Ausrüstungsverleih):
Free Diving, Syraku,s Via Menfi 12, Tel. 0931 75 62 36
Diving Center Capo Taormina, Giardini Naxos, Via Naxos 9
Tel. 0942 57 10 71.

LESETIPPS

Aus der uferlosen Sizilien-Literatur, hier eine kleine, persönliche Auswahl:

Carnabuci, Brigit: Sizilien, DuMont Kunstreiseführer, Köln 3.1998
Finley/Mack Smith/Duggan: Geschichte Siziliens und der Sizilianer, München 1989. Beste Abhandlung über die Geschichte Siziliens.
Peter, Peter: Sizilien. Literarische Entdeckungen im Land, wo der Teufel sein Weib nahm, Stuttgart 1997.
Lampedusa, Giuseppe Tomasi di: Der Leopard, München 1959
Pirandello, Luigi: Meistererzählungen, Zürich 5.1996
Maraini, Dacia: Bagheria. Eine Kindheit auf Sizilien, München 1994
Alle Bücher von Andrea Camilleri, ob historische Romane oder die Kriminalfälle von Commissario Montalbano.

SPRACHFÜHRER

Begrüßung und Konversation

Guten Tag!	Buon giorno!
Guten Abend!	Buona sera!
Gute Nacht!	Buona notte!
Auf Wiedersehen!	Arrivederci!
Bis bald	A presto
heute/morgen/ übermorgen	oggi/domani/ dopo domani
Wie geht es Ihnen (Dir)?	Come sta (stai)?
Danke, gut!	Grazie, bene!
Ich heiße	Mi chiamo…
Wie heißen Sie?	Come si chiama?
Sehr erfreut!	Piacere!
Ich bin	Sono
Deutsche/r!	tedesca/o!
Österreicher/in!	austriaco/a!
Schweizer/in!	svizzero/a!
Ich bin aus München!	Sono di Monaco di Baviera!
Sprechen Sie Deutsch/ Englisch/ Französisch?	Parla tedesco/ inglese/ francese?
Ich verstehe!	Capsico!
Ich verstehe nichts.	Non capsico niente.
Entschuldigung!	Scusi!
bitte/danke	per favore/grazie
wo/wohin	dove
woher	da dove
wo ist	dov'è
was	che cosa
wann	quando
wie lange	quanto tempo
warum	perché
wer	chi
nach rechts	a destra
nach links	a sinistra
immer geradeaus	sempre dritto
zurück	indietro
Haltestelle	la fermata
Bahnhof	la stazione
Fahrschein	il biglietto
ich möchte (bezahlen)	vorrei (pagare)
wieviel kostet	quanto costa
Haben Sie…	ha (oder avete)

Hotel/Restaurant

Hotel	l'albergo
Landhaus/Gutshof mit Übernachtungsmöglichkeit	azienda agrituristica
Haben Sie ein Zimmer für diese Nacht?	Avete una camera per questa notte?
Wieviel kostet das Zimmer pro Tag?	Quanto costa la camera al giorno?
Ich möchte gerne ein Einzelzimmer	Vorrei una camera singola
Doppelzimmer	doppia
mit Dusche	con doccia
Bad/Balkon	bagno/
Balkon	balcone
Meerblick	vista sul mare
Den Schlüssel bitte!	La chiave, per favore!
Ich reise morgen ab!	Parto domani!
Die Rechnung bitte!	Il conto, per favore.
das Frühstück	prima colazione
das Mittagessen	il pranzo
das Abendessen	la cena

Ich möchte etwas essen!	Vorrei mangiare qualcosa!
Nur ein wenig.	Solo un poco.
Danke, das ist genug.	Grazie, basta cosi.

Gesundheit

Apotheke	farmacia
Krankenhaus	ospedale
Erste Hilfe	pronto soccorso
Unfall	incidente
Arzt/Zahnarzt	medico/dentista
Ich bin krank.	Sono malato/a.
Ich habe Fieber.	Ho la febbre.
Krankheit	malattia
Schmerzen	dolori
Allergie	allergia
Atembeschwerden	difficoltà di respirazione
Durchfall	diarrea
Entzündung	inflammazione
Erbrechen	vomito
Erkältung	raffreddore
Halsschmerzen	mal di gola
Magenschmerzen	mal di stomaco
Sonnenbrand	scottatura

ABBILDUNGSNACHWEIS

Archiv des Verlags Abb. S. 37

Raffaele Celentano/laif, Köln Titelbild, Abb. Umschlagklappe vorn, S. 10, 20/21, 32, 42, 46, 76/77, 90, 102/103, 116/117, 140, 150, 153, 156/157, 172, 178, 181, 190, 204/205, 208, 213

Hedda Eid/laif, Köln Abb. S. 1, 14, 25, 44, 143, 166, 168, 171, 175, 195, 211, 216

Nikolaus Groß, Rom Abb. Umschlagklappe hinten, S. 2/3, 19, 35, 40, 55, 64, 66, 69, 71, 78, 82, 100, 106, 110, 115, 120, 122, 125, 127, 130, 137, 147, 162, 185, 189, 192, 197, 202

Rainer Hackenberg, Köln Abb. S. 52, 93

Publifoto di Brai, Palermo/Sizilien Abb. S. 58

Karten und Pläne:
Berndtson & Berndtson Productions GmbH, Fürstenfeldbruck
© DuMont Buchverlag, Köln

REGISTER

Orte